近代中外交涉史料丛刊

"庚子西狩"中外资料六种 下

郑泽民 整理

回銮大事记

（日）长谷川雄太郎 编著

卷二　回銮日记[①]

谨按八月二十四日回銮,届期,辰刻车驾发西安府,出自南门,仍赴东关诣八仙庵拈香,进膳,傍晚驻跸临潼县。计东北行六十里,署县夏良材,不克供亿,仅予交部议处,实蒙皇上特恩。夏语所亲云:"头站豫备皇差,不敢十分丰腆,奈前导王公仆从,需索太甚,无以应命,遂被抢掠殆尽。且车驾瞬息即至,断断补办不及。太后震怒,将有不测之祸;皇上再三吁恳,并斥王大臣云:'尔等各裹糇粮,何致枵腹从事!'慈圣意亦稍解。今仅得降级处分,实属万幸。"太后行李车,豫备三千辅,金银、绸缎、古董、玩器,尚不胜载。行在军机大臣等,于先一日出郊。

二十四日黎明,但闻鼓乐声喧,行李车先发,辰初三刻,前导马队出城,太监次之,各大臣之穿黄褂者,或车或马,又次之。俄闻静鞭三响,即有黄缎轿数乘,自行宫出,士民皆伏地屏息,惟闻羽林郎马蹄得得,蹴踏于平铺黄土道中耳。皇上乘黄轿第一乘,有遥睹御容者,谓似较西狩时充实而有光辉也。慈舆踵至,遥窥懿范,长脸高颧,厚唇巨口,双瞳赫然,一似重有忧者,盖西狩一年,苍颜十岁

[①] 本资料系基于国图所藏1902年上海三乐书屋6卷石印本《回銮大事记》(ID:312002009537)进行的点校、整理。其中第一卷为上谕、第三卷为奏折,并不稀见,故仅录其余四卷。其中卷二、卷四曾以《回銮日记及杂记》之名录于《中国近代史资料丛刊·义和团》第3册,第489—515页。

矣。皇后凤辇随太后后,如兰斯茂,如玉之荣,惟以脂粉揜天姿,非外人所能解。凤辇之后,瑨(瑾)妃从焉,状貌似壮佼胜。最后为大阿哥,不能望见颜色。亲郡各王等,天潢贵胄,及荣仲华中堂,率随扈诸臣,又在其后。更有重车无数随之,大抵皆各衙门档案。说者谓至尊若出东门,本极便捷,华人溺于风水,谓必取正南旺气,是以徘徊衢路,直至辰牌向尽,始出南门。长安父老,即就南门畔敬献黄伞一顶,沿途市肆,更各设香花灯彩,恭送銮舆,虽曰触目生新,然比户如斯,又嫌袭旧矣。

二十五日,本日皇上恭奉皇太后銮舆,行抵渭南驻跸。按渭南即古南郑地,距西安府治北一百八十里。

二十六日,午刻皇上由渭南行在,恭奉皇太后行抵华州,就城内行宫驻跸。按华州系陕西同州府治,辖在府城之南,相距一百八十里,置有华林驿。周时郑桓公始封于此,盖古咸林地也。

二十七日,辰刻皇上由华州行在,恭率皇太后启跸,安行四十里,至华阴县驻跸。

二十八日,两宫移跸七十里幸华阴县,诣华岳庙拈香,大雨通宵达旦。礼,銮舆经过各府县,遇有名山大川,均须望祭。中岳嵩山,秩视三公祭典,尤极隆重。故钦派侍郎陆润庠,先于八月十八日自西安府往祭。

二十九日,霖雨不止。驻跸华岳庙之玉泉宫。闻诸供亿皇差之某藩司言,此次沿途供应,大半浮于常例,如向用一品锅者,今需满汉全席。尖宿处,均需五开间,正中十余座,凡在地之公所,以及绅富巨宅,无不借到,然又不能恰合一正室四夹室之制,不得不拆补添盖,于是厨司及土木匠,无不声价十倍,即此暂时需费,已一兆二亿金矣。是月二十七日开封人函称,松中丞莅验汜水行宫,已有坍毁处，盖知圣驾必不久驻，故不免草率也。本日藩署接行在户部解到头批存款银八十万两计，押运司官及笔帖式各二员，拜会延藩司，请暂寄藩库，并知二批一百万，三批一百数十万，皆先就道，仍留数十万随驾同来。浙江会馆，后改作外务部公所，安设电线，同日毕工。明日锡河帅将赴洛阳，候迎大驾。二十五日，陈瑶圃侍郎到汴。二十六日，孙燮臣中堂踵至。先是二十四日庆邸世子率全家到开封，遣戈什至供支局，索取下马费，局员以无法开销对。又索夹板帘三十余挂，又以未曾预备此数对。戈什大怒曰："里头有二品顶戴姓朱的，拖他出来！"于是小委员等，温语调停，勉强付给，幸而无事。然供支局所备之锡器已被索去一半。本日世子等启程回京。闻其戈什往藩署时，延方伯开中门而见之，方伯往谒，世子傲不为礼。行在太监百余辈，由陕入都，过阌乡县，争车夺马，县令几被殴辱，松帅尚以为支应不善，记大过一次，委办车马委员，更记大过二次。闻陕州会兴镇厘局总办黄守，为内监殴辱伤臂。

九月初一日，启跸行四十里，至潼关厅，入行宫。召见松寿、夏毓秀、周万顺。传谕：跸路泥泞，小驻潼关三日，再行首途。闻自陕入汴之双套车，每粮估价银六十五两，为向来所未有。阅行在邸钞，李中堂筹备直隶皇差，电致宁、□[①]苏、皖、赣、浙、蜀、楚、湘、鲁等十省，借银汇沪，以供支用，自明年起，分作十年还清。旋准各省电复，广东、湖北、江苏、浙江、江西，各认借银十万两，广东（按疑系广西之误）、四川、湖南，各五万两，山东三万两，共六十八万两。内鄂银十万两，作为大小官员公捐报效，不邀议叙等语，奉朱批："张之洞等，着户部核给奖叙，余依议。"

---

① 原文缺字。

初二、三日安驻潼关。

初四日，天晴太凉，传谕明晨启跸。

初五日，午刻，两宫至阌底镇入河南境。闻豫抚先接西安电，豫备太后大轿三乘，凉轿一乘，皇上大轿二乘，凉轿一乘，王公大臣行李车二百辆；然藩库仅存银二万余两，近又无饷可截，延方伯焦急万分。

初六日辰刻，两宫在阌乡县启跸，皇上恭奉太后銮舆，行抵灵宝县城。随由内阁奏事处口传谕旨，明日驻跸一日，然后起行。考之舆图，由阌乡县出东门行九里，抵雷家营，折而东北行六里，抵杨家湾，又五里抵大字营，又二十里抵稠桑镇，又十八里出土峡口，即古函谷关，为老子西游遇关令尹喜处。由此下坡，过宏农涧，又二里抵灵宝县，为函谷关北境。汉宏农郡宏农县治，后汉避灵帝讳改为恒农，后魏改置西恒农郡，隋开皇中置桃林县，唐贞观初移虢州于宏农县，而以桃林属陕州。天宝初，得宝符于古关旁，遂改名灵宝县；今置有桃林驿。

初七日申刻，大驾行抵灵宝县，驻跸城中，奉旨暂驻一日。闻大差头站太监百余名，已由河南入直隶境，住宿磁州。庆王亲赴开封迎驾，奏蒙俞允，当于九月二十日出都，所遗总理外务部要差，移交李相暂摄，闻李相奉有懿旨，就近在保定府迎銮。

初八日申刻，皇上恭奉皇太后慈舆，行抵河南省陕州城驻跸。按是日清晨，大驾由灵宝县启行，望东北行二十里抵好铺，又十里抵曲沃镇，又十里抵三十里铺，又十里抵新店，又五里过桥头沟，又四里抵南关寨，又三里过永定涧，由是上坡直达陕州，自南入，计程共六十里。考之舆图，陕州为周初周召二公分治其地，春秋时属虢国，后并于晋，至战国时属魏，汉为陕县，故城在今州城以西，迨北魏始称陕州；今置有甘棠驿。

初九日未正,皇上恭奉皇太后慈舆,行抵河南省陕州所属张茅镇驻跸。按是日清晨大驾由陕州启行,出东门行十里,抵东十里铺,又五里抵横渠集,又五里抵山庄头,又五里抵泉脑上,又五里抵磁钟镇,又五里抵严家窑,又五里上卫店岭,又五里始抵张茅镇,计程共行五十里。

初十日,车驾发陕州,至州属张茅镇即命驻跸。保定府陈守接汴电前导各王公到处挑剔,办差各员,栗栗危惧等语；即传知在事各员,妥速办理,应用物件,多多益善。

十一日巳刻,皇上恭奉皇太后慈舆,行经河南陕州所属观音堂镇。按自张茅镇启銮行五里,过五里河,又五里上分水岭,又五里抵庙沟,又五里抵硖石驿,又十里抵驾车岭,又十里抵乾壕,又五里始达观音堂镇。自陕州至硖石驿,计程七十里,为崤山西支,沿途顽石屹嶙,车行极难。当道光十四年、光绪九年,皆兴工铲削,另辟新路；无如重车动逾千斤,砰磅訇磕,不久即磊砢,故銮舆亦甚濡迟也。至乾壕,则即杜少陵所咏石壕村。

十二日,由观音堂镇,渑池县,皇上恭奉皇太后慈舆启銮,行至龙门镇行在驻跸。

十三日,皇上恭奉皇太后銮舆,仍驻跸龙门镇行在。

十四日午前,皇上恭奉皇太后由龙门镇行宫起跸,至酉刻始抵新安县行在驻跸。

十五日未正,皇上恭奉皇太后慈舆,由新安起驾,行抵河南府城驻跸。召见东河总督锡昌,浙江道员许干,并由军机大臣传旨随扈及路办差各人员,自十七日至二十一日,圣驾在河南府城驻跸五日,然后起行。按河南府系周时王畿,武王定鼎郏鄏,周公营东都王城,即郏邑也。又徙殷民营下都,为今府城东二十里。后平王东迁,即居王城。东汉、魏、晋及后魏太和中,皆都此,惟不在周时之王城,而在下都耳。

十六日,皇上、皇太后驻跸河南府行宫,召见开缺巡抚于中丞荫霖,及毅军统带郭副戎郭殿邦,河南府知府文太守悌。按太守当康梁诸人逆迹未露之时,即列款严参,丰棱峻整,两宫夙所器重,旋由御史简任令职,今兹得蒙召对,知必有嘉谟硕画,足以稗(裨)益国家者。

十七日,皇上仍恭奉皇太后懿驾驻跸河南府行在。召令河陕汝道崇观察缮入,盖将咨询地方一切情形,亦古者巡狩省方之遗意也。

十八日卯刻,皇上、皇太后召见军机办事后,辰刻诣关林、龙门、香山等拈香,申正刻,仍还河南府行宫驻跸。

十九日,河南府行在,皇太后、皇上召见河南府知府文悌,并由军机大臣传旨,皇太后、皇上,仍在河南府行宫驻跸两日。

二十日,两宫召见松寿、升允。溯六飞舍长安而东之际,秦抚升竹铭中丞允,负弩前驱,迨抵潼关,梁(豫)抚松鹤龄中丞寿,越境恭迓,两宫将入梁(豫)境,传谕升允回任,妥筹灾赈善后事。竹帅以藩司自能料理,某愿从至开封为请,至是同时召见。

二十一日卯刻,皇太后、皇上召见河南武员柴洪山及玉寿。

二十二日启跸届期,而天雨地泞,传谕再行驻跸两天。召见柴洪山、玉寿,皆河南武员。自陕西省西安府咸宁县京兆驿,至河南省河南府洛阳县周南驿,计程七百八十里,自八月二十四日启銮,至九月十六日,途次共历二十二天。屈计由周南驿至开封府祥符县大梁驿,尚有四百五十里。又按是月二日河南函称,行宫中所造寝宫,初拟请皇太后、皇上同居一处,皇后独居一处,侍郎桂春适在汴中,力言不便;因又恢廓地基,重新改造。皇太后寝宫后窗外,有极大地炕,上安木门,内可燃炭,而通地道至寝室,以备过冬取暖。召见处极狭小,另有东跨院一所,以备皇上随意临幸。承修行宫工程委员,原估需钱二万四千串,乃屡次改造,约需银三万两。六部公所,均设于馆驿街,吏部蒋廷黻,户部张允言、封子嘉、段少苍诸人先到,有嫌逼窄而自赁公馆者。皇后寝宫极窄,大阿哥住处尤湫溢,盖皆限于地也。八月二十三日,陕州供支局黄守电致河南府文守,协车百伍已到。接陕电,二十八驻跸玉泉院,初一到关底镇,前发之车,恐难折回,请再速发车,二十七、八齐集关底,车危万分,非公不救,千叩万叩。松抚帅出示,以后城内庆吊各事,不得燃炮作乐,官员人等,不得用执事及鸣锣升炮。

二十三日辰刻,自河南府启銮,申刻抵偃师县行宫驻跸。随即召见湖北襄阳道朱观察。按偃师县为河南府所属,距府城东七十里,隋开皇十六年置属河南郡,明洪武中始筑县城,周六里有奇,为门者四。本朝康熙、乾隆时,迭加修治。《春秋左传》襄十八年,楚师伐郑,侵费滑胥靡;又昭二十六年,王入于胥靡,即其地。今距县治东南四十里,有靡地。或曰书汤居亳,亳地在偃师县西,即今新冢铺。南有曹城,则为三国时曹操与袁术相拒处。县北义堂路,系古曲沼。《穆天子传》,天子东游黄泽,宿于曲沼,盖即偃师也。今县治置有首阳邮。

二十四日,偃师县地驻跸,召见湖北襄郧荆道朱其煊。客有自洛阳来者,为言洋阳行宫,系知府文悌,邀请文士捐赀建造,许縻一万二三千金,供支各物均预备七日。龙门香山为洛阳名胜,均委员拨款监修,预备临幸,兼备随扈大臣公馆八九十处,分列府城四隅,并设立总分供支局。计前驱官员,于八月内道出洛阳者,自庆王世子并全眷,内务府郎中七员,管解内帑银三十万两,及荣中堂眷属外,尚有延候桂公、承顺郡王、孙中堂、侍郎贻谷、都统芬车、副都统伊立布、都察院解文卷、御史王祖同、黄銮隆等共四五十员。是日京函云,连日有皇大差车槛之入都,至数百辆,车中除太后服御外,闻有总管太监李莲英,即皮硝李,财宝不计其数。

二十五日巳刻,皇太后、皇上,由巩县启銮,未刻行抵汜水县驻跸。按巩县在河南府城东北一百二十里,由偃师县至此为程三十里。春秋时为周巩伯封邑,至战国东周所居,县城周七里有奇,为门者四。至汜水县,则在巩县之东南四十里,春秋时为郑虎牢地,历战国、秦、汉,世称岩险。其地筑于明洪武初,本朝因之,周围计五里,为门五,池广二丈,盖亦荥阳城皋之间一关隘也。

二十六日辰刻,皇太后、皇上由汜水县启銮,未刻行抵开封府属荥阳县,即驻跸行宫。按荥阳县,春秋时为郑京邑地。秦汉以来,建置各殊。本朝初属开封府,雍正二年改属郑州。十二年,仍属开封府。自汜水至此,计程四十里。

二十七日辰刻,皇太后、皇上由荥阳启銮,未刻行抵郑州城,即驻跸行宫。既而军机大臣传旨,二十八日、二十九日圣驾在郑州城行宫驻跸两天。按郑州,春秋为郑国地。秦汉以来,建置各殊。本朝雍正二年,曾分为直隶州,领荥阳、荥泽、河阴、汜水四县。至十二年,仍属开封府。自荥阳至此,计程六十里。

二十八日,皇太后、皇上仍驻跸郑州行宫。是日召见江西南昌府江毓昌、湖南长沙府知府颜钟骥、江苏候补道李光瑜。

二十九日,仍驻郑州行宫。召见吉林道谢汝钦、协领富荫、降调荆宜施道夑良。

十月初一日辰刻,皇太后、皇上由郑州启跸,申刻行抵中牟县城郭,驻跸行宫。按中牟为春秋时郑原圃地。自郑州至此,为程七十里。

初二日辰刻,皇太后、皇上自中牟县启銮,申正抵开封府,即驻跸行宫。按开封府在神禹时为雍州之域。周时为郑、杞二国地,战国为魏国都,曰大梁,嗣后五代之梁、晋、汉、周,以迄赵宋,均曾建为都会。本朝为河南省治,领州二、县十五,附郭首县为祥符县。自中牟至此,计程三(七)十里。抵开府后,皇太后、皇上随即召见庆亲王及宋庆,盖将垂询京城情形及地方一切要务也。

初三日卯刻,皇太后、皇上召见庆亲王、崔永安、程允和、延祉。

初四日,行在皇太后、皇上,仍驻跸开封府,召见庆亲王、钟培、达斌。

初五日寅刻,皇太后、皇上召见庆亲王,慈眷甚优,并着先行回京。庆邸随于初七日启驾,仍带领司员回京。

初六日,河南开封府行在,皇太后、皇上召见庆亲王、穆奇先,越日召见朱寿镛。

初九日,河南开封府行在,本日皇太后、皇上召见锡良,及直隶候补道孙传檠、王瑷翰。

二十日,河南开封府行在,本日皇太后、皇上召见世纲及方友升。

二十一日,河南开封府行在,召见奉天道双纶、佐领全忠。

二十七日,河南开封府行在,本日皇太后、皇上召见科多布(科布多)参赞瑞璋、知府唐赞衮、陕西巡抚允升(升允)、湖北道徐家干。

二十九日,河南开封府行在,皇太后、皇上召见凉州副都统恒寿、佐领都尔苏。

三十日,河南开封府行在,皇太后、皇上召见醇亲王、张翼,并赐醇亲王膳。

十一月初三日寅刻,皇太后、皇上召见醇亲王。

初四日巳刻,由河南开封府行在,皇上恭奉皇太后起銮,时则旭日当天,晴光普照,六飞所莅,一尘不惊。既而圣驾登御舟,渡柳园,在舟中进膳,申初安抵北岸。申正,抵新店行宫驻跸。

初五日辰刻,皇上恭奉皇太后由新店起銮,申正二刻,至延津县城行宫驻跸。按延津县为卫辉府所属,在府城南七十里,古酸枣郡也。

初六日,皇上恭奉皇太后,仍驻跸延津县行在。

初七日巳刻,皇上由延津县,奉皇太后慈舆启行,申正二刻,抵卫辉府行宫驻跸。既抵卫辉府行宫,即传旨召见总兵朱南穆、道员袁鸿佑,盖将垂询汴中营伍,及地方物产人情也。按卫辉为古朝歌地,东界直隶东明,西界山西陵川,南界河南阳武,北界河南汤阴,距京师一千四百里。

初八日辰刻,皇上由河南卫辉府行在,恭奉皇太后慈舆,行抵淇县,小驻行宫。按淇县系卫辉府属,在府城北五十里。

初九日辰刻,由淇县行在,皇上恭奉皇太后慈舆,申刻行抵宜沟驿,驻跸行宫,随宣令陈夔龙入见。

初十日清晨,两宫由宜沟驿启行,申正抵彰德府行宫驻跸。傍晚传旨,十一日驻跸一日。定于十二日升站前进,至丰乐镇午尖,磁州驻跸。谕令:松寿随扈入京,河南巡抚着锡良兼署,钦此。谨按宜沟驿为河南淇县境,由县城行十里抵思德塘,又十里抵大石冈,又十里抵高村,过淇府为古邺郡。辖县七,东界直隶清丰,西界山西壶关，南界河南淇县，北界直隶磁州。其地跨蹑燕赵，川泽回缭，实自古形胜之区。

十一日，直隶磁州行在，两宫驻跸一日，即令陈夔龙及效曾入对，良久始出。

十三日，磁州行在，皇上恭奉皇太后慈舆，行抵邯郸县，驻跸行宫。召见直隶大名镇总兵方国俊、大顺广兵备道庞鸿书。

十四日辰刻，大驾由邯郸县启行，申刻抵临洺关，驻跸行宫。召见效曾、张勋、张士翰。按邯郸郡，周时属赵，秦始皇十九年始置邯郸郡。明嘉靖二十五年筑县城。本朝康熙七年、乾隆十九年两次兴修。地属广平府城西南五十里，东至肥乡，西至河南武安，南至磁州，北至永年。临洺关在永年县城西四十五里，有临洺故城，古赵地，隋始改今名。本朝设有巡检司、通判，分驻于此，过此即沙河县境矣。

十五日，直隶洺德行在两宫启銮，申刻抵顺德府城，圣驾驻跸行宫。召见陆宝忠、胡景桂、岑春煊。随旨十六日驻跸一天。

十六日，顺德府行在，两宫是日驻跸行宫，召见直督袁世凯，顺德府如格，铁路局道员鸿敩高、柯鸿年。

十七日，顺德府行在，皇上恭奉皇太后慈舆，未刻圣驾行抵内邱县，驻跸行宫。召见袁世凯、松寿、张翼。按内邱县，系直隶顺德府属，在府城北六十里，东至唐山县界，西至山西乐平县界，南至邢台县界，北至柏乡县界，盖隋青山城遗址也。本朝置有中邱驿。

十八日，直隶内邱县行在，皇上恭奉皇太后慈舆，申正行抵柏乡县，驻跸行宫。

十九日，柏乡县行在，两宫启銮，申正既抵赵州，即宣正定镇总兵董履高入行宫，奏对一切。

二十日，赵州行在，皇上恭奉皇太后慈舆，申刻行抵栾城县行宫驻跸。按栾城县，在正定府西南约五十里。

二十一日辰刻，皇上恭奉皇太后銮舆，申正圣驾抵正定府城行宫驻跸。召见恭亲王溥伟，岑春煊，绰哈布，铁路局道员孙钟祥、郑清濂。奏事处传旨，二十二、二十三日在正定府行宫驻跸。

二十二日，两宫圣驾在正定行宫，召见邹增、夏毓秀、吕本元、马安良、柴洪山。

二十三日，召见岑春煊、田玉广、李福典及正定府知府江槐序。

二十四日辰刻，皇上由正定府行在恭奉皇太后慈舆，御火车，旋于巳正展轮幸保定府。谨按自正定至保定，为程二百五十里，中间在定州铁路公司恭迎御膳，至保定抵京都，只二百三十里。昨奉谕旨，恭悉大驾定于二十八日入京，然则保定行宫，尚须驻跸三日矣。

二十五日，保定府行在，两宫召见庆亲王、梅东益、郑沅、彭清藜、唐绍仪。

二十六日，圣驾驻跸保定府，召见周浩、袁大鸿、陈本、钱恒、全龄。

二十七日，两宫圣驾在保定府行在，召见绍昌、厚翁、杨宗濂、张莲芬、杨士骧、马金叙。盖因回京在即，特垂询畿辅事宜也。

二十八日辰刻，皇上恭奉皇太后圣驾，自保定府行宫启跸，御火轮车入都，午刻抵马家堡火车站；乘舆入永定门、正阳门，未刻进宫。是日天气晴明，风景和丽，中外臣民之瞻仰圣容者，夹道骈阗，嵩呼共效，继自今邦交辑睦，海宇乂安，亿万年无骊之休，当可于此日卜之矣。

卷四　回銮杂记

各省大臣迎銮　表贺回銮

皇上恭奉皇太后回銮时,上自王公大臣,下迄五六品京官,应行庆贺之礼,现经礼部仪制司会同鸿胪寺各官,妥议章程,并咨各直省督抚将军都统,一体呈递贺表,以抒回日之忱。

陕抚迎銮

陕抚升中丞,奉旨派为前站,查看跸路,尖宿处所之扈从兵丁,业已启行,勘毕后,仍折回迎銮。

河抚迎銮

河抚松中丞,于八月初六日出省,赴潼迎驾。

豫省大差节略

直隶办差委员,赴汴探听办差情形,汇成节略,呈报直省大宪,兹特照录于下:

一行宫,五大间上房,中间设宝座。东里间即是召见处,靠窗户用木床或砖炕均可。炕上铺席子,再铺黄毡黄缎褥,用黄缎靠枕大垫一付。炕前用桌一张,用黄缎周围拖地,桌套另设军机垫四五十个。军机垫用白毡,一尺二寸见方,高一寸,中厢红毡一块,余无别物。东里套间太后寝宫,坑上铺席毡,再铺黄缎褥一个,帐幔铺盖不用。西里间皇上寝宫,坑上铺设同。各处窗户须大,多设玻璃,窗户玻璃帘,用蛋青纺绸,门帘用黄缎,青绫边夹板。寝宫内用杂色湖绉,软帘椅披垫,均用黄缎。桌椅,此间一律清化竹器。

一、裱糊,顶紧用白纸印红团鹤,墙上一概糊白裱。

一、各处灯笼,此间一律明角灯,画红花,或用玻璃灯、纱灯。

一、宫内一律用红洋烛,或本地烛。

一、宫内不要彩棚。

一、二层宫门内,或二堂上,设宝座一位。行宫内,满铺红毡,上铺毯子,四角钉住。

一、大门直至上房,门柱窗户房帘,一律用朱漆,或用红油。外墙红灰。照壁同。

一、御膳房宜宽敞,多备火炉,设在宫外,不可距正房过近;须备生供给自做,一切器皿须多备。

一、现闻太后仍吃素,不喜荤腥,须备素菜。

一、御用八抬轿,缎轿三顶,四抬杏黄色轿一顶,绿呢轿二顶。八抬轿,每顶轿夫四十名,四抬三班,此间已选人演试。每八抬一顶,用牵夫十六名,四抬轿牵夫八名。

一、轿夫衣用红洋布印黄白圆花,小袖长褂,薄底靴子,每人给小衫褂一套。牵夫亦然。

一、行宫内木炕均可。如用炕,炕沿前必须用漆木板,床围不要绸缎炕围。

一、宫女等皆用轿车,此间预备大车、轿车,一千辆、四五套不等,轿车二套,轿车即用买宝翠居,多换蓝布车围。

一、轿夫此间调各州县轿夫选用。

一、磁器用红龙花,每处用百余桌,茶碗千余付;此间已买三万金,尚不足用。

一、抬夫二百名。

一、驼骡一百头。

一、五局应用奶子、果子等物,须为预备。

一、围墙外用帐棚,派兵巡查。

一、中厕用砖铺平,中挖一洞。不要凳子,须糊干净。冬用风门,夏用竹帘。然必须多备,如能每位一处更好。设在里套间,另开门出入。

一、水路两岸派兵护送,预备供给,并无行宫,只预备黄幄帐棚。

一、原议由道口上船,现因道口一带水路,有一段石滩,不便行走,拟改在汤阴县属,武陵镇上船。

一、花草宜多备。

一、字画宜用新画,不落款,不要翎毛。

一、随行大臣公馆,须四五十处。

一、王公大臣酒席,每位送全席一桌,不送烧烤;余皆一品锅,数碟数碗。

一、笔砚等物,备而不摆,俟要再呈。

一、宫门费,临时照上站办理,现无成说,因去年潼关闹事禁止。

一、门对等件概不用。

一、柴草米面曲料,各局须多备。柴草每捆十斤,米面每包五十斤,或一百斤。曲料亦应分包,免临时错乱。行宫款式,另绘图说呈览。居室照图,不宜再少。惟茶尖只可减二层院子一处,余亦不宜少。

一、道路仍用正副二道。

一、行宫内陈设表糊,喜素洁净,不要红黄缎表糊。闻山西办理太奢华,太后甚不愿意。房子须宽大,且要多备。随员人数,仍复不少。

一、行宫内陈设,每处如意、屏镜、妆台、安息香等匣必须之物,其余各玩随意点缀。

一、御马骡圈棚要宽大,闻御马有五百余匹之多。

一、铺垫必须每处一分,不宜倒换。闻山陕一带启銮之后,各处铺垫,全被携去,或毁坏不堪复用,下站因此掣肘。见豫省列宪,皆云万不能借用,各站差竣,恐无余剩,直省宜早备,免临时错误。

一、两宫喜吃果子、老米,须先预备。

一、沿途须预备银牌,以备恩赏跪接耆老民妇人役等之需。

一、所过地方,每站进散图一分,内有名胜古迹,先考核明白,以备顾问。

一、沿途预储勺筒箕帚锄爬,每段随时修治,每二十里设立堆铺,书明地名里数。

一、厨子,此间由饭馆包办,刻又归州县自办。

一、行宫内须另设安放轿处。

一、马棚须设两处。

一、喂各王公大臣马匹,并另设车棚。

一、帐棚须多备,如少宿站,房子不敷安置,即可寓帐棚。

一、沿途须备水龙、备筒随行。

一、宿站每四五六十里,少约三十里,茶尖二十里。

一、豫省皆用黄汴绫，直省无此物，只有用黄缎。

一、行宫内床坑，宜便不宜高，坑并不要脚踏。

一、行宫上房门柱皆用磁漆，窗户隔扇，用楠木色或杂色亦可。

一、牵夫绳用黄丝绳。

一、跸路多设水缸。

一、瑾妃、大阿哥房中，皆用红铺垫。

一、豫省买顶好磁器二十余桌，次细一百余桌，寻常一千余桌，茶碗帽筒并燕菜碗点心碗共四百余桶。

一、八抬轿须大，闻山陕所用，皆不合式，如能在京中找一样式仿做，方合上意。

一、两宫早起不进膳，约行二三十里始进膳。

一、黄轿内预备棉围、灰鼠围、貂坐褥。

一、行宫内门环等皆须帖金。

一、大门外搭黄布，牌楼东西辕门亦用黄布，牌楼花牙用黄绫绢，如无照壁处，亦用黄布扎成，周围朱色鹿角木。

一、茶房必须设在宫内。

一、宫内所用之水，须先用白布过净，封固听用，须多备水缸、木桶。

一、院内均铺红毡，只中间一路。

一、宫内所用磁器绸缎，以及一切杂件，忌用翎毛、人物、有字花样，要紧。

一、李总管并奏事处，均用红缎铺垫五堂。

一、宝座面宽三尺，两旁长二尺六寸，高二尺三四寸。黄缎为套，不绣花；坐褥用棉装就，甚厚，并有小方长靠枕两个。

一、膳房燕菜席四桌，地方无论如何偏僻，必须预备，但无须烹饪，材料齐全即可。新鲜小菜宜多。

一、宜备乳牛两头，为乳茶之用。

直隶大差章程

一、此次务本责成州县。因事务纷繁，故多派委员辅之，每站一分局，以一员为局总，会同州县商定主意，庶事有归束，余则办理文案，收发银钱，经理账目，管理米面麸料柴草各厂，并平粜局，以及一切支应杂务，宜各分任其事，均由州县与局总分派，以免推诿。宿站派正佐十二员，尖站派正佐十员，茶站派正佐四员。如尚不敷差遣，继以司事，亦准由州县酌量添派员司，惟不得任徇情滥派，以縻经费。

一、各站行宫内木器、铺垫、陈设、字画、灯彩，一切已派马丞庆麒承办；御膳房以及王公大臣扈驾人等各公馆酒席点心，已派王令华清承办。惟行宫内外，必须多备水缸。御用之水，并须用细白布过净，用黄布封固备用。

一、公馆须备大小五六十处，须速备妥修理，糊裱粉饰妥当。应用桌椅、茶几、板凳、木床，或借或赁，实在不敷，只得新做，以免临时短缺。门口只用宫灯采布，不贴对子，用木板书明何人公馆，临时派人迎导。

一、每站应设米面、麸料、柴草、煤炭厂各一处，或数处，因扈驾人众，以数万计，车马甚多，其时天气亦冷，米面、麸料、柴草、煤火，必须先为购存，宁多毋缺，差竣有余，仍可量减价值，变卖归公。各厂均须派员司家人差夫妥为经理，预定支发规条，以免临时忙乱，致启事端；尤宜严防抢取，并于磁州首站，先于差未到境之时，派员赴上站，按照传单支发米面、麸料、柴草数目，填给印票，到站凭票赴厂领取，由厂盖用领讫戳记，以凭稽考。又令铺家多备蒸面饼，以备随差人等，不给米面饮食者，自行买食。

一、设平粜局一处，专备扈驾官兵购买，其价照时值核减二成，出示晓谕，所减之价，由差局津贴。如非扈驾之人，不得假冒购贾。

一、八抬四抬各轿，共十余乘，均由汴省制备，轿夫二百数十名，牵夫一百数十名，亦已商妥接雇，豫省原夫联站抬送，以资熟手。并已派弁十二员前往带领。惟须将停放轿子，并轿纤夫住宿处所，妥为预备。

一、御用行李，统名黄卷，随行不离，以及衣饰等箱，皆不宜以车骡运载，豫省仿南式编成小轿式样，已向豫省如数借给，联站应用，其抬夫仍由各站预备，数约二百名，并派能事家丁督率，随时约束。

一、车马厂约有车二千余辆、马千余匹，必须择地，宽为搭盖，以免露处，所有槽道，以及马号，一切应用之物，亦须逐一备齐，不可短缺，并预备芝麻小米，以备支发。

一、御驿马圈，应另预备押马大臣两位，应备公馆两处，与骡马圈相近，前已专札饬遵，应行照办。

一、每宿站约计应备干草二十万斤、麸五百石，尖站减半；劈柴每宿站应备二十万斤，尖站减半，茶尖一万斤；木炭每宿站应备十二万斤，尖站三四万斤，茶尖一万斤；务须该印委先期照数购备，有盈无绌，以免临时掣肘。此数专备御前及王公大臣扈驾人等之用，至兵勇所需，应另多备，不在此数。

一、各宿站，应预备乳牛十数只，以供乳食之用，应如何格外喂养，方能有乳可取，前已专札饬遵，应即照办。尖站不用。

一、经过地方，每一站呈进散图一分，将境内古迹名胜之区，绘图贴说，并由地方官各归各境，考核明确，缮折汇交迎迓大臣，以备顾问。

一、凡巡幸所经，事务殷繁，工匠人等，宜择要备用，凡大小木匠、泥、瓦、铜、铁匠、洋铁匠、油漆、刻字匠、刷印、缝工、染工、扎采工，皆须选择能干者，由首站磁州酌备数名委员，督率随差至正定，不许擅离，以备随时应用。

一、每站需用家人差夫，由印委就地商募。委员各自带有家人，亦可随同当差，与差夫一律酌给工食，每名月给银六两。局中用差夫六名，米面各厂，每厂用差夫四名，至办差公馆，约备五六十处，门口各贴某公馆字样。每公馆看事务繁简，派听差家人一二名，差夫二三四名不等；公馆门内黏贴听差人夫姓名，以便查考。必须用本地人。凡差夫，一律穿号坎并带腰牌，其号坎腰牌，由总局发给，若无号坎腰牌者，不得出入，以防闲杂人等混迹偷盗。再，每站由地方官派巡勇多名，头戴大帽，身穿号褂，周围巡查弹压，如有百姓近前围看，拥挤喧哗者，由巡勇善为禁止，不得借端滋事。

一、公馆应用铺垫、门帘、茶碗、茶托、酒壶、烛台、字画等物，均由总局置发；惟使敷六处之用，尚须轮流转运，该员备车经理。其余水缸及粗笨等物，难以远运；至零星器物，亦难逐一周备，均由各站印委商酌，或借，或赁，或做，皆须赶速备办，勿使遗漏，且宁多毋少。

一、大米，总局现已购备一千五百包，当站各州县，如有无米可买之处并所买之米不合应用，可备文至总局请领。

一、油布已由总局购备二千块，发交磁州首站，随差运送，以便遇雨随时可用。

一、沿途有跪迎之耆民人等,仰邀恩赏,应需银牌、银锭,由总局发给各站备用。

一、应进呈贡物,直隶拟配土产八色,已由总局预备进呈。

一、此次差务支应既繁,事同创始,恭备一切,虽有豫省照陕章程,其间多约计之数,且恐临差尚有更改。前有孙道台并谢令等先行探报,现又派员六人、家人十名赴汴省各站,将临差如何办理情形逐一飞报,首站转传下站照办;一面飞报总局查核诸事,较有把握,不致临时为难。在差员司人等派定各事,专司经理,必须振刷精神,事前事后,悉心筹划,妥为经理,临时镇静,不可慌乱,最为紧要。所有章程内未尽事宜,眳该印委随时按照上站传单,酌量变通办理,所谓神而明之,存乎其人。

示 修 御 道

钦命襄办京畿善后事宜、候补部堂胡为出示晓谕事:

京师外城西南偏居民,略为皇太后、皇上回銮,由芦保铁路乘火车入西便门,有乖体制。现自西便门外莲花池地方,接修御路一段,达右安门外,马家铺旧马头下车,恭备茶点,小坐片时,然后换乘御轿进永定门正阳门还宫。此段御路,业经派人承修,刻已开工,统限一月内修成,沿途借占民地,一俟圣驾经过后,仍归地主,幸勿怀疑,切切特示。

跸 路 情 形

回銮本拟由河南道口乘舟至德州晋京,惟浚河造舟工费甚巨,某大臣会上折奏请走旱道,朝廷近有电询,全权复奏,谓走旱道,经河南怀庆,至正定府坐火车进京,比水路既妥且速,费亦减省。

大臣迎銮

八月二十四,启銮已定,是以孙燮臣中堂、吏部尚书敬信回京后,近又出京,仍往河南迎銮。

盛宫保迎銮

两宫自正定登火车,盛丞堂共备花车五辆,一为太后座,一为皇上座,一为大阿哥座,一为两妃座。其余王公大臣预备车二百辆。太后车上并预备洋式铁床一张,每饭用干水果十九碟、四大碗、四小碗、一品锅,均用团龙花,茶碗亦团花,上镌小字"臣盛宣怀恭呈"。另有自鸣钟、如意着衣镜、珊瑚树等摆设,均极铺张。

缓勤天颜

鄂督张香帅,奏请陛见,政府均盼其来,惟圣意以端午莅到任未满三月,香帅未便离鄂,故朱批"毋庸来见"。

襄阳道迎銮

襄阳道朱少桐观察,奉两院奏派迎銮,由襄阳就近首途来豫。

记庆邸赴汴迎銮事

京师访事人云,九月二十日,留京办事大臣庆亲王,乘芦保火车出都,驰赴汴中,恭迎两宫大驾。同行有近支王公贝勒十数人,醇邸之弟亦与焉。先期执事者,就前门外西城下,火车站前,预设席棚,恭备邸驾到时小憩,另设外务部、政务处席棚各一。是日清晨,两署大臣先命驾戾止,既而左右翼翼尉、协尉、顺天府府尹、五城城宪、中营协戎、南营参游都守,以及姜军门桂题,齐集恭送。至八点钟时,邸驾由大内出西长安门,乘绿呢大轿,轿前有神机营、洋枪队五六十名引导,及至前门瓮城,赴关帝庙拈香,然后与祖饯各员次第相见,略谈数语,即命驾登火车,向西进发。

使臣迎銮

各国驻京钦使照会外务部大臣,谓两宫至正定府,乘坐火车,并随扈王公大臣,以及文武官员人等所需火车,业经各使备送;惟须示以圣驾至正定准期,即当在京备迎,以见谊重邦交,亲信和睦之意。

委员迎銮

江西巡抚李勉林中丞,缮具安折,并磁器、茶叶、夏布,委前南昌府江仞吾太守,暨仓司马林大令,赴汴迎銮。

运米赴汴

苏抚聂中丞,接有行在户部来电,以两宫不日幸汴,着赶运米粮三百石以资接济。中丞奉电,当饬藩司在漕运项下,如数拨解,即委田东来县尉解往开封矣。

织造寿贡

苏州以翠华幸汴,皇太后万寿在即,因置办绸缎各件,已饬妥大令赍送开封,恭备赏赐。

迎銮西来

现届回銮之期,湘省在籍达官,多有束装西来,以备迎迓者,如谓文帅,及前署盐道季观察等,均先后启程,拟赴太原扈跸回京云。

恭 呈 方 物

江西抚臣李勉林中丞,以皇太后、皇上启跸回京,未遑迎觐,爰敬备各项贡物,札委前南昌府江仞吾太守,驰赴南恭进苞,以伸瞻就之情也。

文 悌 迎 銮

八月,河南府太守文悌,久有请款五十万办理皇差之意,日前进省,谒大吏,先请发八万两,以备銮舆到洛休息十日之用,驻跸日期有多寡,用款亦有增减。延方伯不得已,意发交银三万两,银元三万枚。太守鞅鞅而去,时时与人言,俟两宫到洛,必效古人尸谏之义,盖慕吴柳堂侍御之为人也。

銮舆由河南至京师尖宿单

天津《直报》云,皇上由河南省恭奉皇太后慈舆,渡河至京,核定道里及尖宿处,敬谨照录左方:

自汴省北行二十五里,至柳园口,渡河又五里,至祥符县境新站,宿站。又二十里,至卫辉府属封邱县城,尖站;又十八里至大村集,茶站;又二十七里至延津县城宿站。又二十五里至塔儿埠,尖站。又二十八里,至王端埠,茶站;又十七里,至卫辉府,属汲县城,宿站。又三十里,至淇园常屯,尖站;又二十里至淇县城,宿站。又二十里至高村桥,尖站;又三十里至彰德府属汤阴县境宜沟驿,宿站。又二十五里至汤阴县城,尖站;又三十里至安阳县境魏家营,茶站;又十五里至彰德府属安阳县城,宿站。又二十里至北二十里埠,尖站,又二十里至丰乐镇,宿站。由丰乐镇至直隶磁州城内行宫,计程二十五里。自磁州城至琉璃镇尖营,计程二十五里。自琉璃镇,至张王庄站,计程二十五里。自张王庄至邯郸县行宫,计程二十里。自邯郸县至黄梁镇尖营,计程十五里。自黄梁镇至永平县临洺关行宫,计程二十五里。自临洺关至沙河县尖营,计程三十五里。自沙河县至邢台县行宫,计程三十三里。自邢台县至内邱县境蓝杨村尖营,计程二十里。自蓝杨村至内邱县行宫,计程三十三里。自内邱县,至县境张村尖营,计程二十里。自张村至柏乡县行宫,计程三十三里。自柏乡县城至县境固城尖营,计程二十里。自固城至赵州沙河店茶尖,计程二十里。自沙河店至赵州城内行宫,计程二十里。自赵州至州境贾店尖营,计程三十里。自贾店至栾城县行宫,计程二十里。自栾城至县境冶河铺尖营,计程二十里。自冶河铺至正定县属二十里铺茶尖,计程二十五里。自二十里铺至正定府城行宫,计程二十里。自正定城外乘火车至定州,驻跸铁路公司,恭进御膳,计程一百五里。自定州乘火车至保定府行宫,计程一百五十里。自保定府乘火车至涿州驻跸铁路公司,进御膳,计程一百九十里。自涿州乘火车入京,计程一百四十里。

宫保迎銮

署直隶总督袁慰庭宫保,于本月初一日,由京乘火车回保定,假两江会馆为行辕,定于初六、七日赴磁州,恭迎大驾。

太守迎銮

直隶保定府陈太守,定期十一月初旬,赴河南界上恭迎大驾,所有省城应办事宜,暂委同知某司马庖代。

回王入觐

哈密、吐鲁番、库车回王,例应分年分班入。因去岁突遭兵燹,未克成行。现在和议已成,所有本年年班,应由吐鲁番回王玛木特来京,以崇盛典。

督办大差示

钦命头品顶戴、督办大差总局、直隶布政使司、按察使司为出示晓谕事:

照得此次恭办迎銮大差,随扈各军应需粮料柴草,前奉督办跸路粮台,陕西抚臣升奏明,由官设立平粜局,价值酌减等因咨行到局,自应一律。并将米面、高粮、绿豆、麸料、干草、柴炭等项,均照市价酌减二成,设局平粜。至各军以银易钱,亦照市价每两酌加京钱五十文,设立钱局,以恤兵艰。除价雇之长车夫役,均照市价公平交易不计外,所有平粜各项减价,并兑换银钱价目,应即开明出示晓谕。为此示仰随扈各军弁兵人等,一体遵照毋违,特示。

迎銮百官衔名单

行宫外两棚内,署直隶总督袁世凯、藩司周馥、臬司周浩、清河道袁大化,此外各棚内,第一棚,巡检王基瑞;第二棚,县丞祝景燧;第三棚,典史余耀祖;第四棚,知县蔡济勋;第五棚,县丞陆保善;第六棚,典史范炳勋;第七棚,从九品史家楣;第八棚,府经历赵鸿恩;第九棚,县丞袁承恕;第十棚,吏目马之骥;第十一棚,典史倪晋;第十二棚,府经历查富昀;第十三棚,县丞蔡毓春;第十四棚,县丞朱乃铨;第十五棚,巡检施丛桂;第十六棚,从九品张树荃;第十七棚,县丞吴永清；第十八棚，县丞余成龙；第十九棚，府经历沈际平；第二十棚，知县杜宜鸿；第二十一棚，县丞高景藩；第二十二棚，县丞曹廷衔；第二十三棚，知县杨尔瓒；第二十四棚，县丞崔铣；第二十五棚，直隶知州张崇伊；第二十六棚，知县吴盛麟；第二十七棚，县丞邱调阳；第二十八棚，县丞杜炳勋；第二十九棚，县丞洪承祖；第三十棚，知县恽福华。每棚皆统率绅士耆民四十人，当两宫圣驾到时，分班跪接。

北京迎銮王公百官绅民营兵各处所清单

步军统领衙门、顺天府五城御史，恭拟迎銮王公百官绅民营兵各处所，邸相阅定，绘图贴说，由内阁留京办事处进呈御览：

计开黄幄以西，马提督兵队，由卢沟桥往东跪接。姜提督兵队接连马提督兵队至丰台马家铺止，跪接。丰台交界北营弁兵、步军五营兵，自丰台至正阳门，分段跪排。柳村东头北营弁兵、中顶右营弁兵、神机营卫队，以上兵队。黄幄南向，全权王大臣、军机处、留京办事大臣、跸路大臣、内务府、三院卿、太医院、銮仪卫、侍卫处、上虞备用处、虎枪处、步军统领衙门、善后协巡局、京畿善后营务处、顺天府、五城街道以上各衙门。黄幄迤东，马家铺右营弁兵；马家铺北大石桥，左营弁兵；永定门外一带，左营弁兵、顺天府中营练兵；永定门外一带，五城练勇，以上兵队。永定门内甬路，西至天桥，王、贝勒、贝子、公爵以次，宗人府、中书科、吏部、礼部、刑部、理藩院、乐部官员、通政司、翰林院、詹事府、太仆寺、鸿胪寺、钦天监、八旗都统，以上分左右翼排列东西道旁。八旗十二固山佐领等官、景运门官员、前锋统领、护军统领、前锋护军营等官员、内外火器营官员、健锐营官员，以上排列石路西边跪接。永定门内，南营弁兵；

永定门内西官厅,南营弁兵;永定门内,五城练勇。永定门内甬路,东至天桥,王、贝勒、贝子、公爵以次,内阁、外务部、户部、仓场衙门、兵部、工部、都察院、科道、大理寺、起居注、太常寺、光禄寺、国子监候补京堂、八旗都统以下,分左右翼排列东西道旁。八旗十二固山参佐领等官、景运门官员、前锋统领、护军统领、前锋护军营等官、圆明园护军营官员以上,排列示(石)路东边跪接。永定门内南营弁兵,永定门内东官厅,南营弁兵,永定门内五城练勇。天桥迤北至正阳门石路两旁,绅士排列;石桥迤北一带,候补官员排列;天桥迤北一带,废员排列;东西珠市口迤南一带,耆民排列。东西珠市口迤南一带、东西珠市口官厅,中营弁兵;东西珠市口,五城练勇;大栅栏鲜鱼口,中营弁兵;大栅栏鲜鱼口,五城练勇;打磨厂西河沿口,南营弁兵;打磨厂西河沿口,五城练勇;正阳桥南营弁兵;正阳桥五城练勇。

卷五　论说[①]

读和约全文感言

　　读和约之全文，不得不为之一喜，亦不得不为之一惊，更不得不为之一叹。喜者，喜大局已定，不至中外再以兵戎相见；惊者，惊国家利权已失如此之多，国体所失如此之重；叹者，叹中国苟不卧薪尝胆，以图恢复，则休矣！一喜，一惊，一叹，而得其间焉。

　　夫今年画押之日，即上年西兵入都之日。事经一载，两全权经营之心，多参赞襄助之力，盖极其难。上年以北方之衅，商务凋落，天津成为畏途，洋兵视如虎狼，南北通商迟滞已极。南方商人在北方帐务，已散涣不可收拾，即通商各口岸，相率皆以大局未定，现银不肯外放。其地方政治各事，又皆推诿和议未定等语，一二创行新政之事，更借此为推却之计，揆诸其中情形，实有因和议未定不能举办者。是和议未定，即各事不能办，固可忧之甚也。今传闻和议既定，则安得不从而色喜哉！京津之道，今往来商贾，辐辏如云，或以获利庆。沪上本年商务，亦宽舒余裕。各埠商务虽市面不甚振兴，大宗出入尚不寂寞，近又颁行新政，朝野上下，风气微新。京城

[①] "多伦诺尔抚民同知卢司马鼓励畜牧工艺示""书多伦诺尔同知卢司马鼓励畜牧工艺示后""李相薨逝感言""书李文忠公事略后""刘幼吾司马署湖南桂阳州临武县时劝民种植告示""纪苏省行用当十铜元""华亭沈思齐大令浙盐刍议""除暴安良示谕照录""上海议立商务公所文件"等数篇未录。

西兵亦存仅十九,安如故也,宴如故也,盖几忘于去年之役也。

呜呼!是固可以喜也,然而请言可以惊者。其赔款至四百五十兆之多,偿恤教民赔款犹在外,此犹得曰他日国富民强,未尝不可以恢复也。然而恢复之据尽失,军火不准运入中国,又将大沽炮台等处拆去,天津几成为公地,楚歌四面,京城不能出天津之喉舌也。鹿尚书阻止回銮,亦无怪其有此一虑。此次办理教案,约云以后如再闹教案,惟督抚是问等语,以致现在湘省、晋省抚臣接待教士,极为审慎,其他调处公所、洋务局,皆为安置民教之义。抑民扬教,将来所不能免。天主、耶苏两教,势必相争,向之民教不安者,今而后将教教不安,江西盖已然矣。通商条约尚未改定,尚不知失利如何,而北河、黄河公办,失利已然。凡此,皆不睹条约,而可掩耳盗铃,既睹和约,未有不为之大惊,惊政权、利权尽失,而国不可用人行政也。

一喜、一惊若是,是有足可长叹者。谓夫我华人凡事善忘,又凡事各不相顾。试问和约既成,而后有悲愤大局其人否?事不切己,利害不切身,未有动心者也。人人意中望回銮,固也。然官场望回銮,不过为引见、为召见,若云新政,则随声附和数语而已;商贾望回銮,不过为财货流通,若工艺新法,则无所闻也。新政之旨屡下,而奉行殊衍虚文。有必行之新政,如开学堂、译书籍等事,任令地方绅董如何禀请,如何筹议,而批判皆谓经费支绌,间有略赞数语,而或则复诽呈禀者之谬,鼻笑呈禀者之迂而已。此亦足见今之为国任事之人矣。呜呼!国难不可忘也,其所以不忘之道,要在以国家为己事,若互相推诿,则国将安赖哉?故和议虽成,而境过情迁,恐众皆各顾其私,置国事于不问,是则夫可叹也。

夫时局坏烂,至于如此。乱极思治,原不能一蹴而几,然吾闻之救人者无可待,今则众皆持一待字诀,而皆曰姑缓缓为之,姑徐徐为之,毋行之过猛,以坏大局,勿操之过激,以乱人心,转自许为老成持重也。

曾亦复读和约全文,而一思今日之中国,为何如中国?将来之中国,又何如中国?而可作已治已安之想,不肯急起直追,努力救援哉!

雪耻辱说

人受耻辱而不思一雪者,未之有也。人每嗤华人为不知耻辱之人,岂笃论哉?庚子之乱北方,朝野叫嚣隳突,如醉如狂,岂非一雪耻辱之念所酝酿郁结,而竟成此溃败决裂之势。今夫识礼义、知情理之人,其处世接物,本鲜被欺于人之事,一旦横逆之来,亦先反躬自责,必无愧于己,而后与人讲礼义,论情理,既不伤友朋之交谊,又可保自己之声威。惟不识礼义、不知情理之人,先已自侮,人亦从而侮之,权势既不得伸,度量亦不能容,弱者咀骂于私室,强者恃手足之力,遽至角斗,因而伤毙人命,禁闭狴犴,正法市场,亦皆由耻辱之念,致于家以破、身以亡也。

故庚子之乱,朝野上下,叫嚣隳突,如醉如狂,按之礼义既不为合,谅之情理,亦为不通,亦即但知一雪耻辱而不顾家破身亡者之类也。是以因此一乱,庐舍为墟,城垒为平,白骨为山,流血为渠,陵寝为惊,社稷为危,至尊为蒙尘,大臣为牺牲,宫殿为营房。今虽和议成矣,联军退矣,然以诏旨而商政于外人,其耻辱一;赏罚而听命于外人,其耻辱二;居两宫于四面楚歌之地,其耻辱三;挫亲王于专使道歉之时,其耻辱四;占守铁路,削平炮台,其耻辱五六;禁止购买军火,停止考试年期,其耻辱七八;干预财政,则有以矛攻盾之谋,其耻辱九;把持商务,则有反客为主之势,其耻辱十。而且自此以后,凡有可以侵我国政、削我国权、压我国民之处,皆可以次和约,侵之、削之、压之,其耻辱尤为无穷。是即一雪耻辱之念,而耻辱尤甚于前者也。可不痛哉!

然则人受耻辱,固不当一雪之乎?人而不知耻辱,不可以齿之于人类。盖亦视其雪之者何如耳!昔梁惠因受耻辱,求雪之道于孟子,孟子与之言仁政,而不言修武,可知耻辱之雪不在于战争也。日本岂尝与欧美各国战而胜乎?昨有游于日本者,归述所见,云坐轮舶甫抵口岸,有西装者驾小舟来,一一察视搭客,有无疫病,及至关官查验行李,则虽西妇之箱箧亦多开视,洋客皆息心静气,听候搜检,无敢怒者。细视关员,虽服西衣,而肤色之黄,驱体之短,则与华人无异也。行其市廛,巡捕皆日人,见西人犯禁令,则拘之以去,与上海巡捕之拘华人无以异。西人与华人讼于日官,据理直断,较之华人在本国与西人涉讼者,得益多矣,而且无鸦片之流毒,无教案之波浪,大异于中国。呜呼!此特著于外之一端也。究其外交之利,尚有可羡于此者。夫同为黄种,同为通商,而一受耻辱,一不受耻辱,几不可以道里计。况乎明治维新之前,其国政之疲坏,更甚于中国,受外侮之耻辱,亦不亚于中国,所以变政之后,耻辱顿雪,则亦可以知在此不在彼之故矣。

今草约签字之后,约有三种人。甲谓耻辱如此,必求一雪,问以何以雪,当无异于庚子之乱。乙谓此次只因求雪,遂致耻辱更甚,故求雪之念,只可徒兹收拾。丙谓耻辱非一人之耻辱,亦非一人所能雪,和议既成,听之可也,其知以变法为不雪之雪者,盖寥寥无几于是乎?

论西安疑忌太多

西安政府全以非臣非子之心视人，无处不生疑忌，其心为以西安政府数人，其见高诸天下，以外则皆欺皇太后者也。请以远因证之，更以近因证之：

皇上为一国之主，而西安政府，诚恐人只知有皇上，不知有太后。戊戌年圣躬有恙，龙体早健矣。西安政府，数年来在京城，时时以病躬视皇上，凡讲维新者，政府诸公，不加审察，大半以康有为视之，若稍涉激卬者，则阅不终篇，而已视为康党。戊戌年督抚变法奏牍，毫无与于康党者，而一并废弃，学堂陆续收闭，视之为汉奸；各督抚保荐人才，亦一并不用，此远因之疑忌也。

自南洋华商电阻立大阿哥，以明本朝不建储君之制，而政府遂以为天下人心，皆向皇上，不向太后，于是为太后一面恃之益坚，而于皇上一面但牵带一笔，勉强敷衍，时时以母子一心四字，极力洗刷，凡有要结人心之处，则称懿旨，凡有恩惠及民之处，则归深宫，而于皇上明明视为附庸。两宫本慈孝大著于天下，皇上虽力请训政，太后未有不肯归政者，而政府畏皇上天威愈甚，请太后训政之言愈坚。是两宫无异心，而政府必使两宫异心而后快，且必使天下之人重视太后、轻视皇上而后快。舍举国公请太后永远训政，皇上退让，则政府诸公大快矣。呜呼！我太后之意，我皇上之孝，曾是政府诸公之心，而如是诛之不可胜诛也。此远近疑忌之因也。

今有帝党、后党之称矣。后党者，尽显位；帝党者，半图圄。我皇上数年来缄默保全，可谓至难，而政府播言，不曰皇上好嬉戏，即曰皇上好淫欲，竟以将来大统所归数字许大阿哥。皇天不佑，而有载漪之乱国，而帝位始保。天复假庚子一乱，诛锄顽固，旧党死者大半，西安诸公，于是胆寒心怯，不敢回京，惧罹西人之罗网也。此亦远近疑忌之因也。

若夫近因显而易见者，其疑忌各省督抚也。自上年伪上谕既下，凡不遵从者，伪政府已默而识之，东南督抚互保之约，一也；傅相淹留沪上，不入京，二也；各省无勤王之兵，三也；不准操洋操，四也。此近因疑忌之一。

其疑傅相也，责其不退洋兵，责其不磋磨赔款，责其供应洋人太原，责其京城铁路直入内城之无理，责其使馆建造营房之地面太宽，命崔太监探视，命桂春操视，严旨责之，既不派政务处，又不派外务部。傅相所许西人之言，其一，办罪魁，则端王仍在宁夏，鲍道则不催起解，使傅相无以对公使；其二，回銮之期已迟，而又复改期，使傅相更为公使指责。其于傅相盖猜疑之甚，而处处与之为难。此近因疑忌之二。

其疑忌外人也，以为洋兵一日不退净，则京城一日不可回。殊不知洋兵即退回该国，苟其中变，犹可再由该国来华也，彼有不利大后之心，何所不可？今赔款已定，如以不回銮而耽搁彼等退兵之期，其兵费不索偿他人，仍索偿中国，可见洋兵退与不退，毋甚出入，况今已退十之九哉。

其疑忌国人也，以为国人有不利之心，故回銮宁用八百万而行陆路、水路之险道，不肯由河南襄阳直抵汉口，由长江航海而上，且其不由长江航海入京，亦最不可解。谓西人不测与？则今日者京城洋兵，天津洋兵，亦不可测也。谓国人不测与？则各督抚兵力甚厚，国人于醇邸过沪且欢迎之，矧我太后、我皇上为民心所爱戴者乎？普天之下，莫非王土，由长江而航海，犹是复中国土地，而舍而不由，推诿改期，縻费八百万，失信中外人。此其疑忌之心，更西安政府牢不可破者也。

新政之行，本搪塞外人之计，政务处牢笼一切，外务府易总理衙门之名，而其实未改政新。奏稿尽善尽美，本救存中国之据，乃置之高阁，推待回銮。计算上年十二月初十日至今年圣驾抵京之日，将及一年，即行新政已岁星一周，况未必果行乎？曰裁书吏，而具文也。曰保荐人才，而一万两军机处存记，数千两开复罪臣原官，且送部引见。近又折漕，希图现银解送西安。闻不肖而官尽贤者，适中政府诸公贪婪财货及妒恨士人之心，并中其敷衍新政之意也。洋操至今不复，捐纳至今不停，科举至今不变，学堂至今不开，一任外人争矿务之利，争铁路之利，争河道之利，争商务之利，东三省、满洲、西藏、扬子江，土地视为可有可无，而彼诸公者，目光不出西安，识见不出西安，犹谓秦蜀洛为自古建都险要之地，先改回銮之期，以试中外之议论，昏聩谬妄，误国亡国，凡属有心，莫不痛哭痛恨！此其疑忌之心，又西安政府固结莫解者也。

呜呼！今日者，国无敢言之人，岂不以为惧祸哉？而不知自营九州，各图中国也。如此，而中国犹甘于安危利灾，优游卒岁，令各国之图谋中国，而用其疑忌之心，以苟安此危亡之中国。是诚不知西安政府何心也！知我罪我，自有公论焉。

恭读六月初四日上谕感论

不忍坐视中国之亡，而出其学术智术，以救援中国者，此中国所欲得之人才也。以为中国必亡而讲学论政，创革命之说，作新邦之想，而以中国必不可救援者，此虽不得不谓之人才，而人才适以止中国也。今日国家求人才，但问其人为救援中国之人，抑欲止中国而为新邦之人，二者于何辨之？辨于心术之正与不正而已。

夫才艺可观，人才不易得，而心术不正，人才又无足取。恭读六月初四日上谕，以经济特科，如有心术不正，则虽才艺可观，亦无足取等因。圣人之高明，盖患人才之不可得，而又患人才之无益反有害也。夫世不乏英伟魁杰之人，识时务、通外事之士，然或则辍耕陇上，望王气而徘徊，或则戢影海滨，待新君之聘问。袭黄梨洲原君之说，而民权之说，人人有大侯小王之思；倡华盛顿合众之谋，而自由之党，时时存起义勤王之举。是故湘学报不得不钦唐才常之才，而富有票不得不惜唐才常之志也。此其心术，盖不可知也。抱澄清中邦之想，而素王改制之书出，紊千古之常经，有辟易千人之才，而义民流血之说，彰兆中原之党祸。是故《时务报》为康梁开民智之功首，而富有票为康梁乱中国之祸魁也。此其心术，盖不可问也。

夫古人为学，先重取友，而取友尤贵教忠。曾、胡、骆、左，惟其有中兴之略，故底成大业，而朝命一新；康、梁、谭、唐，惟有革命之思，故号名党徒，而国制反乱。吾窃悲谭、刘、扬诸人所死之惨，而实不免见累于康、梁也。吾尤悲蔡、陈、林诸人所死之愚，而实不免累于唐才常也。故如王小航、容纯甫、邱菽园者，世皆视为康党、唐党，然观王小航刊登某报之辩论，邱菽园禀复粤督之书函，则康、梁案内王小航之同谋颐和园、唐才常案内邱菽国之助饷、容纯甫之接济，或则先同而后异，或则始合而终离，度亦中途易辙，分道扬镳者也。而所不能讳者，盖于取友之间，心术之正否，辨之不真耳。且夫心术之正其否，所关顾不重哉！顽固昏庸者无望，而转而求之英伟杰出之人；排外守旧者无望，而转而求之识时务通外事之士。国家之开经济特科，不得谓非破格求才之意也。然而所求甚殷，所虑则甚深，所需至切，所望则至厚。盖有鉴于前事之滥保非人，而不得不为慎重之选。彼不知者,虽谓国家之苛绳太甚,求贤不诚,容讵知才艺可观,而心术不正者之为害甚大哉!

今者开特科,既求才艺与心术矣,蒙谓一则学校之士子,宜晓以尊亲,一则学堂之生徒,宜训其忠孝。尝见学校有以讲学合群之意,各从党类者矣;又见学堂有以演说平权之理,侮慢师友者矣。方其在下为学之时,已嚣杂不驯,若是他日者立于朝廷之上,几何不偾事而乱国耶!吾是以服鄂督宅心忠厚,不追究党锢之徒,训诫严明,而急挽学生之流弊也。嗟乎!谓朝廷而不求才,谓督抚而不爱才,近世时流,辄为诋毁之论矣。岂知朝廷生其才则正宜用其才以报国,督抚爱其才则正宜养其才以待时。而顾身受朝廷之厚恩,心存亡国之妄念,始受督抚之知遇,终图作乱之私谋,人负己耶,己负人耶?君子读六月初四日上谕,而知圣人有鉴于戊戌京师、庚子武昌之事,而亟亟以心术二字为求人才之本,盖即《劝学篇》所谓教忠之旨矣。吾是以谓不忍坐视中国之亡,而出其学术、治术以救援中国者,此中国所谓得之人才。而以中国必亡,讲学论政,创革命之说,作新邦之想,谓中国必不可救援者,此虽不得不谓之人才,而人才适以亡中国也。

七月初一日上谕恭注

回銮之期本择于七月十九日,由西安启跸。薄海人民前奉诏书。追念庚子七月二十日,两宫出京,适值岁月一周,时令既同,风日相似。顾当日仓皇出走,六飞未备,布衣将敝,豆粥难求,其困苦颠连之情景,实有所不忍言者。而今,兹回銮前数月之前,早已预备陕西请官款三十余万,其他臣民之所报效者当不止此。河南筹跸路经费至五百万,直隶亦筹三百万。盖臣民之意,必求两宫长途安适,自不觉踵事增华。而两宫于此回想上年此日,经某处若何情景,必有一困一舒,一苦一甘,一忧一乐,一危一安之慨矣。是故七月十九日启跸之说,外人多有预相猜测,以为未必准期者。而华人闻之,以为上年此时既以不得已而不顾宗庙社稷,由京而晋,由晋而陕,今以宗庙社稷之重,必欲回京,又有一困一舒、一苦一甘、一忧一乐、一危一安之不同,何为而未必准期也?

乃昨日恭读七月初一日上谕,竟以陕西、河南两抚之奏改期,于八月二十四日启跸。夫陕抚以天时炎热、道路泥泞,汴抚以积雨连旬、河水骤发、跸路冲毁、行宫损坏,先后具奏,亦是慎重之意。皇上纯孝性成,览奏之余,自不能漠不关心,遽奉慈舆,长途冒暑,必须吁恳重闱,禀求慈意,然而皇太后当此一年乎?宗庙社稷之重,与夫上年出走之情景,即使回銮之时万分困苦,亦断无若上年之甚者;而且昔则有疮痍烽火之忧,今则有故土重归之乐,是则今之回銮,必将无困非舒,无苦非甘,无忧非乐,无危非安。况乎备办已经数月,沿途皆有官员妥为照料,未必如昔日之困苦忧危,亦何必以两抚之奏,遽为改期者哉!

顾居安思危,好逸恶劳,人之同情。上年之走,事变仓皇,何暇择日?今则安处秦中,顿忘前事。自必俟天高气爽,道途安妥,始愿就道。即外人读此上谕,亦必体察情形,屏除疑虑。盖中国山路之崎岖,与夫宫闱之尊重,凡久居中国之外人,无不深知者也。

虽然,犹有不能无虑者焉。由陕至京,道出河南卫辉,即可折而北上,若开封府本非必由之路。今据西安来电,启跸既改至八月二十四日,复须绕道开封,暂行驻跸,俟过皇太后万寿圣节,酌议回京,故到京至速在冬至节。业电饬汴抚,妥备行宫云云。窃思电中虽有冬至到京之说,然酌议二字,即多疑义。皇太后万寿圣节系在十月初十日，其实已交冬令，届时必有天气已寒，风雪载道，缓至明春再行回京之说进者，从之否乎？各国使臣前本有七月十九日皇上所定启跸日期，若有改变，即当另议办法之说；今之改期，或已电饬全权先行酌议，所迟不过月余，各使想无异言。独是今已改期，将来继之以绕道开封，继之以久驻行宫，终之以改期回京，则各使必有所迫不及待。

夫北京为宗庙社稷所在，天下臣民所系，两宫一日不回，则宗庙社稷之灵一日不安，天下臣民之心一日不定，两宫果忍弃北京乎？不能不叹西安政府之无人焉。力为补救之也！

不信为国之大害

中国之不见信于外人，由来久矣。此次议和之际，各公使与全权会议，首先回銮与否为揭。经全权多方斡旋，而各公使始信回銮之举。及至屡以询回銮何期，全权又多方斡旋，先言四月，继又言五月。各公使曾谓全权曰："贵国政府不足见信外人也。"故和议成约甚难。迨至七月十九日，回銮之谕既下，西报尚以其期太远为责，又论未必果肯回銮。中间纷纷传说，将以迁都于蜀矣，将迁都于汴矣，将永远驻跸长安矣。且有湖南某陈奏关中王气甚旺，种种传闻均于回銮有碍。故华报虽讳之，而西报独畅言无隐。此回銮波澜之一也。

桂春、何乃莹，著名顽固，上年仇洋肇衅，二人皆应列入罪臣之中。虽幸而漏网，而西人仍时以二人应照治罪，哓哓不已。桂畏罪折回，何亦以回京为畏途。鹿尚书意中总以秦蜀为险要，颇阻回銮之议，以格于众论不能专擅，然时时以洋兵未退之词，声闻于太后。又查办跸路，忽焉水路，忽焉陆路，忽焉爱惜民力，著极力撙节，忽焉委员查勘有无危险，种种艰难，而西人遂揣出回銮之期不果，西报复推阐之，此回銮波澜之二也。

洋兵将退尽矣，草约将签字矣，京地交还者已多，勘路大臣布置已妥，回銮似无可改议。乃圣母有病，而湘抚奏保名医徐本麟奔赴行在，隐隐有回銮改期之托词。于是各华报有据京函云，改期九月初三者，有据官场传述，有据西使函论而拟改期之日者。今日异词，明日异词，此乃回銮波澜之三也。

而果有秦抚、豫抚奏请回銮改期之折，迫皇上以不得不从，此明明政府中人授之以意，而秦豫两抚徇其意而为之者，而其故可揣而得之。一军机处、政务处大臣，主回銮之议者，十之二三，而否者其七八。彼盖恐回京后不得专擅其权势，事事为外人辖制，且恐西人忽追诉前罪，有所不便也。一阉监中盖无一人以回銮为然者，彼以为盘踞西安，某道以纳贿而授，某道、某令以纳贿而复原官，或简放，或存记，或开复，几于无官不贿，西安已为宦官自然之财薮，岂甘决然舍去？日侍太后之侧，而以迟迟回銮为词，取便也。

大抵西安之顽固闻见既隘，消息亦滞，彼只知偷安图逸，免生事端，殊不知各国于回銮一举，验中国之信实与否。顽固者又以国事已定，可以优游，殊不知各国草约未签，洋兵进退自若。现在法之图京保铁路，又议造广州湾铁路，及长江矿利；又英之注意扬子江；又英德合中国股份开浚吴淞江事宜；又满洲之约，俄在必行；又日本将索马山浦；又改定通商条约未定，而又安无闻无见，已视为太平？竟至率将回銮改期，似不信之言，授外人以借口要索之柄。不知西人已责我惩办罪魁，应办者不办，不办者乱办，于浙案鲍道逍遥法外，屡有指摘矣。又京兵虽退，尚善于天津、山海关分屯，凡交还之地，皆谓中国若不自办理，仍须收回，故圆明园英兵复为占据。盖彼等以不信责我,我往往无辞可答。今乃借回銮之法改期,至授外人将来重索利权之柄,为害一也。

变者,救存中国者也,而西安政府以为敷衍外人之计,以为哄骗外省督抚之计,以为解释新旧之计,故谓俟回銮而后颁行,譬之国人,中国盖将亡之;譬之医药,新政盖救存中国将亡者也。今性命将亡,而医药虽灵,不肯照服,使果有举行新政之心,肯迟迟回銮乎?变法之谕,在上年十二月初十日,而回銮之期定七月十九日,果有急望新政之心,肯如此迟迟乎?又改八月二十四日,其无新政更可想见。以迟迟回銮而误新政,以不行新政而不能救国,其害二也。

呜呼!西安政府,诚不知其何心也。在内政,无急行新法之意,不能救中国之危亡;在外交,无取信列邦之言,不能止强邻之要索,害有大于此哉?而各省督抚一片图治之热心,为之冷淡;全权与各公使以前之成约,更愧对无词矣。以回銮改期之关系若此,假使既届八月二十四日,而又改期,又或推诿秋凉冬寒而复又改期,或驻跸河南之说果验也,则外人将不责中国以不信,而任其所为也。

忧　祸　篇

观于西安政府改期回銮之举,窃不知其心思果何若也。其果以为北京可弃欤?其果以为天下可欺欤?其果以为和议已成欤?其果以为德帅华德西已返欤?其果以为洋兵现已无多,不能入山陕欤?其果以为中国复安复治欤?其果以为目前之土地人民、功名富贵可以保全欤?凡人最恨之事,莫如受愚。我设计以愚人,人而不受我之愚,则其恨也浅;人而竟受我之愚,则及其觉也,其恨必深。即使我本无愚人之意,而忽焉有可乘之隙,遽食前言,则人亦必我为有意愚之也。而况中国之外交,久为各国所疑者哉?

当定期七月十九日启跸,颁发上谕之时,各国公使亦多疑词,并有谓必俟回銮之后,然后退兵者。经全权再三磋磨,多方证实,遂使各使渐渐入港,和议草约,已有定期签字之说。而联军统帅,则以无复他求、无复他虑,亦即归国,京师地面陆续交还,京师联军陆续撤退。在各国政府,亦可谓深信中国必能如期回銮者矣。一旦忽有改期启跸之明文,必将深悔和议之不应通融,统帅之不应归国,地面之不应遽还,联军之不应遽撤,自悔愈甚,则恨我愈深,一恨之后,大局不可知矣。夫北京联军虽已撤退,尚未净也,而其大队多尚屯天津,则北京地面不能谓业已收还,盖一旦有变,仍非中国所有。且英人已借口于俄兵未曾退出东三省及衢案不办,故有不能如期退兵之照会。假使中国不失信,各国并可以失信责之,今则无可责备矣。

然则中国果以北京为可弃,一如东三省欤?夫西幸之时,实已弃北京如敝屣。各国仍肯交还,本非始料所及。然以为藩篱已撤,可有可无,故各国忽又占据,在西安政府视之,如折一指,无足重轻,并可因此而申迁都之说。曾不思宗庙社稷皆在北京,通国臣民皆视为根本,根本既伤,枝叶必枯。而况今日大局,无异春秋,立国建都,必须各国公认,否则无使聘之往来,更何有和局之可议?势至于吞并分裂,不可收拾。

然则北京果何可弃也?新政之必行,亦以外患内忧相逼而来,迫于势之无可如何。前言新政,须俟回銮之后,今回銮又改期,是可知回銮苟无实心,即新政亦系虚意。中国不行新政,则各国之蔑视中国愈甚,而华民困苦难苏,必生大乱。

然则天下果可欺也？早经订定，相安无异之和约，尚多违背，而况未经签字之草约？一华德西去，岂无另一华德西来？西报议论，已有以华德西为不然，而谓行必另派一总统来华者。联军虽退，岂不能复集？而况屯于津沽者尚多。然则和议即成，统帅虽去，联军虽撤，亦何可恃也？

呜呼！晋省旱灾，尚未复原，东南各省困于水，山东困于黄河，直隶、东三省困于兵，二十二行省，无一省得安治者。天祸中国，曷其有极！而西安政府，一若辟处偏隅，即可常保其未失之土地人民、功名富贵，夫亦无异于燕巢幕上者矣。

日将论华

日本少将福岛君，略谓亚洲西自波斯，东至中国，其中无一可以自主者。惟中国苟力图自强，尽变旧法，则不独可操自主之权，且足为全球各强国并冕。现在亚细亚各国，虽欲变法，均不甚易，独中国未见其各国多被教门所阻，中国无之。目下中国政府已知变法之要。观近日上谕，即其明证。所最足慰者，中国不独知炮火之当重，更知培植人才，俾后日能用此炮火。设果广开学堂，以沦民智，吾知不数年间，必有奇效。至于各省兵士，自当以鄂督张香帅所练者为最优。他省大吏，拨兵护送，沿途恒索取银钱，独香帅之兵，无此恶习，且不独身体坚壮，亦能举笔作书，此为华兵最难得之事。吾益体察各种情形，而知中国自强之基已立也。

增益官俸说

新政，上谕如开特科，改科举，设学堂，派游学，其于造就人才之道，盖已尽数百年之积弊，而一扫之矣。是独国家之安危，系于士者,犹在异日,而系于官者,近在目前。官场积习一日不清,则民困一日不舒,商务一日不兴,国库一日不裕,国体一日不复,国势一日不振,故清官场之积弊,今尤为急。

自变政以来,有关于肃清仕途者,惟停止捐纳一项,然尚未探其本也。盖官场之积弊,千类万状,而要其所以至此者,皆由于官俸之薄。譬如元气久虚之人,疾病丛生,虽有良医为之对症发药,然而不扶其元,则疾病终难望愈,故今日欲清官场之积弊,首在于增益官俸,官俸增益,则官事斯可整顿,否则革一弊,又生一弊。革虽严刑峻法以绳之,亦有所穷也。语云,衣食足而后礼义生,故衣食不足,则强者为盗贼,弱者为寡廉鲜耻之事,虽有安贫乐道、不为利诱者,然至于饥寒交迫、朝不保暮,则宁死不失节者,惟圣人而已。今使就俸廉计之,自大学士以至典史未入流,苟不于俸廉之外别有所取,非特贫不足已也。而况京官有减折,外官有摊扣,并俸廉而不可尽得,是俸廉之外,一无所取者,全家必饥寒以死矣。职此之由,弊遂日积。弊分有限、无限,有限之弊,贤者为之,无限之弊,不肖者为之。然虽有限无限之分,俱为弊则一也。且无限之弊,即由于有限之弊,不能革有限之弊,何以革无限之弊。顾有限之弊,则非增益官俸不可以革。

何谓有限之弊?盖例与规是也。今之取给于例与规,无一非例之所严禁。例之所禁,无莫非弊。然而给干例与规者,旁观非特原之,且以为贤,则亦安能禁哉!故士人未入仕途,必以为官可以报国家、拯斯民、资事蓄。及至既入仕途,乃知处处掣肘,素愿难偿,而所以取资事蓄者,则皆干犯禁令。负国负民之钱不取,则饥寒可虑;取之,则清夜不安,天人交战于心中,幕友怂恿于左右,终以相沿已久,觍然取之,然而廉耻之道,由此丧矣。古有之云,良家子被盗污，遂行淫。故有宦游既久，则天良丧尽，无钱不取者。

所谓无限之弊，即生于有限之弊也。推源立论者，必曰欲革汇缘之弊，当先除赀见炭敬；欲报销浮冒之弊，当先除部费；欲革州县中饱之弊，当先除各上司衙门之公费漕规，与乎上司过境之办差；欲革匿报命盗之弊，当先除解费；欲革书吏需索之弊，当先除工食之刻扣。然而由此以再推其原，则一切革除之后，自大学士以至典史，皆当饥寒以死也。故必增益官俸，足以养之，而后纳贿营私之弊、报销浮冒之弊、过境办差之弊、官官相护之弊、命盗匿报之弊、书吏需索之弊，但以一纸文书重申旧禁，不必严刑峻法，自能一扫而空矣。且营私舞弊，最费精神，苟使之内顾无忧，必能专用其精神于国事、民事，岂非今日变政之大关系哉！苟其不然，则虽尽力于就造人才，而一入仕途，气节不能不变，亦奚益哉！

信以立国说

信者，交友之义也。盖人我之间，最易起疑，因疑生恨，因恨成仇，小则乖友道，大则捐性命。故交友之道，必取乎信，所以防其弊也。国与国相交，本有相疑之念蓄于国人之胸中，一触即发，故易于相恨，易于相仇，而立信以泯其疑，尤为至要。盖友者，一友至百友而已，国则数千万人，人各有心，必须我国之信，可以见信于数千万人，而后能永远和好。苟其数千万人之中，信者居其小半，不信者居其大半，则虽宛曲求全，以冀其信，而终不能复信矣。夫两国相争之际，兵戈扰攘，难解难分，然而一介使臣，可以片言罢其争者，信为之也。是以春秋以来称霸之主，必先示信。齐桓公被劫于曹沫，晋文公示信于原人，岂其力不足以胜鲁胜原耶？盖以坚与国之信耳。

今者，泰西外交家，机械百出，而惟言必有信，则奉为外交之圭臬。中国不然，故各国之人，辄以中国为无信，其与中国交涉，处处防中国之欺骗；即使确系实情，中国未尝欺之，而核之于情理，稍有不合，则彼即哄然而起，妄生疑虑，以至中国交涉人员愈觉棘手，遂愈工其欺骗之术，愈工于欺骗，则交涉愈棘手，积久而难救，于是乎，各国驻京联军，必俟大纲各案，一一见诸实事，而后撤退，不能以仅仅签约，遽信中国为必办也。然中国自经此巨创之后，即宜大变其昔日之为，所以取信于各国。盖自此变计，各国必信中国为穷困已极，真心改变。而日后之交涉，亦因此易办矣。

乃回銮一项，为交涉之大关系。七月十九日启跸之诏，业已传遍地球，忽以陕、汴两抚之奏，遽改于八月二十四日，岂非失信与国乎？夫自七月初一日至七月十九日，为期尚半月有余。秋时天气凉热难知，山洪暴发，其退亦速，安知半月之后，天气不高爽、水势不退消乎？何不迟至七月望日，然后酌量情形，再定行期？恐各国一按于情理，必启猜疑，以为两宫有久恋西安之志，八月二十四日启跸回京之说，亦惟信也。然而西安政府于改期上谕既降之后，实亦虑及此，是以初一日复降上谕一道，懿旨一道，上道系豁免陕西、河南、直隶跸路经过地方钱粮；懿旨系因回銮在迩，赏陕民内帑银十万。以为外人于历降懿旨前后恭观，必能深信两宫之不能如期回銮，实由天气酷热、道路泥泞，非有久恋西安之志也。顾欲人之信我，必先有以信之。我不能信人，而要人以信我，则有欲盖弥彰之虑，各国之果否能信，未可必也。

今者改期上谕已发矣，若因各国之责言遽改成命，为辱国体，为宛曲求全之计，而复发此上谕一道、懿旨一道，西安政府之用心，亦可谓苦矣。全权本此前后谕旨，以告各使，或尚无意外之虞。独是八月二十四日之期，若再更改，又或绕道开封，迅不回京，则我有屡次失信之议，而彼有因疑生恨、因恨生仇之举矣。

八月初五日上谕恭注

捧读八月初五日上谕，着各省选派学生出洋游学，妥筹经费，作正开销，学成回华，赏给出身。其自备资斧出洋游学者同之。不禁感朝廷之造就人材，有加无已也。朝廷议行新政，求才日亟，故自谕开特科以后，继之改科举，继之设学堂。开特科，改科举，所以奖励已成人才，设学堂则作育未成之人才也。观于中国国势之日替，即可知人才之乏，兹虽明降上谕，设学堂以作育之，然开办之初，章程最难宽严缓急，偏则弊生。政务处凭空拟议，所定不尽可行，各抚意见各殊，奉行岂能一律？必候试行有效，逐渐酌改，则十年之后，始能妥善。此章程之难也。

学堂之设，重在于师。各国学堂教习，皆选于师范学校。今中国广设学堂，统大、中、小，而计之不下于千余处，每处或教习数人。端方者虑其学识拘迂，博通者惧其性情浮躁，何来此数千品端学博之教习？其能通外洋文字，端方者尤少，则滥竽充数，必所不免，此教习之难也。

四书五经注解杂出，既经钦定，宜归一律，廿四史亦有定本。惟本朝章朝国典以今较昔已多更改，编辑成书，必须时日，而外洋格致制造之学，日异月新，从前官局所译，已成陈迹。赶紧选译，译才亦甚难得，此书籍之难也。

有此之难，故学堂收效，必在十余年后。以现在求可之急，何能立俟？此选派学生出洋留学之举，所以必不可少也。盖学堂者所以立其本，而出洋游学则以治其标。外洋各国设立学堂有年，章程教习必已美善,而通其文字、读其书籍,较之辗转译业者,尤为亲切。故出洋游学一举,事半而功倍,时浅而效远。

顾或谓三十年前中国已有选派学生出洋之举,发端于曾文正、李傅相,委陈兰彬、容闳携带学生赴美国肄业,其后又奏派福建船政生徒,至英法二国学艺,而各省之派将弁、派学生至各国游学者,尤复无年不有,宜其人才辈出何竟寂寂无闻?不知人才在于作育,犹在奖励。从前风气初开,世家子弟鲜愿出洋,虽学成后议予以顶带差使,然或志在正途,亦不愿就,故选派之学生,不尽为心术端正、文理明通之士。及至出洋十余年,始行回华,语言品行、起居动静,均已与洋人无异,乃欲置之中国官场,使其绳趋尺步,缛节繁文,必有所不能;况于中国文字,更已遗忘殆尽,国家虽欲重用之而不能,不得不投闲置散,或更楚材晋用,助洋人办事。闻福建船署中,有与日本首相伊藤同学者,虽已保至道员,尚浮沉于船署之中,作育之而不奖励之,养之而不用之,人才安能蔚起也哉!

此次上谕,于选派之初,既须择心术端正、文理明通之士,则始事既慎,无虑鲜终,将来学成回华,既不至语言动作尽若洋人,又不至狂妄荒谬,流为乱党。而奖励之法,则予以进士、举人正途出身,尤为不磨之法。盖科举既改,自不能有所轻重于其间也。且新政既行,学堂广设,则学生回华之后宜于官者,任之以官,不官于官者,任之以教习,更无虑投闲置散,则出洋游学之举,诚与学堂相为表里者也。

向者,各省督抚于选派学生出洋游学之举,一虑乎后患,一绌于经费,今既慎选于初,奖励于后,则后患可以无虑;作正开销,则经费可以不绌。是捧读此次上谕者,孰不感朝廷之作育人才,有加无已哉!

再论跸路近事

自西安启跸，以至阌第镇只三百十里耳，而此三百十里中之车骑拥挤，事故纷纭，官吏之奔走恐后，民间之鸡犬不宁，内监之尽情需索，仆从之狐假虎威，以至跳嚣叫号之声、毁器攫食之事，即在数千里外，一为默揣其状，亦若闻其声见其事焉。故当临潼县之被参，即谓假冒王公仆从者，且攫食，且毁器，而真为王公仆从者，可想矣。

乃恭读阌第镇电传初五日上谕，果有喀尔喀亲王那彦图所带亲随，殴辱职官之事，朝廷深恐王公百官仆从恃势横行，饬令王公百官随时管束，已不啻三令五申，而那亲王随事人等，犹敢卷取铺垫杂物。照料委员李巡检向前理阻，竟被捆缚殴辱，是其违背圣旨，目无法纪，苟非就地正法不足以儆其余。今朝廷既令那亲王将滋事之人即行交出，自不至于宽纵。从此朝纲一肃，跸路办差者当免于十分为难乎？窃犹以为未必。

盖必欲跸路之严肃，尚有在也。尝见外省州县遇督抚大阅、学政按临、钦差过境，其所预备，巨细无遗，务使督抚、学政、钦差在路，无殊在家，甚而有过之无不及；而其仆从人等，犹且吹毛求疵，掂斤播两，以冀克遂其需索，至及临行，悉数捆载而去，似下站可以无须再备矣，而备如故，捆载以去如故，此实为最可鄙、最可恶之事。然而相沿成习，虽贤者有所不免。

此次恭办皇差，王公大臣之多，百倍于督抚大阅、学政按临、钦差过境，若仍以积习为比例，则糜费之巨，何堪设想？夫王公大臣铺陈被褥、日用杂物，在西安时必已有之，除床榻、桌椅笨重之物难于携带，可由地方官备办，其余铺垫什物本可不必。且当两宫西巡之时，王公大臣仓皇奔赴，岂非诸色齐备？则此次随扈，亦大可将就。如潼关亲王行台，苟不预备铺垫什物，亦何至有殴辱职官之事？故经过地方，于王公大臣，宜只备房屋、床榻、桌椅、车辆，余则概不预备。此当请朝廷明降谕旨，重申禁令者也。

仆从之恣横与否，全视其家主为转移。那亲王随事人等敢于卷取器物、殴辱职官，则那亲王平日之纵容可想而知。且当捆缚殴辱之时，既不闻那亲王有喝阻之事，捆缚殴辱之后，又不闻那亲王有自请处分之奏，是朝廷仅着交理藩院议处，实属万分宽典。特思王公大臣不免因朝廷之宽典愈益纵容，此则当请朝廷筹惩一儆百之法者也。

前记跸路近事，有曰王公仆从且如此，而内监内侍可想矣。随扈内监侍，需索宫门费，甚为无厌，其跋扈之状，亦几于有殴辱职官之事，而沿路之供应李莲英者，车辆、房产、器具、陈设，除黄色谨避外，余均与皇上无二。上行下效，李莲英如是，无怪内监之如彼；内监如是，无怪亲王仆从之如彼。故那亲王之仆从敢于殴辱职官，亦未始非有所取法也。亲王仆从之恣横，现经升中丞奏参矣。内监之恣横既皆摄有委员向前理阻，亦未闻有人奏参，盖未闻于天威之故。此则当请朝廷尽信访察者也。

今回銮跸路仅行三百数十里耳，而可异之事如是其多，朝廷必有以严肃之，庶于国体民生两有裨益也。

三论跸路近事

刘宫保、张制军筹议变法第二折，以为外患之纷至，由于内政之不修，故言变法在于修政。先将中法之必应整顿变通者，酌拟十二条，以备朝廷之采择。其十二条中，一曰崇俭，二曰破常格，均就始自朝廷上行下效而言。予以叹社稷重臣之赞成圣德,力阐本原,固有言人所不敢言者也。皇太后、皇上既以宵旰焦劳,力图兴复,览奏之余自以为实获圣心。故八月二十日钦奉懿旨有云,昨据刘坤一、张之洞会奏,整顿中法,以行西法各条,事多可行,即着按照所陈随时设法,择要举办。慈谟洋溢,薄海同钦,岂有封疆大吏反为不察?

如此次备办皇差之遇事多张皇,可胜叹哉!刘宫保、张制军原折有云,两宫西幸以来,备尝艰难,力戒靡费,今年又奉明旨,裁省例贡,并戒跸路虚縻。仰见圣心乾惕震恐,此诚自强之基。诚虑回京以后,所司以相沿成例,一切供奉,仍照成规,不能仰喻宸衷,赞成盛德。夫亦孰料两宫尚未回京,而沿路大员已以南巡盛典为例,务极铺张,致不克赞成盛德者哉!路上如此,则回京以后更难望成例之破除。是因跸路之虚縻,遂使圣主贤臣之德意以此湮没,维新变法之宗旨,以此阻滞也。

刘、张二帅原奏又云,此时朝廷一切举动,宜视为草昧缔造之时,视为与民同患之时,将一切承平安乐之繁文缛节,量为简省变通。盖当西巡之时,布衣将敝,豆粥难求,真所谓与民同患之时也。驻跸太原、西安两处,一切将就,真所谓草昧缔造之时也。一旦回銮,大小臣工遂欲粉饰太平,以付宫廷之豫悦,并欲两宫忘布衣将敝、都粥难求之时,及驻跸太原、西安之时。按之古人安不忘危之意,已属不合,况其尚未安乎?

侧闻此次筹办皇差,以河南最为美备,陕西次之,直隶又次之。而直隶皇差委员,已有二百四十四员之多,则其他可想。况乎自陕西至汴,自汴至京,沿路行宫无不应有尽有,一切繁文缛节,与在京无异,以至侍卫、太监等人恃势横行,可以蒙蔽圣聪。假使如刘张二帅之奏,破除常格,与民同患,繁文缛节量为简省,则沿路小民之饥寒疾苦,必能上达宫闱,而侍卫、太监人等亦不敢恃势横行,殴辱官长。不此之务,徒事铺张,其有愧乎刘、张二帅者多矣。

今使历举圣祖庭训,及皇太后、皇上严戒跸路虚縻之谕旨,责沿路疆臣以违祖训、损圣德,当无可辞。而尤可惧者,莫如阻新政、危国势。夫皇太后遇否塞之运,乃有急于变法之意。今诸臣急于粉饰,是使太后忘其否塞,即忘其变法之意。故自启跸以来,简放官缺一切如故,故而变法一事久已不提。且变法首在筹款,今备办皇差,数已不赀,安有余资筹办新法?刘宫保、张制军早已鉴及于兹,故变法复奏,首在崇节俭,而崇节俭之要,在于破常格,连类及之,原以启牖圣衷,乃朝廷非不采纳,业已谕令陆续举行,而沿路疆臣,反为不察,可甚惜哉!

论抽提运费事

和议既成之后,中国允偿各国兵费,分年摊偿,共计三十九年,须归本利九百八十二兆二十三万八千一百五十两,自明年始,计九年中,每年分偿一千八百八十二万九千五百两。政府派令各省分筹,计直隶八十万,江苏二百五十万,安徽一百万,山东九十万,山西九十万,河南六十万,陕西十六万,甘肃三十万,新疆四十万,福建八十万,浙江一百四十万,江西一百四十万,湖北一百二十万,湖南七十万,四川二百二十万,广东二百万,广西十三万,云南三十万,贵州二十万,以省份之肥瘠,定银数之多寡。虽未必如五雀六燕,铢两悉称,而既经核定,自宜照筹。

现闻各省大吏,无不以筹款为急务,其中以江苏为巨擘。昨报纪,督署咨文抚署,以一百三十万,由制军就淮、扬、江、徐、通、海六属筹措;其一百二十万,归中丞于苏、常、松、镇、太五属筹措。现中丞与藩臬筹措,各令州县于漕粮运费内,每石抽提钱五百文,并于地丁项下,每两加征二百文,以及裁兵减饷,节省一切度支,可集银八十万。其余四十万,拟于茶、酒、烟、糖四项,加捐三成,以资挹注。

　　向来朝廷有大役,无不取之于民,此次则兼及于官,大吏之筹划,亦可谓无微不至矣。中国之贫弱,弊在中饱,故固无人不知,苟能尽提其中饱之资,以归正用,下不伤民财,上可益国政,计固莫善于此,且能从此类推,以清中饱之弊。即当以运费为嚆矢,亦无不可。惟思官之取于民以为己财,已匪伊朝夕。凡一行作吏者,其于平余运费等项,不以为非分之求,久以为自然之利,一旦而使骤少此大宗进项,其在廉洁之辈,本自无而有,自不妨自有而无,能不过于赔累,亦不至别怀贪黩之意,以病国而病民;而在不肖者营私之见,急于办公,身家之谋先于国事,一旦夺其固有之利,势必至于多方设法,以图弥补。在上者,恐病民而取之官,究之官未必病,而仍病夫民,是又不可不虑之者也。况州县之运费,侵蚀者固属不少,然所余之费,究不能尽入己囊,上官之有馈送也,同僚之有酬应也,一切办差供给之有费用也。虽尚有别项进款,而漕粮州县究以此项为大宗,今提至三分之一,即有盈余,恐亦无几,而馈送犹是也,酬应犹是也,办差供给犹是也,为州县者势必不支,不支则官病矣,官病而民不病者,未之有也。

　　故为清中饱之弊,须先为之节省费用。大抵州县之费,率皆用之于上官,即无苞苴贿赂,而冠婚丧祭之礼,三节两寿之规,虽属寻常之馈送,而总计亦殊可观。故上官苟绝其馈送,则县州之费可省者一;上司既无馈送之例,同僚之酬应自简,则州县之费可省者二;

办差供给，州县本视为苦事，非但费用之大，而迎送之烦，误公非浅，此后能以不急之差务，一概删除，则州县之费可省者三。此尚就其大略言之，大吏能体恤属员，何一不可从简？简于不急之务，则非但可节其费，并可使其专心于治繁理剧。庶廉能之辈得展其才，庸碌之员亦循其职，如此办理，我知提一成之运费，州县何至于病？官不自病，断不病民，亦自然之理也。刍荛之献，当轴能不以鄙言为河汉否也？

论陕西巡抚鞭责侍卫事

陕西巡抚升允，以鞭责侍卫为世铎等具疏奏参，朝廷谕令，据实复陈。经升允奏称，于九月二十六日迎驾后，乘马先行，忽有大车并轨会驰，几被冲倒。查坐车人系属旗员，诘问姓名，坚不肯说，爰即照例鞭责等语。谨按大清律例，凡公差人员在外不循礼法，欺凌守御官及知府、知县者，杖六十；若校尉有犯，杖七十，只候禁于有犯，杖八十。所谓不循礼法，欺凌守御官，知府、知州、知县，皆地方正印官；凡公差人员有不循礼法而欺凌之者，皆得照例惩治。查是日，侍卫海某在前导引，乘车套驰，已为不合，可责者一；及至犯事，诘问姓名，又坚不肯声明宗职，其当时强项不服之情，已可概见，可责者二。有此二可责，升允即照例鞭之，固不得谓之枉法也。

所不解者，世铎、那彦图并未查明实情，妄以升允殴辱侍卫等词率行具奏。某为海某侍卫所想耶？抑与升允本有嫌隙耶？即使素性昏庸，亦不应糊涂至此。上谕谓其迹近报复，盖已在圣明洞鉴之中。惟犹有可议者，以升允为尚未查询明白，即事鞭责，亦有不合，著交部察议。而迹近报复之世铎、那彦图等反置不问，揆之于理，断之于法，似尚未得其平。虽上谕仍著升允、松寿随时将恃强滋事之官并太监据实参办,以肃法纪,不得因此案稍涉瞻徇,而升允等案恐因此事遽得察议处分,嗣后未必不存顾忌。其不法官并太监等,转因升允得究之故,胆愈大而焰愈张,恣横亦因此而愈甚矣。是朝廷于侍卫海某纵无姑息,而不责世铎、那彦图之率行具奏,仅责升允之即事鞭责,是不姑息而已,不啻姑息之矣。养痈遗患之虑,宁不当先事防之耶?

夫皇太后、皇上自西安启跸,临潼首站,县令夏良材即以办理要差不善获咎。据夏良材陈说,以连日有冒充王公仆从,结党攫食。曰冒充王公仆从,非真冒充也,不过未便直指为王公仆从而已。曰结党攫食,非徒结党攫食也,当必强取豪夺,无所不至。此海内略有知识之士,皆能见及之。夏良材所说,盖恐投鼠忌器,故仅为此微词以见意耳。乃升允不察,乃奏参夏良材。后遂有喀尔喀亲王奴仆殴辱职官办差巡检李赞之之事。幸潼关厅知事赵乃普不畏强御,禀知升允,奏达朝廷,始得喀尔喀亲王那彦图交理藩院议处,并谕令交出滋事之人,著升允严讯惩办。然侍从人等之恣横无礼,不已于此可见耶?且安保不因升允奏参,喀尔喀亲王奴仆殴辱职官之故,致为诸随扈人员所妒恶耶?呜呼,升允虽失察于前,参劾夏良材之办理要差不善,而此日竟将不循礼法之侍卫按律鞭责,犹能为补过于后。所惜,朝廷不能曲为之恕,致贻海内论治之士所议耳。夫昔日涞示,令甘某杖责御前卫侍,卢沟桥巡检张某鞭挞阉寺,我祖宗非特不加之罪,且擢升其官,迄今景仰休风,然后知国家前日之所以盛也。

恭纪醇亲王游览南洋公学

光绪二十七年九月二十有七日,醇亲王游览南洋公学,纪者躬逢其盛,相与雍容揄扬,襄赞典礼,退而濡笔恭纪之。

是日也,天霁日霭,秋气肃高,园林清湛,景物澄廓。公学之外,兵士林立,龙腾虎视,肃肃习习。炮队等数百人,护卫左右。总角之子,垂缨之士,儒术济济,生徒秩秩。扬缉熙,宣皇风,学校如林,庠序盈门。蒙学二班、一班;中院六班、五班、四班、三班、二班、一班;上院一班。铁路班、政治班、师范班、特班,自桥门至上院,鱼鱼雅雅,各以其师率领排立,必循其序。六官九宾,礼儒博士,入卿出伯,联事列序,如珪如璋,立于阶下者,公学督办盛宣怀、总办沈曾植、代理监院薛来西、特班教习蔡元培、赵从蕃、译书院总校费念慈、张元济,并中西各班教习数十人,苏松太道袁树勋、制造局总办毛庆蕃、日本使臣蔡钧、北洋水师军门叶祖圭、崇明镇陈旭、文报局总办赵有伦、候补道沈佺、上海县汪懋琨十余人。司钟者报十二纪。

王驾自英界,历法界,过西城徐家汇而来,乘轩并毂,电骇星飞,扬金爰而拖玉瓖,巍巍翼翼。王下车登阶,参赞使臣张翼、侍随员曾缪、李麦、王治、吴酉、杨尚严诸员,随王登阶。盛宣怀、沈曾植、肃王入堂稍憩。王命行谒圣礼,执事员赵煊赞礼。盛宣怀侍立王后。王行九叩首礼,以肃以将威仪仰抑。退而入堂,受谒见礼,执事员卜兆璜、黄祖德、江绍墀。传呼师徒执事,以次进谒,济济跻跻。莫不纵而拖缨,卑高升降,悉中礼也。

王茶毕,乃命观各班学堂。格致房教习克来福、黄斌、陈伯涵试述光学、重学之理。王抚磨格致器仪,赞叹者再。化学房教习克来福、黄斌试述养气与各种金类化合之理,又试燐轻三遇空气成圈形之理,王领首,询院中精此者几人,教习黄斌对以精此者四十九人,王曰实学最可靠,勉之。藏书楼庄教习呈书册,王曰富矣,需贵广智多闻,毋徒侈金版玉匮也。上院一班、中院一班、二班、三班、四班、五班、六班、铁路班、政治班、蒙学一二班中西各课堂教习薛来西、勒芬迩、麦基、克来福、乐提摩、傅运森、白作霖、冯善征、郭镇瀛、张天爵、赵玉森、张相文、韩澄、郭镇清、丁同方、范熙泽、朱树人、陈懋治、汪士瀛、吴廷珍、朱念椿、林祖溍、王鸣时、周德裕、陆之平、陈伯涵、潘绅、冯琦、黄斌、王建祖、吴治俭、胡诒榖、关应麟、谭天池率领各班生,各恭立课堂。王曰所读何书,盛宣怀对经济有用之书。王把卷展观曰,九畴六位,可以辨三才之妙;至经国大业,则先民有作,贻我高矩也,勉之。记事室、医室、帐室、文案室执事员章宗宪、黄荣仁、俞炳铨、金世和、江乾、穆穆马、彬彬马。王曰,吾游德国大学校而还,以此学校为美备。盛宣怀、沈曾植唯唯谦逊者再,乃请王宴膳堂,列金垒,班玉觞,庭实千珍,旨酒万钟,信凯谵之在藻,如和乐于矢萍。王居坐之中,张翼、蔡钧左右坐,盛宣怀、袁树勋面王而坐也。余亦依次而坐秩如也。筐筐相辉,献酬交错,丰珍上果,芬华百味。王乃悦豫,继而曰,国学初兴,华夷慕义,非教化不兴政治也。盛宣怀、张翼、蔡钧、麦信坚推阐各国学校之盛,王颔之称善。筵宴既毕,王起,众乃起。

　　体操场,王登演武厅坐马,众官侍、教习侍。学生体操,鼓乐齐奏,纠纠桓桓,戎服尚以玄,奇正四伐,各按期行伍也。翘才悍壮,各舒其羽翼也。云屯鱼丽,鲜扁陆离。王曰,吾行矣,勉之。于是众皆降阶而送,时四纪半钟也。

　　纪者恭记曰:观于吾王之游南洋公学也,不可见学校之盛哉!南洋公学创于光绪廿三年,由督办大臣盛公奏以轮电两局每年十万两为经费。而前总办何公嗣焜、监院福公开森缔造经营,其规模之宏大,教法之谨严,五年于兹矣。今年春,何公归道山,院之人皆伤之。总办张公元济,起而扶掖,以襄其成,而学堂大定。福公以省亲返国,而沈公曾植,继张公任事,于是学堂炳焉焕焉,可以大观矣。今吾王来游,而适值学堂成立之际。吾知王之来游,岂图耳目之娱云乎哉?其必追溯学堂之所以创立,与经费之所以挹注,而叹盛公之盛心巨业,所见大而所成远也,岂不懿欤?

禀兴孔教

同知衔广东揭阳县人曾兆南具禀帖曰:

谨禀王爷殿下恭求代奏事。窃职商自弱冠,经商南洋,见西人崇奉基督教,专心致志,各国皆然,独我中国人崇奉孔教,有名无实。试问以孔教如何,茫然不知也。是以奉孔教之人,忽而顶礼,忽而斋醮,忽而迎神赛会,忽而签杯扶乩,种种诞妄不经,成为风俗,牢不可破。而犹诩诩曰:吾孔教中人也。噫嘻!此岂孔教之宗旨哉!

窃谓孔子之教,不外伦常。不致知以明伦常之理,不力行以尽伦常之道,非孔子之教也。是天子之教,自天子以至于庶人,宜历千万世,五大洲所不能越。而衍圣公为孔子嫡派,受朝廷深重之恩,以理而论,实为孔门总教士。职商以为,宜仿泰西基督教传教之法,诏各省行府厅州县即侨寓外洋之华人,公举分教士讲明孔教。各分教士宜具册报隶衍圣公府,衍圣公宜周游各地以稽察教化行否,以定分教士之优劣,口奏朝廷,明其赏罚。衍圣公俸粮本优,周游各地,仆从简省,就地供张,亦非难事。至于分教系就地公举之人,经费一项,可令地方民人设立教会,签题款项。如是则教有宗主,人心自正。以已正之人心,而复参以西学西政,有用、有体、有本、有末,人同此教,人同此心,其裨益于国政风化者,诚非浅显。盖广其教即以正人心,归于学即以育人才。人心正则朝廷尊,人才多则纲目举。可否采择,伏乞代奏。

光绪二十七年九月十四日 禀

合肥傅相事略

九月二十七日,大学士、一等肃毅伯、直隶总督李鸿章薨于位。电耗传来,中外之人同声哀悼。

按傅相起家翰院,置身戎行,躬率淮军,荡平发捻。朝廷隆以不次之升,畀以封疆之历。任总督二十余年,凡遇交涉事宜,诸臻妥协。蒙朝廷特达之知,晋封太子太傅、文华殿大学士,外掌军务,内赞纶扉。嗣又赏穿黄马褂,赏戴三眼花翎,酬庸之典至优极渥。迹其生平勋业之盛,际遇之隆,爵位之尊,名誉之美,洵为中兴名臣,首屈一指,夫固妇孺皆知矣。

然其间亦有令人叹息者。如中法一役,当时中兴名将,岂无可用之人?乃独保举生长北地、素不知兵之张佩纶任督师之责,以致马江失守,望敌先逃,师败船沉,军威顿挫。事闻,朝廷治佩纶以革职遣戍之罪,傅相复为之百计经营,欲图开脱。迨戍满回津,妻以爱女,俾为继室。当时人言籍籍,谓傅相一意主和,马江之败,佩纶实仰承意旨,故事后为此以弥其口。宛之事属无凭,尚不足为傅相之玷。

所最可异者,日本以蕞尔弹丸,与我朝轻启战衅。当时淮军赫赫,素称节制之师,乃一战而败于平壤,再战而败于义州,三战而金复亡,四战而盖宽失。甚至费国家数千万巨帑,练成海师一大支,刘公岛一战,尽落敌人之手。一时朝野上下,无不归咎于傅相一人,或笔伐口诛,或交章参劾,有污其受敌人巨贿,卖国求荣者;有谤以有财产在日东,故不敢与战者;有訾其献地求和甚于秦桧者;有谣其长子娶日臣之女,比之为张邦昌者。迨至奉命往马关言和,割地偿金,便宜尽失,甚至未失之台湾,亦拱手奉献,于是人心愈愤,众怒益张,咸谓傅相辱国太甚,万不可从。有请长缨〔取〕敌颈者,有请收合余烬,背城借一者。甚至举朝之公卿、公车之士子,皆以〔废〕约一战为请。斯时,傅相真百词莫辩矣。

予谓此非真知傅相者也。甲午之败,固由器械不精、练军不精所致,及和议一节,事事皆经电禀朝廷,未尝敢于自主,凡此乌足为傅相责。推原祸始,其弊实在不知人。平日购船置械,尽为群下所蒙,动以废物塞责,一遇有事,战守无具,将领无人。所用叶启志、卫汝贵、龚照屿辈,或讳败为胜,或冒饷营私,或惧敌私逃,或弃地不守,甚至水师之权尽归不学无术之丁汝昌掌握,乌在其能取胜乎?朝廷深知其过,是以事后调回内用,不复假以兵权。厥后,两宫追念前勋,特授两广总督,而幕府中又皆获咎人员,甚至误听人言,准充翻摊鸽票,致粤东贻害无穷。凡此皆不知人之过也。

此次拳匪肇乱,事后言和,皇上环顾廷臣,欲求一老成深算、素为外人所深信者,非傅相莫能当之。爰特假以利权,俾以重任,卒能手定和局,坐致承平,前愆晚盖,为此是赖。一旦骑箕西逝,朝廷不忘旧勋,殊深震悼,饰终之典,叠赐殊荣,九原有知,当亦无憾矣。

正 学 篇

拳乱既平,和议斯定。皇上以民心之不靖,由于民智之未开,非兴学以颛愚,无以使之锢蔽除而知识广。于是宏轩涣汗,大启学堂,俾数万万人民,咸受乐育裁成之益。訏谟硕画,诚足除旧染而启新猷矣。顾愚以为新猷固贵振兴,而流弊要宜杜绝。

今之在各学肄业者，往往昧于君臣、父子、长幼、尊卑之伦理，谬谓人人得操自主之权，甚或雉辫作洋装，吊诡矜奇，恣为邪说。种种恶习，几于罄竹难书。嗟乎！嗟乎！是虽子弟之甘于败检逾闲，夫亦教之者不以正学导其先，遂纵令若辈渐流于乖僻乎！尝见每学堂教小学生书籍，编辑字句，俚鄙荒唐，观其引言，谓恐艰深不足以启童蒙，故为是浅近者以开其知识。噫嘻！古来文字传流，岂无浅近易晓者？彼三字鉴略幼学须知之类，但使师长殷殷讲解，子弟即甚钝置，亦不难了然于心，奈何自作聪明，舍是而别求鄙俚荒唐之课本？我一不知朝廷求才辅国，将求此鄙俚荒唐之子弟乎？抑果欲识拔聪俊颖秀之才也？然仅曰鄙俚荒唐虽不足以启迪后生，犹不至于贻误大局。

所最可恶者，开口即谈康学，搦管动曰民权。纪年以孔子降生而昧却圣朝年号，谋国以民主为重，而不知尊奉朝廷，谓作乱为勤王，目党逆为志士，天经地义，荡然无存。居然著述成书，通行各塾，昕宵讲说，恬不知羞，嗟乎！嗟乎！当此蜩螗羹沸之秋，日以正学训生徒，犹惧歧趋误入，而竟辩言横议，怪诞支离，有不使子弟谬妄，昏庸日沉，溺游而不知目反乎！善乎，我皇上之明无不照也。本月十五日恭奉谕旨，略谓省城著建立学堂一区，再行次第推广，其教规课程参酌中西，而尤谆谆于明伦理、循礼法，诚以此种鄙俚荒唐之课本，实系不明伦理、不循礼法者所编。但使伦理明，则知君父之宜尊，而平权之说不复作；礼法循，则知宪章之宜守，而改用孔子纪年之说不复兴。更何至逆说流行，阴奉康学为圭臬哉！

仆以为新学固不可不讲，学堂固不可不开，惟先应厘订画一章程，使凡为师者，咸知遵守。如欲新编课本，则先呈政务处细加检察，必无一谬说掺入其中，然后许用以训学者。若但曰兴新学，开学堂，而任若辈妄作妄行，则师长既荡秩范围，子弟更何自而遵循矩镬？必至流毒宇内，无有穷期。而一康逆既除，恐二十一行省中将添出千百康逆矣。时事尚可为乎？或曰令国家改行新政，事事仿效东洋，学堂亦应法东洋，所订规模不必拘守五经四子。则正告之曰，子特未见东洋之学堂耳。彼东洋虽政号维新，而童子入塾读书，未有不先攻五经四子者。迨选入专门学校，始分习泰西兵刑礼乐，与夫声光化电诸科。岂有忘其本原而只务诸末者？至于尊君亲上之理，天下皆同。东洋即以效西人，亦何尝稍佚于伦理礼法之外。

总之，正人心必先正学术。从未有学术纰缪而其心尚能知忠君爱国、翼戴朝廷者。康逆之殷鉴非遥，拳匪之乱萌甫辑。群公衮衮，尚其防微杜渐，勿仅以兴学为先务，而任支离怪诞之说，流行无穷也。

观大阿哥奉旨撤去事特抒鄙见论之

大阿哥溥儁之入继也，立嗣也，非建储也。端郡王载漪之推崇拳匪也，欲谋大位也，非误信乱民也。使溥儁不为穆宗毅皇帝之后，则载漪只一亲藩耳，乌敢萌异志？迨其子既膺继体之重，又以国朝例，不准预立太子，深恐日后皇上前星耀彩，其子或仍退处于藩封，辗转筹思，颇无良策。适乱民以义和拳起事，托名扶清灭洋，于是乘机煽惑圣慈，谋倾我至圣至神之皇上。我皇上夙以英明著，皇太后更朝纲久摄，明并重离，何至信怪诞之谰言，遽与外人开巨衅。只以中东战败之后，外人见中国日就疲弱，思群起而豆剖瓜分。割广州湾，占威海卫，赁旅顺口，夺胶州湾，实逼处兹，国日以蹙。一闻义和拳匪能与外人拒，遂谬加信奉，猝召祸端，中外震惊，乘舆播越。

然则去岁之变,附之者虽千百辈,而肇之者实载漪一人。只以其子已入继先皇,故不忍遽加显戮。然其罪实万不能逭,载漪既不能逭厥罪,则溥儁系罪人之子,日后乌能使之正位青宫？皇太后之降旨撤去大阿哥,立饬出宫,赏给入八分公衔俸,谓非恩威并济、斟酌得宜者哉？

或曰,自去冬以迄目今,外间布散流言,谓载漪纠合董福祥,秣马厉兵,揭竿谋叛,甚至谣传关外之马,被董福祥悉行购去,竟无一匹留存。或谓溥儁曾私自离西安,省其父于关外；或谓载漪独自煽乱,与董福祥并不相干意者。诸说果信而有征,皇太后故大奋雷霆之威,先将溥儁黜去乎？曰是不然。载漪已奉旨圈禁穷边,虽有作乱之心,安所得而作乱？董福祥早经斥革,特一庶民耳,旧部曷从招？军械曷从置？即有敌国之富,惟是悠游林下,以乐余生,号召党徒,殊非易易。

或又曰,自遭拳乱,外人每不满于我圣母皇太后,而其嫉载漪、溥儁父子尤属心切齿,几于欲得而甘心。迩者,慈舆将次回京,疑外人欲与之为难,故先将其甚恶者去之,以冀弥缝其口。则应之曰,恶是何言欤？无论国家承继大事,外人不得而使之更张,且载漪即甚开罪于外人,而既经屏之遐方,严加禁锢,外人早已不复置喙。以太后之明圣,岂有嫉其父而连及其子,遽行黜退以媚外人者？

然则溥儁自承继以来,或称其痛哭求归,或称其废书逃学,迨至随驾西幸,更指为开设戏馆,狎昵流娼,入市井以行凶,嗾内侍以作恶,听戏则喜观盗贼之事,读书则不知句读之分,种种行为,几同无赖子。以为实有其事乎？抑故加以污蔑之词乎？曰,此特东野人之语，夫固谁见之？而谁得之？曰若是，则拳匪乱后欲黜，则竟黜之矣，胡为而独黜于銮舆回至汴梁之后？曰，是亦有故。皇上之所以为穆宗立嗣者，以圣躬弗豫，恐不能诞生子嗣，以承历圣之宗耳。自经遭乱蒙尘，与夫乱定返辔，圣躬已日就康健，他日者螽斯衍庆，继继绳绳，当不难诞育储君，缵承穆宗大统。适值载漪获罪列圣，其子虽自知惕息惴恐，终不得使之安处宫中，以故斥而废之，以免日后多所周折。旨中承嗣穆宗毅皇帝一节，关系甚重，应候选择元良，再降懿旨者，特以目前尚未笃生圣子，故为此以慰薄海臣民。岂皇上当春秋鼎盛之时，而逆知日后必不能生育？至谓载漪实为首祸，其子岂宜膺储位之重等因，所谓储位者，实指储以为穆宗嗣子，并非违列祖列宗成法而建立储君。庄诵纶音，慎毋误会焉。

东三省说略

东三省者何？一曰盛京，一曰吉林，一曰黑龙江，即世所称为满洲者也。考满洲二字，乃我圣清先时之国号，国书本作满珠。乾隆四十二年上谕，我朝肇兴时，旧称满珠，所属曰珠申，后改为满珠，而汉字相沿讹为满洲，其实即古肃慎为珠申之转音，故西藏每岁献丹书，称上为曼珠师利大皇帝，曼珠译言妙吉祥也，又作曼殊室利，按珠殊同音，曼珠亦即满珠二字。其易珠为洲者，大约以洲字义近地名，故汉字假借承用之。然我高宗纯皇帝已指为讹，而尚相沿习用，盖能知满珠二字者，世已鲜矣。

夫自我朝统一寰宇，改国号曰大清。旧时部落之名，本可不用，故以满洲为东三省。指之曰东，以盛京、吉林、黑龙江皆在京师之东也。方我世祖章皇帝之入关也，命内大臣何洛会统八旗两翼兵留守盛京。康熙元年，始设镇守奉天等处将军、镇守宁古塔将军，十年改称奉天将军为镇守盛京，移驻宁古塔将军于吉林。二十二年，以宁古塔兵征罗刹于黑龙江，始设镇守黑龙江将军，是为东三省称名之始。

尝考《大清一统志》，盛京一省东西相距约五千一百余里，南北相距约六千八百三十余里，东至海，四十三百余里；西至山海关、直隶永平府界，八百余里；南至海，七百三十余里；北逾蒙古科尔沁地；至黑龙江外兴安岭城俄罗斯界五千一百余里；东南至锡赫特山二千九百余里；西南至海八百余里；东北至海四千余里；西北至蒙古土默特界，六百九十余里。我太宗文皇帝天聪八年，始赐名盛京。迨世祖定鼎京师，尊为留都，设府三，曰奉天，曰锦州，曰昌图。奉天府领五县二州四厅，锦州府领二县二州，昌图府领三县三府，之外有二直隶厅，一曰凤凰厅，领一州二县；一曰兴京厅，领二县。

至吉林一省，在盛京东北八百二十余里，东西相距约三千五百余里，南北相距约一千九百余里。东至海三千余里；西至威远堡边门五百九十五里；南至长白山一千三百余里；北至拉哈福阿里库边界六百余里；东南至海二千三百余里；西北至奉天府英峨边门七百余里；东北至海三千余里；西北至克尔素边门四百五十余里。设府二，曰吉林，曰长春。设抚民同知三，曰伯都讷，曰宝州，曰五常。设抚民通判一，曰双城，设县二，曰农安，曰敦化。

若黑龙江一省，在盛京东北一千八百余里，东西相距约三千二百余里，南北相距约四千里。东至宁古塔界二千三百里；西至喀尔喀界九百余里；南至白都纳界五百里；北至俄罗斯界三千五百里；东南至宁古塔界一千七百里；西南至扎拉特界一百二十里；东北至宁古塔界三千六百里；西北至俄罗斯界二千里。设有呼兰直隶厅、绥化直隶厅。

综东三省之地，广漠无垠，而其间形势崇高，水土深厚，与夫山川之环卫，原隰之沃饶，凤翥龙蟠，发祥王气，洵天地之奥区神皋，而我祖宗基命造邦之鸿业也。况夫先朝陵寝奉安于斯，瞻仰桥山，惕然霜露。乃今俄罗斯，肆其狼贪虎视之志，意欲占据不还，虽事未可知，而窥厥狡谋，一若不满其欲不止。呜呼！我根本之地，祖宗所不惜经营缔造以拓之者，一旦将尽沦于异域，恐自此以后，人将不复知为东三省，更谁能复举满洲之旧名？此仆所以瞻顾东陲而不禁忧心如捣也。

经太守答寓粤友人书

前承示及颍川君述某巨公语嘱乘过江之便，援南海侍郎开复案，恳卜制军达英政府。电驻英公使，咨两全权，奏请赐环，启封家产，一言重于九鼎，较疆臣入告，事半功倍等因。梓桑高谊，莫名钦感。不佞赋性迂愚，以为友邦仗义执言，大明公理，未尝不可出诸己意。有挟而求，则非区区素志。

春间，承某公子寄声说劝，谓文王幽于羑里，尚且经权互用，奚必硁硁拘执，诚然诚然。管见想当时西伯已必不知，知之肯施机智，图脱鲁论，断不称之至德矣。现在吾华官吏，暗结强邻以自固，谅必不乏其人。不佞穷而在下，未谙致身之义，就庶民入出思想，譬诸父母怒责其子，门内伯叔诸兄代为求恕，此天理人情之正；其次虽非近支，而同族犹可言也。若挽双亲所畏，远友钳制说项，使不敢违，内返良知，终觉难安。讵家人等闻之，再四怂恿，谓机不可失，絮絮不已。

正在天人交战之际，见香海（港）《中外新报》，讥华官求西函保举弁言，不禁通体汗下。思我辈斑白晚节，宜重天爵，顾没世名称，不必着意浮云显晦，以致有愧屋漏。倘朝野竟泯公论，甘愿以革员终身，日夕祷祝圣主亲政，俾中外人心大顺，共迓天麻，元善虽饭蔬饮水，魂梦相安，乐亦在其中矣。肤浅一得，乞质诸省垣有道君子辩晰而教正之，为幸。

辛丑八月初七日寄于濠沪

按，经太守本诚笃君子，其于五伦之间均出以性。观于此书，字字沉挚，语语忠纯，可以证其平生矣。

经太守元善挽救中国本原迂言

元善寡学不文，惟一部四子书，幼读颇熟。壮岁以后，私淑乡先贤阳明心学，渐能淡于荣利，论是非不计厉害。窃慨近数十年来，吾国家柔怀远人，与富国强兵之计，概以洋务二字浅视之，其称名已不正，办理外交政策不根底心术，专以敷衍为因应，秘钥愈巧愈拙，此与研究兔园册子作时文者，同一揣摩工夫，聊以博高官厚禄而已，乌睹所谓经济哉！

吾中国治平之道，自有真传，其宗旨不能越。得天下有道，得其民也。民之所好，好之；民之所恶，恶之。保民而王，不辱君命，言忠信行笃敬足食足兵民信数语。舍本逐末，以图富强，何异缘木求鱼哉？治术必根于心术，专事于治术，霸且不可，何谓于王？小康且不可，何论大同？此吾所以急急于本原也。

乡之所言者，治术也，心术之要，不外一诚。诚者，天之道也，诚可格昊苍，诚能开金石。至诚而不动者，未之有也。不勉而中，不思而得，是尧舜诚到极至之处也。《中庸》言政事详矣，而归狱则惟诚字。诚者,真实无妄之谓也。吾观西国政教之源,深合吾古昔管子、墨子、商君三家学派,惟其仁心、仁术过之,又能躬行实践,精益求精。已能称雄欧洲,而况于行圣人之道者哉!

今中国孔孟之教名存实亡,杨氏为我之学积重难返,正如病入膏肓,奄奄一息,欲与神完气足者角力争胜,不度德,不量力,盖亦亟思自返乎?虞廷十六字,乃尧舜以来,圣圣相传之心法也,苟能致力于帝德王谟之正轨,士大夫皆有致功心学,以良知为体用,一正君而国丁矣,何洋务之足诩?

元善来游岭南,守分安命,而中西人士刮目相待者,未始非鉴我之诚,此其明证。衮衮诸巨公,欲成蟠天际地之勋业,亦惟于心术治术间辨之而已,勿沾沾焉,以洋务自多也。

按,经太守生平经济学问专师王文成公,故言良知功夫而不蹈于空著。有《居易集》,其初刻已有传本,此从集中录出者也。太守忠君爱国,虽在异邦而不忘君上。其言治术、学术,皆本于志诚,孤臣孽子,志士仁人,世有知太守者,其亦可以鉴其存心矣。

港督问答记略

经太守元善与港督问答一节,极于时事有关。昨由太守寄来一缄,内载问答记略,云:

辛丑八月廿三日,元善由澳到港之半月,辅政司文案区君凤墀来,云奉督宪传谕,请君入见。元善即具小柬,以便服往谈一点余钟之久,制军送至门外,亲视升舆。自念遭逃小臣,叠蒙外邦显官达人优礼相待,亦复何修得此?受宠之余,弥怀惊惧。兹将问答大略,波区两君所笔述者,稍加删节,寄呈亲知,藉慰远注。上虞经元善谨识。

卜制军云："阁下脱离樊笼，惠然肯来，幸甚。"元善云："善得瓦全，皆大人与太太庇荫之功。"制军云："想在澳门炮台上待阁下甚好。"元善云："诸承爱屋及乌而优待。"制军云："本督及夫人甚重阁下，因作女学等维新中国各事，为余伉俪所乐闻。"元善云："善素仰贵国文明政教，妄思效法振兴，无如力小任重，位卑言高，徒滋罪戾。"制军云："作此等文明思想之人，今日比从前增胜如何？即人心改变之谓。"元善云："言之泪下，仍是瞻前顾后，谁则国而忘家。慈帏业已倦勤，为今之计，惟有望各邦翊赞吾华，非得光绪大皇帝亲政有权，总难蒸蒸日上。"制军云："光绪皇帝能径返北京否？"元善云："皇上能返北京与否，实非小臣之愚所能逆料。"元善又曰："譬如全副大机器，总轮不能旋转，其余各轮，均成无用；而各轮不能合力，则总轮亦不能旋转。李、刘、张、陶、袁诸大帅，皆为敝国第一流人物，若肯与枢臣内外合力，庶几有望。"制军云："阁下产业被封者，将来尚可取回否？"元善云："善于身家性命，早看得轻。譬如大海行舟，遇有波浪，须先求全船平安，乃可顾自己行李。故虽已倾家，现所急者，尚不在一己产业。"制军云："此刻决计欲回上海否？"元善云："行止未敢自主，不过衰朽病躯，归思殊切，求指示，遵行可耳。"制军云："阁下行止难代借箸，愿凡事小心为要而已。倘阁下肯住在港，无论久暂，定必始终保护。"元善云："自当格外小心，现拟遣属先回，查察情形，倘蒙中朝弃置度外，万妥无虑，然后再题回国，不敢轻率冒昧，辜负厚意。"

制军以元善所呈印字小柬，命亲笔签名字于上，云当寄于英京夫人收藏之，留作纪念。元善感谢，写毕兴辞，制军握手送别，副按抚司英国波、辅政文案顺德区同笔述。

中西兵法异同得失论

古者中国寓兵于农,无事则兵皆农也,有事则农尽为兵。此法之至善者,自卫鞅开阡陌,以尽地利。而农与兵分,始以召募奔走天下武士,然御侮者,犹恃弓矢刀矛,孙吴之法未尽亡也。自元用回回火焰法。至我圣清,而海禁大弛,中外杂糅,西国火器,精益求精,无美弗具。中国虽亦创兴制造船政诸局、武备水师诸学堂,然因循糜费,百不及一。法、日与联军之事,是殷鉴矣。说者谓,即起孙吴于今日,亦难执古法以论兵,此则时势使然,非尽士卒之不用命。请以泰西法言之。

泰西惟英美重招募,余则人尽为兵,其职官皆重武。武员必由学堂出身,盖武员可兼文事,文员不能兼武事也。其尤著者有五,曰英、曰法、曰俄、曰德、曰美。英国兵册,载马兵一万七千二百五十名,步队十二万八千六百二十四名,大炮手三万四千九百二十四名,工匠兵五千七百一十名,余尚不计其教。马步技艺,三年而成,不成者斥,成者给以口粮,或三年,或六年,或九年,多则以二十一年为率;年老放归,仍给口粮,此官兵例也。官兵而外,又有民兵。城乡店肆住户愿充者,报名注册,每处千数百人,或二三千人。通国民兵,共十六万八千余人,绅士领之,给以火枪,每礼拜后一日操演,至西历七月,比较其艺胜者,商人捐银,酒瓶以犒,而贡数名于官,国主亲召而校之,胜者赏以银功牌,复命与官兵合操,当亦如之。遇有戎事,自保乡间,并不征调。步队用火枪,马队用刀,此与中国营制略同,而其官兵之始而学、终而养,中国不及远矣。

法国旧志,云额兵三万,水兵五万,战船大者载炮七十二门至一百二十门,另有火轮船数十号,巡驶地中海。迩来新更军制,其数倍增。一为战兵,二为守兵。战兵内分步兵,为一百四十镇,镇各三营,营各五队,队二百人。复选精悍习火枪者为猎兵,都十八营,营各五队。新增山猎兵六营。分马兵为七十营,营各五队。分炮兵为三十六镇,合二镇为一群,群之第一镇分十三行,第二镇分十六行,行各六炮。复有工兵二十营,内有修军械者十四队,造火器者五队,造浮桥者两镇,修轮路者四队,统计将军百员,军弁二百员,此战兵之大略也。守兵一百四十镇,镇各两营,营各五队,内有马兵八十营,营分十二行,行各六炮。工兵十五营,运兵十八营,营分四队。驻本国全军十八营,其第十九群则在阿非利加之北阿耳什。此守兵之大略也。其大致仿佛中国,惟修军械、造火器、建浮桥、修轮路亦入正兵,视中国之用余丁,其法更精而密。

俄国习练之师,得一百四十六万三千。其制无论士农工商、大员子弟,至十五岁时充兵,二十五岁始还。不愿充者,必输赀巨万,方邀免。充兵时留宿营内,不得归家。亦有专选壮丁为兵者。营中有炮车等物,又有大车数辆,乃行军时随于阵后,以载伤亡兵丁者,为中国向来所未备。如此国殇公载,并可禁其私盟,鼓励军心,实莫先于此也。其制度虽与中国异,而实为良法。

德国男子二十岁至三十岁皆隶军籍,不得雇替捐免,富贵贫贱均之,逾三十二岁限满后,遇有敌兵坐境,仍听征调,已及四十五岁始免役,故兵数多至一百七十余万。或谓德国人尽为兵,虽世家子弟亦当兵,三年乃许仕进,不愿者,以病告废弃终其身计。每兵可充二十年之役,与英制相同,惟无富贵贫贱之分,此则西洋之化难行于中国者矣。

美国兵额三万六百七十名。步兵人各携重五十三磅,较诸国最少。然自乾隆时开国以来,气象蒸蒸日上。有养兵院,凡兵饷,每名月扣银一角五分,虽统兵员弁亦然。此项存贮银行生息,遇征战时,兵丁阵亡者,用以恤其家;受伤而成残废者,有家则归家,无家则准居院,皆抚养终其身。此养兵院之法,为中外诸邦所无,尤堪嘉尚之。

五国者,泰西之望也。考其兵法异同,已略见于中西各书。今以中华较之,我所得者,彼亦得之;而彼之得者,我所失尚不少。然犹未及火器也。今之水陆战事,皆以火攻为上。窃思古者中国行军,有以五行制胜者。用火之法,《通典》只载火兵、火战、火禽、火盗、火弩、火杏、火箭等名,此犹易御也,设用于今,未有不自蹈死地者。然则必思一制避火炮之术,乃可言战。今皆仅沾沾于造火器,而未有议创一善法,以制之者,倘遇两军对垒,万炮齐发,血肉横飞,苟无益于事,徒干天和,仁人弗为,岂第异同得失之差违也哉?

由旧启新说

今天下竞言维新矣。朝廷日行新政,士子日习新学,百工日兴新艺,即下至胼手胝足之子,亦无不思以新法治农田,我独以守旧之说昌言于时,不将如枘凿不兼容,为万人所诟病乎?

虽然,彼特未知新法之胥出于旧法耳。古者,冉子著《算经》,为算学之鼻祖,而今则开方借根,渐流于泰西诸国矣。古者,虞廷在璇玑玉衡,以测天象。《周髀》浑天宣夜诸术,聿开天学之法门。而今则泰西天文家,乃渐明七政五星之行运矣。古者,《周礼》有升人兴大地自然之利,矿学之滥觞实由于此。今则五金煤火,无一不惟矿是赖,而西人乃专设矿务学堂矣。古者黄帝、周公造指南车,以知方向;《周官》挈壶氏掌刻漏,实记里记时之造端。今则测地之仪器、验时之钟表,泰西诸国乃日出而不穷矣。他如公输之攻具,黑孛之守具,孔明之木牛流马,杜预之河桥,举凡行军转镶所需,无一非中国所旧有,更无论炼云生水,为化学之始基;神农尝百草、伊尹定汤液,为医学之始基;大易言,造网罟、造耒耜、造舟车、造弧矢、造衣裳、造书契,为制造学之始基哉!且天物固日出日新,而理则历万古而无或变。

西人即其理,而穷源竟委,故能本前人已阐之学,研虑益精,初未尝泄造化之机缄,而骤得无上妙诀也。华人则得其粗而遗其精,凡事辄半途自画,故无论新法不能推广,即千万世相传之旧法,犹且日渐沦胥,坐令末学后生徒震惊。

夫西法之精良,而不知彼所谓精良者,皆从我旧法中刻意研求,遂渐得改头换面。人皆谓西人巧,而华人拙,我独谓中国之所以不竞者,由于华人惰而西人勤。岂真华人之智力聪明相较,而不如远甚哉!抑泰西亦未必人尽能勤也,惟国家有以提倡之、奖励之、保护而维持之,斯人皆鼓舞奋兴,而由旧法,以致其心思,遂得新机徐引耳。盖以泰西风俗,以商立国,而商必借夫工,欲求工之致其功,尤必先士之研其理。当其制一物兴一利,往往读书数万卷,考求数十年,父死则子继之,子死则孙继之,不吝赀财,不惜心力,全神毕注,务底于成。由是国家给以文凭,准其专利,盛名既享,即不难立致素丰,甚且赐之崇衔,得与将相分庭抗礼,用能使开物成务,国势可富可强。我中国中庸九经以来,百工为九者之一,自此举废堕,朝野上下乃无人不视百工为无足重轻之流;为百工者,亦自知其无重轻也,不敢厕身于士大夫之列。于是旧法日渐不讲,更遑问其能舍旧而谋新?徒令西人炫其所长,鄙我之短,而我国忘本逐末之辈,亦不复知彼所挟以炫我者,即我数千年前已陈之迹,而我反欣然自视为不如,可慨也夫!可慨也夫!然则如之何?

而可曰：守旧而不知变易，迂儒固无以通方，知新而舍其本原，华士更无以致用。

我惟劝百工以兴制造，破除贱视工人之积习，诱掖奖劝以振兴之，使之风气日开，人才日出，则取西法而通变之，固可即遵旧法而推行之，亦无不可。否则，旧法即日以亡，而新法又不知用，工以窳而流销不广，必致民以贫，而帑藏益空，虽有不世出之伟人，亦徒兴我未如何之叹而已矣。吁嘻！

照录直藩善后谕帖

六月间，直隶藩台周方伯，因各属办理教案善后事宜漫无一定，物议沸腾，遂即分派委员，会县妥办，并发通行谕帖，俾有折衷。兹将谕帖录后：

第一条，教案赔款。

一、天主教系归何处主教统管？耶稣教系某国某会司铎，即神父何人？教堂几处？教民若干人？向来近日有无滋事？

二、去年烧教堂，华式洋式共几座？毁教民几家？议赔堂、抚教民银共若干？分几期付？已付若干、未付若干？

三、赔抚教案之银数及如何摊捐，是否官绅与教士三面议明？抑官自与教士商议？罚变拳匪产业若干？是否酌留若干养其家属？地方公款挪垫若干、摊捐若干？是否官绅会议摊捐之数？是否适如认赔之数？现在未付之银约计每村每亩仍应摊捐多少？届时能否如数筹出？应否酌请津贴，或遵示酌缓钱粮差徭，或将赔教堂之款，请主教牧师开单送其使馆，归入大赔款内？如彼难允，能否再商司铎牧师，将议定赔抚之款，展迟期限？

近日，州县或因赔款多而来，将如何捐凑之法禀明；或因赔款恐招民怨，而求剔归大款之内；或请公款津贴。上下隔阂，谣言四起，甚非办法。夫拳匪产业虽奉文可以变抵，究属无多，且恐不能尽变，绝其家属生计。督宪前劾延庆州秦奎良，疏称放款难筹，不得不捐罚并行，周知各属，全恃摊捐，然捐数亦不可过多。

前本藩司在京查阅院卷，有州县禀明，按亩派一百文上下者，有竟未禀明者。近闻有每亩派至数千者，民力何堪？无怪怨谤沸腾，谓官绅染指也。至赔修教堂之款，照和议条约，原可商请教士开单，交其公使，归入大赔款之内。然教士或欲图得现银，或欲示罚本地，以儆将来，不肯照办。亦有州县官恐增入大赔款，贻累国家，不愿照此办理者。然通盘核计，权其轻重缓急，不妨诉陈上司。近有州县，欲于议定合同之后，复请教士将修堂赔款援案办理，诚恐不易。又闻大款内实有余地可入，此款姑候印委与教堂相商。此时和议垂成，大赔款四万五千万两之数已经议定，分年摊还，认四厘息，须三十九年还清，本利并计，加赔有余，国家财力已极艰拙，何以堪此？去年大乱，上下如狂如疯，愚民难属无知，官与绅何竟一无禁止？抚今追昔，能无痛恨？今乃因赔款难出，而归国家认列款内，为臣民者，何颜以对君父也！

本藩司办理京中教案，曾有剔归大款之奏，均声明日后如能筹还，仍由大款数内抽出，实不欲以此久累国家也。至抚恤教民之款，照约应归地方官自筹，各国公使意谓华民应归华官抚恤，不与各国相干，而此款较赔堂尤要，若不按期发给，则教民无以为生，心图报复，或抢或讹，几难禁阻，非所以息争释怨之道。本藩司日前在京，力请全权大臣与户部奏请二百万两，以为津贴教案极苦州县，兼抚穷民，及资遣土匪一切善后之用，而度支告绌，始闻蒙拨京饷一百万，稍可指望。其拨北洋防费一百万，难期抵用。际此时事,本司等何敢再请。今与各州县开诚相商,务须体察民力,实筹若干,再为通盘筹划,苟可勉筹,切勿请款津贴也。

第二条,调和民教。

一、天主教归教皇统管,传教者如出家僧道,不婚不宦,不营产业。生游某国,死葬某国,总以劝人行善为主。其要语大约禁止偷盗邪淫,不诳语,不欺人,勿争勿贪而已。每省有一二主教,系教皇谕派。故前年总理各国事务衙门,今名外务部,奏定各官与教士相见礼节,准主教请见督抚,司铎准其请见司道,盖欲通情愫泯猜嫌也。司铎即神父,系主教所派在中国,称曰司铎。只劝教民修行,惟大司铎管事。地方官与司铎等相见,自应待以客礼,岁时往来,彼此自无隔阂,免致旁人播弄。今日官场中称主教曰"大人",尊教皇命也,称司铎曰神父,或即曰大司铎,从众也。此如师友,帮同劝化百姓,非有权力管理公事,故地方官只可用信,不可用公文。信面尤不可用"老爷"等字,致失名义。故总署奏定章程,教士不干预词讼。而教士亦每曰:我不管地方词讼。

然教民每以讼事干托教士,甚有户婚田债细故。毫不与教务相干,亦来阑说,此非教规,亦非主教本意也。地方官果能平心讯究,勿轻用刑,查明证据确凿,自应不分是教非教,概从理法公断,彼又何从辩驳?万一彼听教民一面之词,或径请翻案,或函请上司衙门提讯,不妨将案中细情从容告知。如彼再不悟,即申请上司衙门,派员复讯,万不可因彼请托率尔改断。此指寻常词讼而言,若教民有犯命盗重案,自应照平民一律办理。地方官知此,是交情关照,并非例章。所有教士遇此等事,多将此教民革出教外,然在官秉公议罪,固不必问其革逐与否。至若平民欺侮教民,此风尤不可长。近日大乱甫平,仇教之禁,新章甚严,而地方平民多,教民寡,若平民欺侮教民，不连查禁，恐酿巨案。如遇此等案件，务须秉公从速剖判，勿稍偏抑，见好愚氓。然其要，尤在平时恺切开导，使化畛域之见。近日各教士劝谕教民说贴，想俱阅过，可见教士绝无袒教之意，其欲保护平安，固彼此所同心也。

二、耶稣教即由天主分出，不归教皇管辖，听各国各人自立一会。近日在中国，耶稣教有英国伦敦会、圣道会、安立廿会，有美国美以美会、公理会、长会、浸礼会，以外名目甚多，各不相辖。即同会，而分往数处，每处各有教士管理，亦不相辖。惟美以美会有总董一人，主持会事，调度一切。耶稣教士称曰牧师，近有人呼之为大人、老爷者，可笑。一切规矩，不加勉强。可婚可宦，或一家人此奉教而彼不奉教，或一人先奉教而后出教，皆听其自便。至牧师传教劝善，与天主略同；而通民情、无城府，人皆谓较天主易于亲近，然亦视传教牧师为何如人耳。各属境内，如有耶稣教，须问明何国何会。前年总署奏定，教士相见礼节，不提牧师，诚以即稣一教会多人众不便，例以官常礼节，被视他人，亦略如僧道平等，不斤斤于此节。但州县相见，总宜以客礼相待，为是地方官遇有民教争讼事，办法如天主教同，已具前说。但司铎如或意见不合，可见主教评论；牧师意见不合，可请其同国同会之牧师代为排解。然遇此等事，总宜据实申请上司衙门核夺，不可隐饰其词，尤不可夹以员气慢骂之语，致增口实。

三、历年教案叠出，上下忧心。曾经总宪裕德条奏，保护教堂，由官择地，设立保甲，慎选本地士绅二三人为董事，额设巡勇，用教堂附近之人。局董免差，如三年民教相安，照寻常劳绩请奖。或事起仓猝，果能弹压解释，照异常劳绩请奖等语。经总署于光绪二十四年十月议复，奉旨准行在案。至今各州县未能一律照行，固由奉行不力。推其故有二：因教民于应出保甲积谷等费，抗不肯出。彼先自异，人遂异视之。绅董地甲，焉肯保护。二因教民间有逞强欺人者，人多侧目。绅董等难以约束，更不愿保护。查教民应出公费，除迎神赛会听其不出外，余俱照平民，一律摊派，早有通行定章。前日，本藩司在京与各教士谈及，并言决无听教民抗捐之理。至教民不法者，总是我同类之人，教士既屡经训诫，绅士并宜认真查禁，一体保护约束。教堂左近，绅董既奉旨保护教堂、教民，官与绅共宜任其责成。如逾三年平安无事，照案准由官择尤请奖。

四、教民与平民涉讼，最为酿事之端。人谓教民恃势占强，固属不免，而官亦不能不任其咎也。本藩司在京，曾告各教士曰："天主耶稣以忍让为先，我尝见教士常劝教民，勿因小事兴讼，必待人欺负已极，无可如何，教士准其控官，始敢递呈。犹必谆诫教民曰：'呈词内万勿说谎，否则大犯教规。倘若教民不先诉于教士，而辄控于官，教士必深恶而痛绝之。诸位能照此行否？'"答曰："皆愿照此行，且早有照此行者。"余又曰："凡教民因讼到官，每谓官不公断，此语原不可尽信。今思得一法，凡教民如与平民争讼，或教民与教民争讼，先请乡党中公正人调处，此公正人须由两造各请一人，或二人不论在教与否，不问有职衔与否，如两造再不遵议，再听其各请一公正人评断。本藩司办理交涉多年，照此了事不少，从无流弊，亦各国从同办法也。万一事仍难了，不得不控于官，官须查明公正人调处之言，以为采择张本。如此安有冤枉？且省费省事多矣。"各教士皆答曰："甚善。"余又曰："教士常言，教民与平民争讼，教民多输以平民，有秀才、举人、进士说情，而教民无之云云。自是教民一面之词，然余亦有办法。教士收善人入教，原取其改过自新，略如佛教忏悔之意。而人类不齐,乡绅遂薄视之。故教民列于绅董之例者,极少。今宜由教士择其身家清白、年长性醇、入教已逾十年不犯教规、不滋事端、为乡里所信服者,举出数人,开单交地方官复加查勘,如是素孚乡望,不论有无职衔顶戴,准官谕派,作为教中董事,凡遇教堂公事教堂即系本地方公产,非外国人之产也。总署早有通行,切勿误会,准其来见州县官,待以乡绅之礼,略如生监见官礼节。若彼为自家事与人争讼,自应照例长跪听审,与平民无异。此等教董,每县不得过二三人,如能办事妥当,众心允服,亦准三年后择其尤出力者,与保护教堂之士绅一体请奖。倘教董别有不妥,由官撤换,会同教士另举,岂非安民息争之一大关键耶?"各教士皆曰:"甚善,甚善。"将来商订民教相安章程,必有此条。望各属先照此意,与教士商酌,权宜试行。

又,民教争讼,书差、酒饭、路费一切,多取于平民,而于教民或少取之,此亦平民不服之一端。余以为此等事,皆田官不明不勤之故。在平民,又可听书差多索耶? 言念及此,弊难尽举,望贤有司各自努力为之,可也。

五、此次教案议结之后,必订立合同。如载有匪首应缉获惩办字样,应即访查确实,逆行严拿,不获即悬缉终身,不可迟逾一二月,始出票躐缉,以致人心惶惑。若匪类自行投首,照例罪可轻减,倘有公正绅士保其以后安分,并能帮同缉匪,保护地方,可与教士商明,通禀请示,免其重办理。教士不重在复仇,重在保护后来平安也。至附从之匪,合同内必未指拿,此应一免究。本藩司前月在京,有教士单开应办之犯极多,复经商定,除首要重犯百中不过一二人应拿办外,其余皆一概免究。又虑传案具结,多所扰累,遂饬各属将单开免究从犯,出榜谕知,交保约束。

第三条,缉捕盗匪。

一、每县四境之内,必用侦探。如有拳土各匪藏匿,立即悬赏严拿,其出名匪首,应发犒赏,准定案后赴司请领。惟买眼线、给差人盘缠,皆须官自探囊。故爱民之官,断无不严办贼匪之理;重利之官,决非能办事之人。试设身一想,官若视民如子,安忍惜小费,而听盗匪扰我民耶?即捕盗之差线,官亦时常惩劝兼施,而不肯松手矣。

二、办保甲诚善法,若贼匪势盛,办亦无益。宜先设计,歼其渠魁。倘因循寝炽,聚众抗差,官宜亲身往查。如系怙恶,不立合同,之后无论何事,总算一概了结。

三、匪首如果投诚,万无杀降之理。但此辈胆大,若不剿而抚,恐为所绐。如果真降一说,必成多说。即非真降,非剿不可,收降之道,其要在先取。妥保缴枪械,然后给免死照,资遣归农;若无业可归,不便骤遣者,须与绅董暂行设法安插,费用不足,不妨禀司请示,总须有法以钤束之,勿使再入匪途。

四、似匪非匪之徒,所在多有。或借口教民欺侮,或借口摊捐太多。兵到则释械为民,退又啸聚讹抢,此等伎俩,只可瞒官,不能瞒乡里。官若常下乡与绅董见面,时派眼线四出助查,决无不知其头目之理。知之而不能擒其渠魁,解散胁从,无怪其势日张。法宜清查保甲,选举村董,重赏线捕,勤练小队。一面开导,一面搜拿。万一愈聚愈多,只好请兵弹压。然官仍宜尽其心力,不可尽委于兵也。

六①、教案议结,无论赔抚各款已付未付,凡平民、教民概应遵

---

① 原文中即缺"五"。

照合同办理。如拳匪先占夺教民房产，自教退还；若教民因家业被毁，占夺他人房产者，亦应归还；倘因抚款尚未到手，而教民实无屋栖身，可准其暂住，勒限退还原主。至零星物件，彼此抢夺者，除先经归还外，以外不准再索。总之既悛，只得请兵擒剿。兵到之时，官宜同在行阅，一面招抚，一面作为向导，且免兵勇扰民。近日，乡民滋事，官即请兵弹压，及至官兵击贼，而官仍坐衙斋不出，但遣差探视，不知其何以心安也。

七、教民常畏平民欺侮，竟有日久不敢归家者。近日土匪风炽，教民复畏扰害，纷纷逃出，依旁教堂及亲友家者，此皆地方官漫不经心之所致也。教案虽已议结，教民究属胆虚，且恐其凤忿未消，寻仇报复，自应谕委绅董，将教民一体约束保护，使其安居乐业。一县之中，何村醇良，何村不醇良，必略知其大概。仍应时常下乡察看，善为开导，即匪类，亦无从生心。若于案结事定之后，忽起焚杀教民之案，必是义和余焰，再起风波，为官者何颜以对君父耶？上司能相容耶？杜渐防微，是所望于贤令尹矣。其改过自新，或开谕单交绅董传知，免其到案，教士无不应允，此亦了事之一法。瞬届回銮，薄海重睹升平。前劫已过，正已休养，求地方安靖，不可到彼时再办缉匪等事。

第四条，休息培养。

一、查教案赔款，每村每亩已出若干，未出若干。

二、查供应洋兵摊捐若干。

以上二端，虽奉督宪通饬，将收发数目榜示，委员到县，仍须细访民间，以期核实。

三、教民私讹之款，应即追抵。若私和之款，不必再问。本藩司早与教士说明，然皆出自民膏，官应略知其数。

四、地方公款,如积谷、书院、庙会、育婴、恤嫠等费,提用若干,将来如何筹还?

五、地方官亏挪公款若干,如何填补?是否又出于摊捐?

六、钱粮差徭已缓若干?

七、民力已困,如何调剂?其有已认赔款,而实未能筹捐者若干?

八、平民遭此次大乱,家破人亡,或孤苦无依者,亦应谕绅董速查,禀司核夺。或由地方筹款,或由本司设法,当请督宪示行。

九、各村藏有后膛快枪连子弹,不论多少,务饬一并缴出送省。枪好者连子弹,不拘多少,准每枪一枝,给银十两;枪坏而能收拾者,每枝准给银五两;极坏而不能用者,每枝准给银三两,由各县一面收枪,一面垫款给领,即在正款内开支,不可克扣迟延。缴清仍饬村董具结。如以后该村查出有此枪支存放,即照私藏军火例办罪。如闻该村实有快枪,而抗拒不肯查交,即是有心为匪,应由官督同绅董,挨户搜查。再抗,即照土匪例重惩。至前膛土枪,如有缴者,准地方官收买,作缉捕之用。如村董愿留数杆防夜,准官验明,烙字发还,庶几卖剑买牛,盗风永息。土匪投诚,缴后膛枪,亦照此发价作为遣散归农之资。其前膛土枪及刀矛杂项,亦准酌给价值,留作地方官捕缉之用。

十、从前团练及连庄会,现奉督宪,一概严禁,惟巡更守夜,各保各村,不在此例,仍由州县选举绅董,连办保甲,不惟清查盗贼以安善良,且可排难解纷,消除无数争端。当兹大难之后,官绅并宜同心一气。且绅尤重于官,官可更代,绅则身家永共休戚也。各绅士有愿来省见本司者,一到即见。如保护地方、平靖缉盗、安良有功乡党,准由官年终酌请奖叙。

十一、大乱后,地方如何安辑休养,有无更张整顿之法,能保永远无事,共享升平?应由官绅各抒所见,禀候核夺。

光绪二十七年六月□[①]日

直藩致函照录

周方伯馥致顺直各州县绅士函稿:

敬启者。现在和局大定,指日两宫回銮,凡我臣民,同深欣跃。近有义和团余党,托名联庄会,负嵎啸聚,抗拒官军,既于恭办回銮事宜大有违碍,且贻害闾阎,伊于胡底。现奉爵阁督宪李调兵进剿,实迫于势不得已而为之。某奉命重莅此邦,悯斯民之叠遭蹂躏,满目疮痍,何堪此凶恶之徒仍复揭竿横行,到处诱胁,使良民身家性命同罹锋镝。想大君子关怀桑梓,亦必引为深忧。

现某即日履任,其良民无以谋生者,固亟思抚绥安辑;而甘心为匪者,亦不能不痛加惩办。闻该匪等多以教案摊款,借词煽惑,殊不知京城教案系某奉旨办理,已经议结,奏请发帑,并未摊派民间。此外各州县教案,经该地方官会同绅士与教士议结,亦多划入和约。夫赔款之内,所派及民间者不及其半,近复禀蒙爵阁督宪,奏请拨款,凡查有实在困苦地方,尚拟酌量贴补。

又奉旨,饬议民教永远相安章程,现正与各国教士会商,不日当可订议。各国教士近均谕劝教民,不得再事寻仇报复,此皆圣恩优渥,体恤民艰,有加无已,凡有血气,应如何激发天良,洗心革面,何至怙恶不悛,依然梗化?此或由民间不尽知朝廷德意,所以愚氓易为匪徒所惑。素仰德望,久为乡里钦服,用敢借重盘才,广为开

---

① 原文如此。

导,或亲临晓谕,设法解散,或遍访袷者,转相函嘱,同为告诫,务使释兵归农,勉为良善,则亿兆生灵免遭荼毒。

仁言利溥,贤于百万之师。倘该匪等再执迷不悟,则前者既贻君国之忧,今者又为地方之害,在国法固所不宥,即天理亦所不容,大兵加临,且夕殄灭,言念及此,可为痛心!

其办理情形,仍乞随时迅赐函告,以慰悬盼。某另颁告示,已通行各州县张贴,又各国教士所出谕单,兹并附录底稿,祈察阅是幸。

六月初十日

高密交涉志要

德国前曾派兵至高密县内,借口防匪,经袁慰帅再三磋磨,始允移扎城外,暂时保护铁路,并不久占。惟欲建屋暂住,嗣复有久住之意,致费唇舌,现在尚未就绪。兹先将上月间,青岛德总督与袁慰帅往来电函录后。

九月十三日德国青岛都统督致袁慰帅电函:

蒸电拜悉。已转致连领事矣。日前,本国委员与高密县商订,建造驻兵房屋地基,仅限借六个月,是该县诸为掣肘,有意违睦,诚恐嗣后相安难获。盖因各地主未得地价,虽免不滋生事端,前当夏令已将驻高兵丁陆续撤减,现出无策,必宜渐次加增。请即电饬高密县,将勘定之地,迅速按公价卖与铁路公司,起造驻兵之房,免肇衅端。至日后驻兵撤回,此项房屋仍宜留存,以期按约,德兵过调,便于住宿。请电复,以便派员往购。查此事延迟甚久,愿速办结。此布。德督都元印。

十五日袁慰帅复青岛总督电函:

青岛都大臣鉴。元电拜悉。查贵大臣七月宥电,谓在高修兵房,非安营意;八月歌电,谓未占环界内自主之权,实无永远驻扎之意;八月敬电,谓和衷胜于勉强;艳电谓定地武员悉从高密县令之意,各等语。本部院与贵大臣素敦友睦,深信无他,是以饬高密令按照贵大臣美意,订立六个月暂借租地合同。昨接该令电禀,已与贵委员立字签押。今读尊电详译词意,与迭次所商,未免径庭。本部院前准贵兵驻移城外,自应定有限期,并无掣肘之意。该令深知吾二人办事和协,决不敢有意违睦。该令既经租地,自应公平给价,如谓地主不得地价,不免滋事,贵大臣似乎过虑。贵兵前已撤裁,今拟无故增加,殊有碍彼此和衷共济、敦笃友睦之意。铁路公司应需建路地段,应照胶济路章办理。至建造兵房,虽为护路起见,而贵兵将来过调,似与公司无涉。本部院何能准在我自主之地,为该公司勉强永远买去,以便贵兵将来过调之用?除饬该令迅速向民间妥议租价交付,不准生事外,特此电复,祈即涵亮。抚院袁感印。

十六日袁慰帅再致青岛总督电函:

顷据高密徐令电复,称租地价值已由卑县筹备。惟必须丈量指定,始可议付。昨据德营武官,会同丈量。伊谓须待请示,然未丈定以前,无从给价。高民听官主持,极属安静,绝无阻挠生事等语。谨奉达。抚院袁谏印。

卷六　回銮余纪[①]

备驻警跸

西安两宫回銮，虽已改至八月二十四日启驾，俟到河南后，仍须绕道开封，暂行驻跸，须过皇太后万寿圣节，然后酌议回京。故到京之期，至速当在冬至节。业已电饬河南巡抚松中丞，在开封妥备行宫，以便届时久驻。

八月初一日

西安行在发出内帑，与三百万两。奉旨，余存豫库备用。先行电告豫省大吏，嘱令雇车派员行迎。

内监滋横

行在内监滋横，发交长安县监禁。行在内监，屡次恃势，欺辱官吏，惟长安县朱大令不为屈。一日，被李珰处心腹小监，在宫门口手批双颊，扰攘之声，达于内廷。皇上追问得实，大怒，饬将该内监立斩。军机大臣亟为求免，遂改发长安县永远监禁。

[①] "殉节请恤""致祭书记""总统戡乱碑记"三则未采。

圣意褒嘉纪闻

有张子衡者,①系京都西河沿光裕镖局主,为人奉回教,忠勇有大志。上年护跸西行,两宫倚赖甚重。李即以回教礼拜堂为行宫,计二十四余处,并杀牛羊以进供御膳。皇上谓李曰:"不图尔回民如此忠义,而尔教堂又如此整肃。"李叩头。今年两宫追忆及李,著随礼亲王前赴行在。李于六月初四日赴陕,皇上赏加四品衔补用同知,随时召见,圣心颇悦。李氏弟兄皆镖师,随扈甚多,各蒙皇上或赏武职,或赏文衔,皆有嘉赉。闻太后并拟于回京后,拨内帑修建回教礼拜堂,以志患难不忘之意。亦可见慈恩汪濊也。

值 班 条 规

禁城值班仪制条规,向来遇皇上至颐和园驻跸时,派出留京王大臣,一体轮流值宿。每日卯刻,四人公同进内,一人留宿,其余三人申初散归。所有留京王大臣出入时刻,及轮流值宿日期,另派王公公同稽查,倘遇迟误旷班者,具折附参。其余紫禁城内各班王大臣等,应归留京王大臣每日开列名单呈送派出王公等抽查,或将值班之人,传至乾清门面见,或派谙达等赴各值班处查看。或有迟误旷班,及未到接班之人,先行散去者,均一律严参。现在两宫回銮在即,所有禁城值班仪制条规,据礼部议照成案办理,以免旷误。

谕 遵 朝 贺

理藩院近得行在廷寄,饬蒙古王之应入京朝贺者,仍照常朝

---

① 光裕镖局为贯市李家产业,"张"疑为"李"之误,后文亦可为证。

贺。据此,则万寿节后,圣驾当由汴还京。

保定防卫志要

保定清苑县于圣驾未幸以前,定章数条,出示晓谕:

一、城内各街道已蒙督宪派拨勇队,分段昼夜巡查,其各街之捕役地方,应由弹压委员督饬,往来逡巡,随同各营勇认真查缉。遇有形迹可疑之人,立即获送,毋得稍有松懈。

一、自本月十五日起,每日清晨黎明后,街巷始准民商人等任意行走。

一、夜间至十句钟时,街巷一律禁止行人。如有因公人役及延约医生、稳婆者,必须手执灯笼,方准前往。巡查兵役亦须酌量盘诘。

一、圣驾经由御路各街,各该商民应将门首随时打扫洁净,泼洒清水,以明诚敬。至辇路经过时,各铺户应将该门暂且关闭,圣驾到时,除耆民应准齐班接驾外,其余士民,必须顶戴大帽,身穿大衫,方准跪伏瞻仰。惟不准于御路左近任意拥挤,如违,即由查街委员并营兵驱逐墩处。

一、自圣驾到日起,合城绅商士民,概不准燃放鞭炮,亦不准无故鸣锣,违则究处。兵勇亦不准擅自放枪,如违并究。

一、阖城官绅商民,皆须加意小心火烛。临差前五日,各家尤须多备水缸,存贮清水,毋违。夜间更鼓整备,勿得参差。

一、城内四街,水会绅民务将局中水汲水桶一律修理齐整,以防意外。

一、如有敢在宫门左近地方口角争闹者,许弹压委员、营兵等即时拘拿,送县处究。

一、四城门,夜间非有印牌,不准开门干咎。

译西报恭纪两宫大驾抵京事

天津某西字报珥笔恭纪云:

十一月二十八日,午前十下钟越二十五分时,两宫圣驾由保定行宫御火车,抵丰台车站。管理铁路之某英员会同由京接驾之各华官,敬谨迎迓。火车略停一刻,即于十一点钟越四十分时开行,至钟鸣十二下,安抵永定门外马家堡车站。皇太后率同皇上、皇后及宫嫔等人,幸站旁所设彩棚。庆亲王敬谨献茶,随由留京王公大臣依次觐见。保护车站之各军队,擎枪奏乐,以表敬忱。两宫共御火车二十二辆,先系上等花车二辆,供皇上御用;又二辆,供皇太后御用。皇后所用则为上等客车一辆,其余由宫嫔及亲王、大臣、福晋、命妇、内监分乘车中,俱用黄貂绒、黄缎彩绸装饰,华丽异常。所备细木名磁,亦无一不尽美尽善。既而,皇上御八抬黄缎轿,舁者穿紫红色缎绣花衣,四围由侍卫及内监拥护,轿前排列兵丁、乐工、大旗;次为两宫御用之衣箱、马匹、驼轿及骑马从人、弓箭手、长枪手、马步诸兵;又次则为皇太后御用之黄轿,一切仪仗与皇上相同;又次则为各亲王、各宫嫔,经马军门玉昆拥护以行。殿以皇后黄轿,随从较两宫稍减;宫嫔则用绿轿一顶、马车六辆;末后官员甚多,内有穿黄马褂者八人。既入永定门,遵新修御路缓缓而前,两旁兵丁暨官绅士庶,如鱼之跪伏道旁。约一点钟时,迤逦入乾清门,诣关帝庙拈香行礼。

废　储　出　宫

开书行在大阿哥,奉懿旨黜退,即日出宫,移居八旗会馆,由松中丞遴派正佐委员三人随往伺应。出宫之时,圣母大为伤感,赏银三千两,挥泪而遣之。又随同移至会馆者,仅止乳媪二人,终日影只形单,泪盈眉睫,闻者惨然。

得陕友函追述前事,云秦中车辆无多,御用器具不能立时运汴,今姑封存抚署,俟启銮后陆续解往。

太后小有不豫,特传吴子佩太守、徐衡衫明府入内请脉,甚有效验,奉旨,吴观察着仍以知府往发江苏,遇缺即补,俟补缺后,以道员用;徐本麟着仍以知县发往湖南,遇缺即补,俟补缺后以同知直隶州用。

太后屡发内帑,赈济陕灾。绅耆等制就黄缎万民伞九柄,预备启銮时敬献。

贻谷专折保荐于荫霖有才,胜彭王麟十倍语。军机处遵旨,电饬该抚在豫迎銮,听候召见。

陕抚升竹帅随扈至豫,藩司李绍芬署篆,臬司樊增祥署藩篆,龙驹寨牙厘局总办吴树芬署臬篆,西安府胡延升江安粮道,以候补府傅士炜署西安府印。

行在政务处开办以来,秦臬樊增祥主持一切。启銮后,樊未能随扈,所遗股分派行在电报局总办孙慕韩观察宝琦管理。

陕函又云,八月二十四日黎明,车驾发长安,本拟出自南门,临幸雁塔,然后绕至东城,诣八仙庵拈香。屈计行程,当在灞桥驻跸。升竹帅先往恭勘,实无房屋可备行宫,雁塔之游乃作罢论。是日辰刻,两宫即在八仙庵茶尖,午刻至灞桥早尖,晚至临潼县宿站。启銮时,陕西州县都守以上,在灞桥恭送,佐杂千把在十里铺恭送。升帅先期传谕,有借故不到者,查取职名,停委两年。二十三日,军机章京办事毕,二班先行启程,预由军机大臣派定,西安至阌乡,头班章京沿途办事；阌乡至开封，二班办事。皇差官车二千余辆，驴马应给草料，前路粮台定章，行路日给银一两，驻跸日减半。

启銮前一日，突有数太监至临潼县署，索宫门费一千二百金，声言如数付给，当有无穷利益。夏楚卿大令以缺分清苦，无力应付，却之。太监谓："亟无现银，可以金银首饰作抵。"夏以家眷向未随任对。太监怏怏去。二十四日午后，忽有五六十健夫，口操京音，称系王大臣仆从，拥入皇差公所厨房，掠尽山珍海错，呼啸而去。其时夏出境迎驾，未之知也。惊闻禀报，赶备不及，王大臣枵腹扰攘，太后震怒，上曰："该县当必另办晚餐。王大臣等腹馁，想均带有干点，不妨暂时充饥。"太后姑不深究。不料晚间进馔，太监故加盐酱，并添生水，竟致不堪入口。太后怒骂知县，太监复谗之，曰："知县在外言，去年老佛爷酿出大祸，今日有何颜面，尚要地方供应，我实不愿办差。"太后怒不可遏，飞传御前大臣那王，速取夏良材正法。上先为乞恩，并云："夏良材决不敢如此说，必有须索不遂者，故意见之。"太后谓即无此言，办差不敬，亦应正法，且不斩此人，各州县相率尤效，成何事体。上曰："今日第一站，即因口腹而杀知县，不免予人口实。"太后怒始稍平，夏得不死。或云先日来索宫门费者，即内监李连英所使，次日来劫食物之健夫，即虎神营兵，亦李主持，以害县令也。阅邸钞，行在吏部奏夏良材公罪处分可否查级纪议抵，奉旨着不准抵销。

九月十九，开封函云，豫抚松鹤帅出境迎銮，途次致藩臬电，闻两宫不久驻洛阳，宜速办行宫陈设。又电云，省垣附近跸路，速用碌碡碾平，届时多备水泼洒。巩县行宫倒坏甚多，省中派员往勘，督饬赶修。陕西随来宫门听差八员，豫省委定六正三佐共九员。

河南府文悌电禀延方伯，云洛阳陆太令不能办差，请速换人。

复电云，该令既不能办差，该守何不早言。文得电咆哮，然无如令何也。

已革陕州知州黄璟赴西路接驾，得蒙召见，特旨赏复原官原衔，留豫补用。闻亦因李监故。

某部员言两宫还京后，即当降旨，令各州县仿日本行警察法。又云冗官必裁，尤先裁河工各员，故锡清弼河帅先核减一切经费，闻督署岁减八千金，南道六千，北道四千，各厅酌减有差。

两宫本拟于花衣期内即行起跸，旋闻李文忠之丧，深恐京中人心未能镇定，且虑俄约龃龉，故令庆王及王中堂次第到京，察看情形，据实奏闻，再行定夺。闻庆邸到开封面圣时，力保胡芸楣侍郎燏棻，才可大任，请派令独当一面，太后为之动容。

二十四，开封函又云，两宫入豫境，灵宝县供支为最，阌乡次之，渑池最下。灵、阌二县陈设各件，均蒙太后赏收，仍饬该县预备车辆，送至省城。

松中丞致电延方伯，云圣驾到豫境，一切平顺，皆宫门费得力故。闻宫门费原议日给银二千四百两，旋增至四千二百两。皇太后早起进燕窝一碗，需宫门费三百两，只买太监捧进，口称是地方官孝敬的一语。

天气骤冷，盆花纷纷萎谢，桂花尤甚。洛阳供支缺乏，发电到省索物，并索银，延方伯颇为难。

于荫霖在洛阳召见，面保文悌、石庚二人，皆守旧党。

延津县幕友，忽均辞馆而去，皇差多未就绪。氾水县惜费，办事不合式，松中丞电饬开封府张守带同干员前往督办。

各省纳捐新纷纷赴汴，希冀就近引见。闻铨部人员言，若止驻跸旬余，仅有明保人员可随时带领引见，余不能办。

两宫到汴,候补州县以上各官分班在堤外跪迎,庆邸力请回銮,仰蒙慈允。河南府文悌,再四谏阻,两宫皆不听。

正定友函云,离正定府六七里之刘伶庄,积水成渠,深处约三四尺,浅处人马可涉。回銮道出其间,因先聘铁路洋工师二人,速造木桥,限期一月,费银万两。正定北门外,地甚平坦,另筑跸路,达火车站,中路阔三四丈,两旁小路各阔二丈余。工程甚巨,日役数百人,手持铁铲,磨琢光滑,闻下雨后、雪后、大风后,皆须重琢。行人敢在跸路行走者,罚银三千两。

九月晦夜,忽有匿名帖数百张,诉民艰。地方官派人揭去,十月某夜,又□竹竿于跸路上,悬木牌,仍书前帖。经地方官访知,事出近村老叟,拘而杖之数百,且告以本朝二百数十年深仁厚泽等语,叟痛哭去。

铁路由定州通至正定,须俟驾过,始许行车,盖恐偶有损坏,不及修筑也。自北京至保定、正定一带,办理皇差委员,率同恶胥毒役,无虑数千人,沿途差局林立,马匹车辆皆插小黄旗,上书"回銮行宫大差"等字样。抬桌铺垫及各种应用之物,堆积如山。委员购物恃蛮赊欠,或全不给价,商民畏之如虎,若辈则视为肥差,狗苟蝇营,无所不至。

直隶司道豫备大差,先开单通饬经过州县,云首站磁州宿,琉璃镇尖,张二忠茶尖;邯郸县宿,黄梁梦尖;临洺关宿,沙河县尖;行台县宿,蓝阳村尖;内邱县宿,张村尖;柏乡县宿,固城店尖,沙河店茶尖;赵州宿,贾店尖;栾城县宿,冶河堡尖,正定南三十里堡茶尖;正定府宿,改乘火车入京。共计尖站八处,宿站九处,茶站三处。自开封至直隶磁州,尖茶宿站,容俟访明补录。

京师官场传说,皇上由豫抵京时,在京王公大臣遵照巡幸仪礼,均服朝服前三后四,并穿花衣七日,在永定门内天桥石路两傍,文东武西,分班跪迎,旋随驾同进正阳门、大清门、天安门、午门、太和门、乾清门,至乾清宫行庆贺礼。并闻皇太后、皇后乘舆俱由东安门北池子进神武门,至慈宁宫。

京函云,留京办事王大臣恭祝万寿礼毕,即在内阁会议迎銮仪注。各部拟各派满汉司官各十员,翰詹满汉各八员,科道除有城差恭备地方执事外,共派满汉十六员,卿侍堂司衙门各派八员。所有奉派之员,不准临期告假,如敢不到,即由该堂官咨部议处。贤良寺接庆邸电致护直督周玉帅,云某于初二午后至开封,适圣驾亦至,入见之。顷皇太后、皇上,以李相之亡,均着实伤悼,随銮诸大臣亦无不凄然。惟回銮之能早定期与否,只在初四、五、六三日内。维持大局,在此一举。

京函云,跸路工程,严催赶办。正阳门内外二彩楼,架木已齐,且催上彩布甚急。以是知回銮在即,部院公所亦均异常忙迫,所寂寂如故者,仅贤良寺一处耳。

二十二日,行在官电,十月二十一日奉旨,十一月初四日由开封府启銮,各省迎銮人员均着各回原省,毋庸送驾。部院堂司官,除有紧要差使,必须随扈外,余均俟启銮后七八日,分起回京。同日,北京电,接行在军机处电称,两宫至保定(按或系正定府之误),仍须驻跸旬日,然后启銮入都。

上海德文报录京电,两宫于十月二十八日自开封府启銮,约腊月二日可抵京,与官电歧出。

十月下浣,又接开封函,云两宫进城时,御前大臣传旨,不必辟除路人,既而风沙猛集,太后放下轿帘。闻慈圣盛誉河南行宫,又有游幸龙亭禹王台之意。前任怀庆府某守恭制黄幄,现在城外作为茶尖。行宫将来尚须移至河干。

上侍膳时，未尝随意下箸。太后恒择肴点，亲以象箸赐之。闻太后常幸总管大监李连英屋内闲坐，故供支局代李陈设格外求精。

太后入豫省，沿途赏迎扈各营银两。见精锐营柴镇洪山部下，各执锹锄箕帚，修理跸路，极赞其勤，故获赏最优。河南府文悌，着方靴，带佩刀，送驾出府界。太后垂询良久，始退。御辇行二十余步，又召见，问河南府有要繁事否，对曰："无。"即命随扈。闻文悌孝敬李总管银一万两，故在其屋内，手执烟袋，随意出入。松鹤帅闻之，令曰："凡无宫门差使者，不准擅入午门，交头接耳。"并语人曰："河南有一幸进之臣，君等知之否？"邓提督增随扈各营，拟先驱至直隶境，松鹤帅有送驾入京之说，或云将内用。

汴函又云，庆邸第一次入见，太后垂问京中情形，庆即奏曰："李鸿章死后，京城人心惶惑。倘圣驾速示启跸日期，即大定矣。至于现在国势，无论倚赖何国，皆靠不住，必须自己要好。所有一切细情，非随后详奏不可。现在只请从速回銮耳。"荣中堂见庆邸曰："今虽多谏阻回銮者，请王爷如蒙早日颁谕京师，人当力请万寿后速速北渡。"庆邸语人曰："京城连电催我回去，所不放心者，何日启跸耳。如蒙早日颁谕，京师人心大定，稍缓再行，却亦无妨。至于俄约一层，大约冬至前画诺，倘不逾限，今无庸急急也。"闻东三省俄约四条，经两全权开出后，日本使臣请于庆邸曰："从前贵国有言，一切要事均与敝国商酌而行。敝国看此语极为郑重。"庆邸曰："去年事是敝国，不是俄人，岂能不与旧约外别求利益，今如能磋磨到这样地步（元注语至此即告以四条大意），贵国以为何如？"日使曰："如真能照办，敝国极以为然。"

津函云，闻保定办差人员，拟修葺督署，豫备驻跸。继闻袁慰帅将至，则拟请暂驻藩辕。慰帅念挪移周折，令借江苏会馆为行台。

京函云，内廷大小工程，月初陆续交齐。总管内务府大臣饬传营造司，先择要繁宫殿赶加，工匠糊裱，不准草率。

《中外日报》云，探得两宫本拟暂驻开封，由政府密电，分商疆吏，既而纷纷复奏，多请回銮，于是军机处传旨，定期十一月初四日，自开封府启跸。

十月二十六日京电，庆邸之出都也，英美两使送之，且要之曰："君王今至河南，必以四事为请：一废大阿哥溥儁；二外任荣禄；三杀董福祥；四归政皇上。"既而王至开封，连日召见，不得不据情面奏闻。第一、第三两事已邀慈允，第二、第四两事，则命新署直督袁慰帅入都探问各使意见，明白复奏。

谒陵跸路

三月初六日，皇太后、皇上谒东陵。所派之王大臣等，俱于是日至西苑阳泽门内储秀宫大他坦皇太后慈驾前，跪叩圣安毕，恭请皇太后、皇上启銮。所有路程开列于下：

计春祭东陵路程。由东华门起，一里东安门，七里朝阳门，二里东岳庙，九里慈云寺，二十九里马厂，二十九里燕郊行宫，二十五里棋盘庄，二十四里三河县，二十五里白涧行宫，三十六里独乐寺行宫，二十五里壕门村，二十六里隆福寺，三里西峰口，十一里昭西陵，十一里孝陵，一里更永殿，一里孝东陵，二十四里半惠陵，半里西朝房。

秋祭西陵路程。由神武门起，七里阜成门，八里钓鱼台，二十八里卢沟桥，五里常新店，二十五里黄辛庄，二十六里韩村河，二十三里半壁店行宫,二十三里石亭,十九里魏村,十八里秋澜行宫,三十二里安河,十五里梁裕庄,十二里东口子门,四里泰陵,三里泰东陵,六里昌陵,三里西陵,二里三岔峪,四里慕陵,一里慕东陵庄顺皇贵妃宝顶。

西巡回銮始末记

吉田良太郎、八咏楼主人 编著

卷 一[①]

王公大臣受辱记

当联军之入京也,徐相国桐尚在,避匿马大人胡同某相国故第,初无殉难意,其子承煜逼之曰:"吾父庇佑拳匪,久为各国指目,洋兵必不见容。若被搜捕,合家皆将不免。若父能死,既得美名,又纾各国之恨,家人或可幸免。惟儿辈则仍当随侍地下耳。"徐乃涕泣自缢,尸悬梁间,承煜即弃之而遁。

其时近支王公、贝子、贝勒及宗室诸人,除随扈外,留京者尚多。怡亲王为某国军所拘,既加棰楚,复令为诸兵浣衣,督责甚严,卒以困顿不堪而自裁。克勒郡王亦与庆部郎宽同时被拘,楚辱备至,复使同驮死尸出弃之,日往返数十次,不准稍息,日食以面包一枚、清水一盂。二人颐养素优,不耐其苦,数日后乘隙往诉李相,哭求设法。李无如何,慰而遣之。其他王公、贝子、贝勒等,财产既尽,生计日绌,每以宝石顶及朝珠等物,沿街求售,又无人顾问。

启秀初为日军拘禁,既因母死,李相为之缓颊,请放假十日,俾

[①] 本资料以光绪丙午年(1906)石印本为底本,并结合中国历史研究社编:《庚子国变记》中《西巡回銮始末记》(第61—376页)部分进行点校、整理而成。原书卷首下注有"大日本横滨吉田良太郎谨译,大清吴郡八咏楼主人恭录"字样。另,卷一第一部分为"上谕",内容并不稀见,不在此处赘录。

归治母丧；日军许之，唯恐其逃逸，仍以绳系其一手，使人牵之偕行。启治丧已，往见庆邸，庆邸讽以微词，启不悟，仍退而就禁。

崇绮则于城破后，仅以身免，其眷属尽为联军所拘，驱诸天坛，施无礼以为乐。崇子葆公爵知之，愤忿无地，即自缢以死。崇至保定，闻之，亦自裁焉。崇家本富，素讲求服饰，城破，遭联军罄其所有，衣服三千余袭顷刻而尽，寸丝尺缣无遗。

联军统帅德西既至京，乃驻节禁城，就仪鸾殿而居。李相入京，尝与订期会晤，瓦帅欲于殿上见之，李坚以不敢僭入为辞，瓦帅不能强，始与易地相见。

又前安徽巡抚福润，为故相倭文端公之子，向居京师，其母年九十余。联军入城，福死之，其家被掠，眷属尽失，其母为某国兵所获，挫辱备至，亦死焉。

天津府知府沈家本，以尝与拳匪往来，城陷时为联军所获，拟以监禁若干年之罪。旋经某教民在旅顺西官处，控以袒匪害教，遂复将沈解至旅顺对质。有见者谓沈缧绁就道，无异平时官府之递解犯人。

联军进东南等门，攻入城中，亦并无抗之者。时英国格斯利统领，恐攻城时使署或有不虞，因探悉某门水沟与使署相近，遂潜率所部由沟而进，果于下午三点钟时，直达其国使馆。英公使宝大臣等接见后，即以攻击内城方略授之。时正阳门已为英兵夺得，因即分派各兵保护使馆，一面乘势往据天坛。甫经夺获，而永定门之华兵已来救援，当为英兵击败，华兵伤亡者颇众，而永定门亦即为英兵所陷。是时，京中居民及官宦等以不及逃遁，恐遭屠戮，甚有全家自尽者。然联军初入京师，除俄、德两军外，余尚恪遵将令，未敢过于恣肆，而民间之被掠者，已十室九空。

洋兵既据京师，复派兵四出剿匪，并由各统帅带队至宫巡阅一周，加以封锁。以京师地面辽阔，遂公议划界分段而治，广设巡卡，严定通行章程，以为暂安闾阎之计。其章程列下：

第一条，凡外国人不论兵民，如有在境内犯规者，即应拿获，送最近巡捕卡管押，由捕头缮函，送交本国兵官，并将所犯之事及一干人证一并交案。

第二条，每总巡捕卡，应设号簿，开具被告洋人案件，并证人名色，以备查考。

第三条，凡兵士及营役，除有护照外，不得擅离各所管辖之境，惟城墙上及下开各公共之街道，准其随便行走。

计开公共街道：

（一）由安定门至煤山鼓楼到后门。

（二）由安定门至东交民巷。

（三）由海岱门至雍和宫。

（四）由顺治门至北城墙。

（五）由西直门至顺治门大街。

（六）由平则门过西马市街河桥至煤山。

（七）由东直门至鼓楼。

（八）由齐化门至西牌楼大街。

（九）由东长安街至西长安街。

（十）东交民巷。

（十一）由煤山至东华门城外。

（十二）由沙窝门至彰义门。

（十三）由前门至永定门。

（十四）由顺治门至菜市口。

（十五）由海岱门至蒜市口。

（十六）由东便门至西便门。

第四条，按第三条所开护照，由英、日提督会商，造发各国公用之护照。

第五条，凡华人在上所开公共街道行走者，各国不得勒充苦工。

第六条，凡公共街道准华人门市贸易无阻。

第七条，各国辖境内如处置华人，赏罚由各国自行立章。

第八条，凡巡捕不论华洋，应于左肘缠一白色袖箍，上书华文"巡捕"二字。

第九条，每巡捕卡应用红白二色大灯，书明华文"巡捕"二字，悬于高明之处。

第十条，按第三条所开公共街道及各处所设巡捕卡，应由英工程队赶紧绘成地图。

北塘炮台被攻记

德兵于西九月十九号，即华闰月十六日下午三点钟时，由天津整束队伍，往攻北塘炮台。当起行登车时，津地留守各西兵，奏军乐以送之。旋又有法国炮队一队，随后而行。

至军粮城时，德兵下车。该处有俄兵屯扎，德兵到后，即由两军统将互相会晤，议定德兵为中军，以俄兵为其左翼，分道开队，至塘沽取齐。两军既合，复有俄国水师兵多名前往助战。至中夜十二点钟时，德、俄两军统将会集麾下各弁，共议进取之策。时火车早经预备，遂传令各兵登车。约行十余里，各兵即下车，涉盐池泥泽而行。

至炮台前,已二点钟左右。当由俄炮队先行开炮。计开六炮后,炮台上始行还炮,惟炮弹皆由左而落,故洋兵非特并无死伤,反从右面攻击。未几,又以德步兵为前队,而以炮队为之殿,复又逼近数里。时天已渐明,华兵始接连开炮。其炮台之在南面者,更开放不已。在台兵弁,似极勇猛,只以准头不能瞄准,故洋兵并不畏惧。又复奋勇前进,正行之际,地雷忽从左而起,而洋兵适在其右,是以一无损伤,因各格外加意。少选地雷又忽炸发,其声盘旋不已,有马队兵官二员,适当其厄,人马均飞入半空,肢体分为数段而堕。各兵乃大惊,分负伤者退回,而以炮兵列于前,鼓勇开放,枪弹皆向炮台而落,无一炮虚发。

至七点钟时,两军炮声更紧,乃转瞬间,炮台上浓烟忽尔迷漫,火焰即冲空而起,盖其中火药房为洋兵炮弹所击中,故即发火也。其时北面炮台上之大炮,及洋兵所放之炮,彼此已各受伤,难以再放。惟华兵尚有一炮,未曾损伤,然开放亦稍缓矣。

至八点钟时,大雨骤下,两军始各停战。而炮台上之火,亦已救息。洋兵收队后,点视各兵,伤亡甚众,遂将伤者送回天津医治,一面复行计议。明知炮台坚固,非可以寻常炮火攻取,乃特派兵至津,将前者攻夺津城之列低炮二尊,于夜间由火车运往。乘炮台不备,突然向之开放。华兵初尚竭力支持,嗣因绿气飞舞,闻者辄毙,乃始不支而退,炮台遂为洋兵所据。

是役华兵所用皆无烟火药,开放时只见火光一闪,炮声已从空而下。故洋兵之死者,难以数计。然华兵则亦尸骸枕藉,血流成渠矣。

保定失守记

联军以保定曾经杀害教士,其幸免者尚逗留在彼,遂声言兴师问罪。公议以英提督介斯星率英、法、德、意四国兵士,于闰八月十九日由京津同时拨队前往。及抵保定,则法国游骑已先期而至,凡各要隘处,悉已悬以法旗。其时华兵亦已早经撤往他处矣。

直藩廷方伯雍知联军又大至,乃率所属各官出郊以迎。联军初尚并无动作,仅令方伯回署,而以骑兵三百名入城,周历四厢,复以各国旗帜遍插城垣。翌日,始将廷方伯、奎恒、王占魁拘拿。时谭道文焕适在保定狱,亦由联军解赴天津,处以枭首之刑。并设公案于督署大堂内,各统帅列坐,提方伯等三人跪阶下,一如华例审问。历讯以何故杀害教士,方伯侃侃而对,几无以屈,因即按照西例,当场悉以枪毙之。复将各城门楼,及城堵东北角城隍庙、三圣庵等处轰毁,以示罪城之意。由是保定遂为四国所据。

庆王李相与联帅瓦德西问答记

议和全权大臣李少荃中堂进京后,以联军统帅瓦德西既亦在京,自应往谒,以伸主谊;且以和局开议在即,亦须稍通款曲,不无裨益之处,遂于九月二十四日会同庆王,随带译员荫午楼副都统等,命驾前往。

李相先至,瓦统帅脱帽以迎,执手为礼。彼此坐定,寒暄毕,先是李相云:"贵统帅气体甚好。"统帅云:"托庇甚好,中国天气与吾极宜。贵大臣与吾前数年在德国会晤后,目下贵大臣体气尚好,吾甚喜悦。"李相云:"吾前在德国时,因事忙,不获与贵统帅畅谈。今日得见,甚为欣喜。"统帅云:"贵大臣在中国声望甚著,吾已早闻。今日得以复见,何幸如之。"李相云:"贵统帅今年若干岁?谅已七十矣。"统帅云:"吾年六十八岁。"李相云:"贵统帅年高,尚能来华,真可异也!"统帅云:"吾慕中国已久,深愿来华一游,以长见识。"李相云:"华民均不愿远游,与贵统帅所言殊觉相反。"统帅云:"贵大臣尽可劝令,以后宜至他国游历。"

李相云:"吾在欧洲时,见各国殷富,甚为骇愕。"统帅云:"英人韦礼逊所著之书,有道及贵大臣事者,吾曾读及,韦礼逊言谈:使贵大臣能如前劝令贵国人民,则贵大臣将有益国家不浅。"李相云:"不幸中国居高位者,知识甚浅,致中国大为所害。华民亦不愿有铁路、电线等物。"瓦帅云:"从前德民亦然。当铁路新出时,德民均不愿有之。经久,亦知其为有国者所不可不有之物。"李相云:"和议成后,中国自当即行开办铁路。"瓦帅云:"如和议一成,欧洲各国即将以巨款借与中国,以为建造铁路之用。"李相云:"吾甚望中国民智渐开。"瓦帅云:"吾深知中国极富,但须设法以变之耳。铁路后来更大有用处。"李相云:"中国刻下仍贫。"瓦帅云:"欧美各处,吾殆已行遍,深知铁路之有用。贵大臣在德国时,曾谈及毛将军,将军即吾师也,渠亦深知铁路之有用者。"李相云:"吾在德时,毛将军已故数年。独幸与卑士麦克王爵谈有数点钟之久。"瓦帅云:"吾亦深知此事。"李相云:"贵统帅彼时在汉勃克邻近某处为统带官,卑士麦克王爵宅第去汉勃克并不遥远。"瓦帅云:"约一点钟时可至。"李相云:"贵统帅大约与卑士麦克王爵为良友。"瓦帅云:"然,吾二人交谊始终无渝。"

李相云:"刻下和伦洛熙王爵是否为德国宰相?"瓦帅云:"否,近已告退。"李相云:"继为德相者何人?"瓦帅云:"褒洛孚伯爵也。该伯爵年岁尚未甚老。"李相云:"和伦洛熙王爵已逾八旬否?"瓦帅云:"已逾八旬。"李相云:"刻下是否褒洛孚伯爵为德国首相?"瓦帅云:"然。"李相云:"毛奇将军有子否?"瓦帅云:"毛奇将军无子,其侄甚多。"瓦帅又云:"北京气候颇冷。"李相云:"贵统帅置有火炉否？"帅云："有。此间天气与吾颇相宜。德国秋冬之间，雨水颇多，北京则否。"李相云："刻下望雪甚殷。"

李相又云："德王刻在柏林否？"瓦帅云："德皇刻在柏林，体气极好，共有皇子□①人。"李相云："吾在柏林时，皇子尚无如此之多。"李相又云："德皇后近体如何。"瓦帅云："皇后体气极好。"李相云："吾在柏林时，曾蒙皇后赐宴，吾亦曾见过皇子。贵统帅共有几子？"瓦帅云："无。"李相云："贵统帅已成婚否？"瓦帅云："业已娶亲。"

李相云："贵统帅自一千八百七十年起，是否一向带兵？"瓦帅云："然。中间有时参办交涉事宜。"瓦帅又云："贵大臣在此颇无所扰否？"李相云："然。"瓦帅云："兵争一事无论何人，殊形不便。"李相云："孟公使暨立侧尔副将近状如何？"瓦帅云："孟公使等体气甚好，立侧尔副将刻回保定。渠素来钦佩贵大臣。"李相云："立侧尔副将暨希立克新，乃上等之陆军教习。"瓦帅云："吾极望以后中国再聘用德国教习。"李相云："联军以德国为首务国，所出之主意，他国自必乐从。"瓦帅云："吾亦望如此。但贵大臣必须与吾会同办理，则事自无难办者。"

李相云："吾闻联军将往张家口。"瓦帅云："否，不过至长城为止，该处闻有华兵。"李相云："该处如有华兵，无非为弹压地方起见。"瓦帅云："保定府附近各处亦有华兵，该兵并不剿除团匪。"李相云："北方华军专为弹压地方起见，并不与西人为难。"瓦帅云："此间华军无纪律者颇多，北省人民颇不愿有之。"李相云："吾意此系道路之言，并不确凿。"瓦帅云："如贵大臣能保华军不与联军

---

① 原文如此。

相近,则吾必不遣兵前往各处。"李相云:"联军所占各处,吾不甚详悉。"瓦帅云:"吾将示贵大臣以图。"李相云:"谢谢。"李相又云:"德军将往张家口否?"瓦帅云:"如华军与之抗拒,则德国军必往。又闻该处有某教会在彼,为百姓所虐待。"李相云:"吾知该处教会,断不至有险况。吾已到京,当更无是事。"瓦帅云:"此军不可不发。"李相云:"保定府乃拳匪渊薮,刻下已甚安静。"

语至此,庆王至。瓦统帅造德兵官布立克新迎之。瓦帅云:"贵大臣近得两宫消息否?"李相云:"两宫情形大略同前。"瓦帅云:"北京与两宫如何通电?"李相云:"此间致电上海,再转汉口而入西安。贵国大皇帝曾劝皇上返跸北京,奈吾皇上甚胆怯。"时庆王已到,即经李相引进。

庆王云:"吾久望与贵统帅缔交。"瓦帅云:"今日得见王爷,吾心甚喜。"庆王云:"吾愿来已久。"瓦帅云:"吾亦久欲来中国,今日幸得如愿。中国情形吾前虽未来,然见之书中者颇多。所不幸者,此来为兵争事起见耳。"庆王云:"亨利亲王吾曾见过。"瓦帅云:"亨利亲王曾告我云北京人民待之甚厚。"庆王云:"吾与亨利亲王亦曾叙谈多次。"

庆王即言及德使被戕,我两宫暨中国人民均为惋惜抱歉之意,继云:"各统帅觉北京寒冷否?"瓦帅云:"吾刻已按照中国例,以皮衣御寒。北京有皮货,实为天下所仅见。"庆王云:"德国气候与北京相同否?"瓦帅云:"大约相同。惟冬日较北京更短,北京似觉较好。"庆王云:"贵统帅今年若干岁?"瓦帅云:"六十八。想王爷比吾至少小十岁。"庆王云:"六十三岁。"瓦帅云:"王爷有宫在北京否?"庆王云:"有,不过甚小,与此间相距甚近。"瓦帅云:"有避暑宫否?"庆王云:"有,亨利亲王来华,在该处早膳。"瓦帅云:"是否与皇上避暑宫相近?"庆王云:"然。贵统帅带有马车来华否?"瓦帅云:"然,不意此间人民见之,颇为骇异。"庆王云:"此间此物极为罕见。"瓦帅云:"欧洲马车甚有用,中国亦宜用之,其有用处与铁路相等。"庆王云:"贵统帅带来者,是否驾以双马?"瓦帅云:"然,如行远,则驾四马。"庆王云:"此间道路崎岖,马车殊形不便。"瓦帅云:"如驾良马,即可无虞。此间城内布置甚好,皇宫尤妙。"庆王云:"惜刻下只余废址颓垣。"

瓦帅云:"甚望两宫早日回京。"庆王云:"如欲北京一切复旧,此系最难之事。"瓦帅云:"吾适间与李相接谈,以王爷来而止。吾曾问中国皇上能早日回京否?"庆王云:"吾望皇上早日东归,惟刻下难于布置,请贵统帅转请各公使早将和议条款议定。"瓦帅云:"约数日内即可照办。"庆王云:"甚望如此。近日皇上有谕,云和议一有头绪,即将返跸。况贵国大皇帝亦请皇上回京。"统帅云:"王爷须知吾已奉令,以皇帝礼接待皇上。"庆王云:"甚善。"

又云:"一年前亨利亲王来时,敝国亦以礼接待。"统帅云:"彼时德王之甚喜,吾德皇亦甚愿与中国共守和局,方中东构衅时,德皇即有此言。"庆王云:"吾知德皇待中国极好。贵统帅在贵国向居何职?"统帅云:"吾充巡阅德国陆军之职。"言及此,即顾其译官云:"请将此职发明,俾王爷详知。"庆王云:"此位甚高,惟甚辛苦。贵统帅常见亨利亲王否?"统帅云:"在克伊尔地方时常与相见。"庆王云:"亨利亲王刻管何营?"统帅云:"亨利亲王现正休息,明春即当复出。"李相云:"德皇太子是否尚在学堂读书?"瓦帅云:"否,已入军营,一二年内再入大学堂附学。其所占地步甚好。"庆王云:"今年若干岁矣?"瓦帅云:"十八。"李相云:"吾亦见过。"瓦帅云:"为太子者,必至陆军学堂学习方可。盖陆军乃有国者之基也。"

庆王云:"诚如贵统帅所言,吾亦充过武官。"

瓦帅顾荫午楼副都统言云:"足下德语极佳,在敝国究有若干年之久?"荫云:"自一千八百七十七年至一千八百八十二年,吾在德、奥两国。"瓦帅云:"彼时足下若干岁?"荫云:"念七岁。"瓦帅云:"柏林较维也纳好否?"荫云:"各有好处。"李相又言及联军所据地方之图,瓦帅云:"联军刻修杨村北京铁路,不日即可开用。铁路邻近各处居民,必须安静方可,吾望该处已无拳匪。以后此线,亦可为百姓转运之用。"李相云:"俄军修理铁路工程,并无停止。"庆王云:"拳匪前将该处铁路拆毁。"李相云:"拳匪已死,无须再言。惟北京至杨村铁路,能复旧否?"瓦帅云:"吾意自能复旧,惟邻近人民均须安静,否则当以枪毙。设有事端,该处人民不能辞其责。"李相云:"如有兵保护,则必无其事。盖该处人民,畏兵如虎也。"瓦帅云:"北京居民未归者,尚多否?"庆王云:"归者约有大半,铺户以无本钱,故未开者尚多。"瓦帅云:"居民在京者,其产业或可保全。此间华民,偷窃他人物件者甚多。"庆王云:"贵统帅所言甚是。"瓦帅云:"吾之阅历系自几经战阵而来,兵争之时,居民有财产者,不宜他往。如北省一带,能从此安静,吾心更喜。"庆王云:"谢谢。吾深望以后中外成为一家。"瓦帅微笑。

李相云:"深望和局即可开议。"瓦帅云:"约日内即可开办,但和议既开,亦须早有归结,不过中国须吃亏耳。如早日归结,则吃亏处略可较少。"李相云:"现欲与华军通信,以无电报,故殊形不易,请贵统帅给与护照。"帅云:"此非必需之物,况贵国送信章程已极好,不必再多此周折。"李相云:"如贵统帅给与护照,较为便益。"瓦帅云:"如华军不在联军所占处驻扎,则吾能设法,令人帮同信差通信。"李相云:"护照不但作送信之用,即派员他往,亦可用之。"瓦帅云："如信中言能使吾知,即可照办。"庆王云："所通各信,自与兵事无干。"瓦帅云："既与兵事无干,即可由吾处代寄。"李相云："如有上谕前来,亦须护照。"瓦帅云："容吾思之。吾望自此以后,常与贵大臣相见。"庆王云："刻下各信均已扣留。"瓦帅云："吾想并无此事。惟刻下万不能以护照相与,必须容吾三思。"庆王云："如所送之信,业经延搁,信差当可放行矣。"李相云："既无护照,则吾岂能发遣信差?"瓦帅云："必须容我三思后再奉复。华军在直隶省尚多,必须遣往他处。其余办事各员,如与联军有益者,自可容之。"李相云："然则贵统帅于在直办事各华官,并无阻难之意矣。"言至此,庆王、李相,即行告别。

联军剿匪纪

联军统帅瓦德西抵京后,所有北方用兵情形列下:

西九月二十九号,即华闰月初六日起,至十月三号,即闰月初十止,德兵一队归利地白男爵管带,由津前往静海县,该处华兵向南而退。

西十月八号,即闰月初五日,至九号,即十六日止,意兵一队由天津往杨村西北向某处,该处凡戕教乡村,悉行焚毁。

西十月十二号,即闰月初九日,至十一月六号,即九月十五日止,英、法、德、意四军,由京津两处分赴保定,当联军未到时,华兵即已向西南方某处而退。保定府府城,则已于西十月十四号,即闰月二十一日,为法军先据。至西十月十九号,即闰月二十六日,各军方到。

保定府既定后,联军分三队回京。其由利测曾提督统带之英兵,则自蓉城县郎坊马家铺而归,途中遇有拳匪乡庄,俱经焚毁。

其归葛利恩尼统带之意、德两军,则由献县、清县、黄村而归,途与华军四队相遇,该华军各将兵器分纳。至归诺蒙提督所带之英、德、意三军,则自易州而归,在某处亦遇华兵,败之。英军归津者途遇拳匪,其营寨亦经焚毁。

西十月二十二号,即闰月二十九日,至十月二十七号,即九月初五日,德军一队由杨村绕香河县而归。

西十月二十二号,即闰月二十九日,日军一队由杨村绕宝坻县而往河西务。西十月二十四号,即九月初二日,至十一月二十八号,即十月初七日,由杨村绕宝坻县、河西务,而往杨村。此外尚有俄军一队,则由天津往杨村,两军均遇拳匪,大败之。

西十月二十五号,即九月初三日,至十月二十九号,即九月七日,俄军一队由芦台绕宁河而归。

西十月二十五号,即九月初三日,陆军一队由保定往某处途遇拳匪,胜之。西十月二十七号,即九月初五日,俄军一队由山海关往某处,此外更有俄军一队亦由山海关往他处,两军俱途遇拳匪颇多,均大败之。

西十一月一号,即九月初十日,俄军一队由山海关往他处,大败拳匪于途。

西十一月一号,即九月初十日,至三号,即十二日,德军一队由天津绕河西务马家铺,入京。

西十一月四号,即九月十三日,至六号,即十五日,俄军一队由天津绕杨村、宝坻县而归。

西十一月四号,即九月十三日,俄军一队由天津往某处。

西十一月五号,即九月十四日,至六号,即十五日,奥、德兵一队往某处,该处所有拳匪乡庄,悉经焚毁。

西十一月七号,即九月十六日,日兵两队,一由北京,一由通州,前往某县。

西十一月十二号,即九月二十一日,至十二月四号,即十月十三日,德、奥、意兵一队,由约克伯爵管带,绕南口、宣化,往张家口,将华军大队悉行驱往山西。

西十一月十九号,即九月二十八日,至十一月二十五号,即十月初四日,德兵一队由北京往长城,遇拳匪,与战,大败之。

西十一月二十三号,即十月初二日,德兵一队由天津绕东安、武定两县而归。

西十一月二十九号,即十月初八日,德兵一队由山海关入北京。

西十二月一号,即十月初十日,德兵一队沿天津运粮河两岸而往沧州,华兵退往山东。

罪魁奉旨赐死记[①]

[①] 内容与《日本外交文书》部分二二八九号文件内容相同,兹略去。

卷 二

毓贤戕教记

已革山西巡抚毓贤,奉旨正法,定于正月初六日行刑。其种种恶迹,罪应当诛。恐吾人犹未周知,爰将太原傅司铎信函节为抄录,俾知毓贤罪有应得,并非朝廷法网过严也。来函云:

敝处于光绪二十六年五月间,谣言四起。六月初,乃大乱。毓贤甫下车,即向属员大言杀洋灭教之事,属员中有从之者,有非之者。首府许翰度、首县白昶,以及学政山长,皆从而和之。先是于四月中,已揭帖遍张,无非发洋财、杀洋人等语。艾、富两主教,及英牧师,再三恳求毓贤弹压,置之不顾,以致谣言蜂起,日甚一日。

五月二十日左右,叠奉上谕,着令保护教士,毓置若罔闻。二十四日,大同府匪人毁堂劫物。二十七日,主教修函告急,毓不答。三十日,北方义和拳结队入城,在抚院前设拳场,传拳术。六月初一日,毓召令入署。是日午后四下钟时,富主教亲往告急,毓托故不见,只令材官传言勿惧。主教回,毓往满城,饬备硫黄、火把、煤油等引火之物。至晚八下钟时,英教堂火起,毓袖手不救。有三营官欲设法救灭,毓坚阻之,以致军民任意杀人劫物。英教士惶急,对众曰:"光绪初年,晋省大祲,我侪集银五六万,活人无算,今竟如此待我侪耶!"一英妇抱幼孩出,声言:"予医生也,岁活三四百人,今竟不能留一命乎?"乱兵用木棒击之,推入火中,妇出,再推之入,遂被火椽压毙,孩亦如之。其余带伤而逃者不知凡几。

次日,六门皆派兵把守,不许教民出入,出即被拿。本日,堂中修道主与佣工十余人,均被拘押。所携之物,大半由守门兵夺去。午前,匪抢英教堂,幸房主出阻,房屋未焚。午后,兵民数万,围裹天主堂,因昨日英教士枪毙数人故也。毓恐堂内亦有整备,未敢下令焚毁,饬白县主及数员到堂勘验,虚言抚慰。迨至晚十一点时,又委臬司恩铭来窥主教曾否逃出,旋复派兵将堂门守住。育婴堂中留有女孩二百二十余口,星夜迁往桑棉局,言二三日后事定,即送回,主教勉应之。

初三日,毓谕令教民背教,否则不保身家性命。自是谣言愈炽,堂之前后,日夜有人看守。诸员来堂查验者,迨无虚日。

初九日,白县主向主教曰:"兵丁守护,大为不便。不如尔等暂住一处,改日后再回。"主教从之,遂中其计。白县主随将堂中各人姓名抄录一纸,迫令主教、司铎、修士、贞女等共三十余人同赴猪头巷,随将堂门封锁,骡马一律牵去。次日,英教士家属七口下之于狱。十三日午后,白县主佯为慰藉。去后,毓微服骑马带队而来,将猪头巷围住,饬兵拘诸人到辕。时被拘者约七十余人。毓问主教曰:"你来中国,害人有几多了?"答曰:"从不害人,只知济世救人。"毓曰:"你们当知余今不怕你们了!"随叱令动刑,拳匪、营兵咸不敢下手。毓怒,亲掣佩剑飞马将二主教砍死。兵匪遂挥刀乱砍,当日共毙艾、富二主教、雷、德二司铎、西修士一、华修士五、西贞女七、英教堂中男女大小三十余人、佣人二十余名,随将西人枭首、剖心,暴尸数日。

继又令某员率兵数十名,将堂中余人捆送县署,逼令背教。中有李富者，现任平定州守备，告假养疴，在家坚不背教，被锢狱中至二十九日，被戕。又有韩元泰、赵还生二人，诬以下毒于井，亦受刑而死。王德年，七十九矣，与王小和不背教，饿死扉环。

阅日，兵民将堂中物件抢尽，放火焚之，致毁大堂一座、小堂二座，连住房共四百二十余间，银两尽数入官。十四日，又将城中及近城教民百余家抢掠一空。十五日出示，强令教民出教。十八日，命义和拳杀城中男女教民四十四名，其余未杀者，逼令出教，不从，则驱之城外，并纵令拳匪随处搜杀，加以土匪相助，谋发洋财，教民藏身无所，东逃西窜者几千人。其受害最重之处，莫过于大同、朔州、五台、太原、徐沟、榆次、汾州、平定诸县，司铎、教民死伤过半。

七月十六日，毓将去任，嘱拳匪烧杀教民，勿听地方官阻止。于是拳匪恶胆愈张，纠约土匪千余，与教民为仇，任情杀戮，且有围困一室，用火燔烧者。幸藩司李筱轩方伯出示严禁，始得稍安。

辽阳拳匪滋事记

五月十九日，辽阳幼童间有习拳者。二十日，有人发卖灶神者，迹近于匪，州牧陈衍庶饬差拘询，枷号示众。比即出示，严禁造言生事，自是市井稍静。将军增祺电询："地方安静否？"陈牧复信："近日地方稍安，教路照常保护，请舒宪廑。"等语。增将军亦复云："所言甚善。"

二十七八等日，市面忽喧传天津拳匪获胜之事，民间又复汹汹。耶稣教士来署，请派人保护教堂，陈牧立即派捕兵协同差役分往各教堂逡巡，并面谕其实力防护，如见形迹可疑者，即拘署讯办，并语教士云："此系游民造言惑众，国家定能剿办，无足为患。"教士云："中国政府有与各国开战之意，闻大沽业已失守。"陈牧闻之愕然,曰:"果然,则大局恐将决裂,阁下急宜速图,设有不测,非一州县官之力所能保全。力不从心,想阁下亦谅此情。"教士亦以为然。二十九,各耶稣教士均动身赴营口。本日,陈牧接增将军札发剿匪之谕,张贴告示,严禁谣言。

六月初一日,陈牧接副都统晋昌命,使即速备战。午间去城十里之尤庄子铁道、教堂,陈牧正往勘视,突来哨弁二员,气势汹汹,且声称奉副都统面谕,特来焚毁铁道、教堂,自认尤庄子之事系伊所为。陈牧诘之曰:"此间连奉军帅电谕,均云实力保护,今何又相反若此?且中外强弱不敌,人所共知,倘若无端开衅,何所恃而不恐!"该哨弁始犹强辩,终乃爽然若失。陈牧遂一面会同城守尉,据情飞急电禀军帅,速撤来兵以解俄人之疑;一面亲赴城外火车站,拜会俄员吉利时满,力辩尤庄子之事,实系乱民所为,决非官军之事,俄人疑信参半。陈牧并力陈牧任保护之责,俄人颇悦,遂将其劫来尤庄子附近乡民数十人交陈牧带回。下午,天主教士致函陈牧,旗员恩某家中习练拳术。陈牧当即知会城守尉,约恩到署诘问此事,彼此争论几裂。嗣经城守尉大加申斥,恩始无言而去。少间,有晋昌所统育军营官明来到辽拜见陈牧,细述都统派来之意,并云随来兵丁三百余名。该营官亦不以都统举动为然。陈牧与之细谈不能妄开兵衅之故,并嘱其严约兵丁,不准出城滋生事端。只以事机反复,上游亦为匪所惑,以为可操必胜之权,定欲开衅。至晚间,闻都统已遣人前往各处张贴仇教告示,陈牧专人分往各城告知此事,并嘱其加意防范。夜五鼓时,州署接增军帅覆电云"该哨弁恐系冒名,路教仍须切实保护"等语。

陈牧见撤兵无期,恐与匪合,忧愤交迫,初二日飞电通禀军、副、学、尹、宪五部首道,详述始末,力陈"中外不敌,断难开衅。传教本无厉禁,尤不可无端杀害,乞飞速调回来兵首事之人,从严惩治,则尤庄子之事尚可与俄人从容议了"等语,此禀约有八九百字。本夜有无数幼童,向耶稣教讲书堂抛砖掷石,并有官兵从旁怂恿,令将该堂焚毁。陈牧驰至弹压,匪人四散,得以无事。本日增军帅接电后,约同五部各官与都统理论,争闹半日。夜间,始来电将兵调回。自是,辽沈商民欢传天津拳匪大胜,人心日益汹涌。

  初五日,副都统晋昌亲率兵拳攻打沈阳各教堂,杀害西士数人、教民数百,抢劫洋货店十余家,挥刀切齿,举国若狂。以五部之贵,见必脱帽下车;以将军之权,只得闭门束手。消息传至辽阳,人思群起效尤,加之初八日各处喧传开战谕旨,匪势愈张,如河决山崩,莫可抵御矣。陈牧遂遣人劝法教士速乘俄火车赴营口,以避凶锋,并由萨通事致意英国矿师莫里君,连夜逃脱,以防不测。

  初九日,省城陆续派来兵拳毁路、仇教。是夜,辽阳各教堂均被焚毁,斯时寡不敌众,欲救无从。陈牧竟将抢劫教堂衣物之匪,置之刑典。所幸各西士均先期逃去,尚未遇难。初十日,省城又派来育军四营,攻打城外白塔寺火车站。至时匪民助战者,颇有伤亡。陈牧谕人,指此为邪匪不足避枪炮之证。因此拳匪闻之,蜂拥州署,刀剑横飞,直逼内堂。陈牧计穷力竭,性命几危。约在初十日内外,闻城中有教民某姓被害,陈牧驰往救援,已无及矣。于是陈牧禀请增将军设权宜之计,刊刻出教保护执照,发给教民,因此活命者有千余人,故教民感激州官不置。

  七月中,新民厅三台子地方,教堂聚集教民数百,省城义和拳大臣派兵往剿,陈牧电阻数次,力持宜抚解不宜攻击之意,因此前敌将士颇与反目,拳匪尤为哗然。

  至七月十九日海城失守,拳匪始稍稍敛迹。至八月初,辽沈相继失守，拳匪绝迹，而大局亦不救矣。

肇祸诸王大臣记

呜呼！钦维我皇太后三次垂帘，起于戊戌八月政变，终于庚子七月出奔，凡两年不足者半月有奇。此两年中，岁月虽促，局势甚长，诚不知有多少计谋，构多少奇局，经多少曲折，寓多少变幻！盖家国兴衰之故，当代得失之林，莫过于此，莫过于此！其中助佐朝廷与主持军事者，举其要略，凡满汉内外文武大臣十数人。记者以为当时既若甚烜赫，事后宁清瘦走叹！谨哀而论之，略论如左：

端邸以近支王公，谋窃神器。其骄暴乐祸，盖天性使然。其生也，闻与刘宋元凶劭同，文宗显皇帝甚恶之，故赐名载漪，本从犬，盖绝之也。或传其父惇亲王有隐德于太后，故太后亲之。戊戌之变，漪与其兄载濂、其弟辅国公载澜，告密于太后，故太后尤德之，使掌虎神营，而祸自此始。大阿哥既立，欲速正大位，其谋甚亟。而外人再三尼之。故说者谓端邸之排斥外人，非公愤，盖私仇。诚笃论也。

庆邸之进也，由桂祥者，太后胞弟也。庆邸本罪人子，凡再入继而后为庆王嗣。初为贝勒，与桂祥结姻，后始袭封庆王。其子载震（振），亦颇有非分望，以属疏而止。本与端同为太后私人，及立大阿哥后，庆始怨望。此次杀德使者，庆所统之营兵也。日本人得凶手，坚言系庆邸主使。日人婉词，言是时庆不敢与端抗，故勉强从之，非其罪云。

荣禄、刚毅，并以夤缘贵显，得至大官。荣给事内廷，恭亲王尤狎之，任步军统领多年。刚浮沉部署，远不能及，及得政后，立意反抗皇上，故太后因而用之，宠任遂亦与荣相埒。大抵荣险而巧，刚悍而愎。每欲举大事，荣阴谋于室，刚公言于朝。荣起于但贪富贵，刚出于有所憾恨，此其显殊。至其同为国贼，同酿国祸，则二人之所共谋，虽及末世不能别也。而近日议者，见刚已死，则从而下石；闻荣犹贵，则为之游说，欲以按之入地，举之升天，难哉，难哉！

徐桐以汉军起家翰林，平流进取，得至公卿，平日以讲章为学问，以制艺为词章，晚年学道，惟日手《太上感应篇》，以此坐煽庸人，顺致时誉。然以诗礼发家，道德欺世，晚节不慎，至亲预废禅，年已八十。乃随人作贼，名德不昌，遂无期颐之寿，惜哉！

启秀、赵舒翘，同以政变后入军机。启建自徐桐，赵引自刚毅。凶德交会，至斯可知。赵起自寒贱，既贵，乃背其师。任苏抚时，夙好清刻，及入政府，亦多预阴谋。启之进，虽由徐桐，然刚毅方贵，启尤附之。其弟彦秀，任苏州知府时，欲必死翁同龢，因兴东南大狱。今岁杀袁、许上谕，即出自启手，启所最得意者。及袁、许既死，启尤自负手笔，自举以告外人云。以此观之，罪浮于赵远矣。

崇礼任步军统领，实典禁军。自归政后，此任惟授太后亲人。荣禄始任，而福锟继之，福锟殁，而荣禄又继之。自荣禄外任，乃以属崇。年前训政命下，逮捕朝士，缇骑四出，崇之力居多，自是宠任弥益加甚。预密谋，关大计，汉段颎、唐周兴，爪牙之任也。

裕禄以葭莩之亲，久封圻之重任。当戊戌之夏，曾一入军机，寻以荣禄内用，而北门锁钥不能不另置腹心，乃以裕禄为之。然袁、聂、宋、马诸军，向皆隶直隶总督，自改隶武威(卫)军后，北洋一任，权势盖大不如前矣。今夏义和团之起，始自京津，其时荣、刚二相心醉于朝，而裕禄与其弟河南巡抚裕长附和于外，至虚报战胜，取悦奸党，以误朝局。杀身亡宗，非不幸也。然此比廷雍，犹差强哉！

李秉衡起自小吏,本无大才,徒以清廉忮刻取时名,求捷径。胶州之役,李以教案罢职,归家教授,自谓不求复进。乃政变后,无端而东山再起,渭城重唱,至入彼党,甘为效力。北仓既败,杨村继之,生平以灭洋仇教自任,及亲率戎行,身临前敌,竟不堪一战。兵溃之日,无颜复入京师,至仰药以殉,哀哉!

毓贤以外任知府起家。其在曹州时,多所诛锄,以豪强自负。张曜之抚山东也,固尝用毓六品,甚纵之。及李秉衡继任,毓在属官始得大志。初,义和团之萌蘖于山东,军机李秉衡实使之。及毓代李为巡抚,以旧德布新恩,而匪势乃盛。其开缺入京也,力陈荐于政府诸公前,言可用。适荣、刚方以废禅事被阻,谋所以去西人,闻毓言,则大喜。故义和团之乱,起于李秉衡,而成于政府。而为之媒者,毓也。倘所谓乱人者非欤?

董福祥本甘凉积贼,其所居近金积堡,以劫掠居民回户为生。左文襄爱其勇,以计诱收其家属,招之降,董情急自归。数立功,跻贵显。任喀什噶尔提督多年,后改任甘肃提督。荣禄与董有旧,结为兄弟。窥太后意,欲有所举动,乃进言恭亲王,急召董入京师。戊戌九月,董部兵殴辱铁路工师,荣力袒之,自是董益骄横,事事图与西人为难。今岁日本书记生之死,董以实奉命杀外人为词,故有恃无恐。然则董武人,又劫贼,诚不足责,以其为政府所信任,西人所指名,故附记之,俾论世变者,有所观感云。

记者曰:当戊戌之秋,八月间训政令下,而诸公拔茅贞吉,以其属并登于朝,故尝矫首顿足于庙堂之上,曰:"今而后吾辈得政,庶几可致三十年太平!"天下亦翕然称之。呜呼!何其盛也。以数欲举大事而未得当,既不遂阴谋,而排外之议以起。一朝用乱民、率死党,与八强国之兵战于京津间,不幸而京师破、两宫走,宗庙污潴，山陵震惊，百官徒跣，生民涂炭。而此十数公者，倾侧攘扰之间，或杀或囚或死，所存者，盖无几焉。又何劣耶！以其为政权所出入，存亡所关系，故并论之，用垂鉴戒。此外乘时干进，逐膻附焰，以求富贵者，更仆数之，其人尚多，然大抵鹰犬之用，狐鼠之辈，斗筲之才，何足选也，何足选也！摈而不得列于此。

东抚袁慰帅剿匪记

　　拳匪起于山东，而大祸之发乃在直隶。东省得安闲无事，则东抚袁中丞剿匪之功，不可没也。爰辑东抚剿匪记，以资考证。

　　东省义和拳，自直隶故城、清河、威县、曲周等处，流入东昌之冠县，自冠流入东昌之各属，再自东昌、曹州、济宁、兖州、沂州、济南等处潜滋暗长，至己亥夏秋间，其势始炽。然仍出没黄河以西，而以直境为逋逃薮。十有一月，袁中丞世凯到任，即毅然以调和民教、辑办拳匪为务，出示剀切晓谕，先后至十余次之多。匪等抗不遵谕，始派道府大员督同营队往捕，并令各属悬赏购缉。先后拘获匪首王立言等多名，均置之法。不及两月，匪势日衰，地方已一律安靖。当复派员分赴各属，确查被扰村庄户口，不分民教，概予抚恤，是为中丞剿匪之功。论者谓今日维持大局，奠安东境，其设施盖已基于下车之始矣。

　　临清州属之武城县，距直隶故城、清河最近，故拳匪阑入亦最先。有拳匪头目王玉振者，因与清和某村有仇，特借此纠集其党和尚徐福，及朱西公、朱士和、陈光训、邢殿五等，各率党数百人，于庚子二月初九日窜入茌平、博平、司家营一带，扰犯清平县境之许庄，掳人勒赎。清平令梅汝鼎率勇役等追捕，而匪已窜入高唐之袁王庄。十一日旁晚，又窜入夏津之师提庄，肆行抢掠。夏津令屠乃勋亦率队捕之,匪又回窜清平之松林庄,旋又旁窜武城之杨庄。武城令龚敦仁电禀中丞,中丞以境内已平静两月有余,岂可再容外匪窜入,遂迅派武卫右军马前队统带王开福督队剿捕。未及成行,而其哨长阎凤鸣适率数十骑至杨庄一带巡弋,突与匪遇,匪等即列阵以拒。阎以该处村舍太密,非用武之地,佯退以诱之。匪以其却也,从而迫之。阎见相离较近,突然勒骑麾众,返身杀回。枪声陡起,匪不及备,应声而倒者几十数辈。适东字前营管带戴守礼自北来,东字左营官李文成亦由西面来援,前后夹击,又毙悍匪数十名,匪首王玉振、朱士和、陈光训、邢殿五,均在其内。当场生擒匪犯朱西公、范小、陈卷等十一名。范小、陈卷于途因伤身死,朱西公等九人则由龚令禀明袁中丞,发交东昌府洪用舟太守审讯明白,分别正法监禁。是役,阎哨长能以少击众,论者称之。

济属禹城与临邑、陵县、平原、恩县等处毗连,距直隶边境颇近,故拳匪亦不时出没其间。去冬,袁中丞驻重兵于禹城,先后获办首要多名,匪党已渐敛迹。讵意三月十四日,忽有外匪王立东、李传和纠同王文义、张得胜、阎朝义、宋仁义等,各集徒党百余人,窜入临邑之田家口,即经中丞访悉,飞饬各营县,限五日内务必获案,逾限撤参。十六、十七两日,匪等又窜入禹城之王彩武庄,及临邑、陵县交界之百家庄、路家庄,肆行掳抢。禹城令许源清会同济康营哨官马占元、武卫右军马右队官吕长顺,率带马步三十余人,赶往追捕。匪又窜至临邑之庞河,正在劫抢该处村庄,吕即率众向前兜捕,匪亦列队抗拒,并于阵前竖立黄旗一杆,由匪首数名乘马指挥其间。余匪则头裹花布包巾,结发,袒胸,形同痴癫。枪矛兢进,势极凶猛。维时所带勇役等五十余名,众寡悬殊。许令竭力激劝,众遂奋勇向前。马勇谷魁宾、张维,身受重伤,仍不少却。吕哨官等更身先士卒,马步环攻,先击倒匪首王文,贯其胸,又一骑马悍匪王某,亦连马一并击毙。张得胜见势不支,即伏地叩头,口诵真言,状将作法,以伤官军,偶一抬头,竟为流弹所中。马队遂乘势赶上,夺取宋朝义所执大旗,手刃之,宋仁义亦中枪而毙。并生擒李九芝等四匪,余匪四散。当夺获长枪三十余支、刀叉五杆、大旗一面、神像一轴、符咒多件、红布花名册一本,内载有统领前敌、总办粮台,及某哨、某队等名目,僭封伪职,形同叛逆,而当轴犹以义民目之,不亦颠乎!

往年直省拳匪,多起于清河、故城一带,故仅蔓延曹州各属,而不及武定。本年直境遍地皆匪,而以天津所属之沧州、静海、盐山,云为尤甚。武定所属之乐陵、海丰,则与盐山、庆云壤地相接者也。窜扰既易,煽惑自多。袁中丞访悉乐陵境内之范家屯、杨安镇、牛角屯、张义庄、张吉庄、前后董家庄,暨城东之孙家堰庄,均有外来拳匪。派武卫右军马队统带任永清率队往查,任统带遂于五月十六日率带哨长孟效曾,暨先锋右路左营官郝耀宗,会同乐陵令何业健,驰赴牛角屯,拿获私开拳厂之宋清云,又至前董家庄拿获拳匪董关来、边法三等归案讯办。其拳师张成芝,系衡水县人,以知机得脱。任统带旋奉调他往。袁中丞又派马右队统领孟恩远前往防堵。十九日,据报直隶盐山拳匪窜扰三间堂,孟统领当即会同何令驰往堵剿,未到而匪已闻风先逃。是夕,孟统领探悉孙家堰地方有外来拳匪聚集,遂又带队往拘,当场击毙匪首孙洛泉等二十八名,并搜获神牌一纸、铜佛一尊、义和拳点名单、妖符一张、妖诀多件、军械五十余件,始收队回城。所获各犯,内有受伤者七名,一并交县讯明,分别惩办。旋又探闻盐山聚匪多至七八千人,时有将犯三间堂、朱家寨之谣,因复禀由袁中丞添派帮带先锋右路各营张奉先都司、管带先锋后路左营张勋先副将，先后驰往驻扎，以资防堵。武定府属剿匪凡数十次，是役乃其嚆矢也。

拳匪焚毁京津铁路记

山东拳匪，既经中丞严加剿办，势难立足，因群聚于直隶各处，呼朋引类，愈聚愈众，坛场在在皆有，日惟向教民、村庄及教堂等处寻衅为事，杀其人而焚其居，几视为事所应有，无足重轻。时直隶总督裕禄，系深信拳匪为忠义者，因此更觉明目张胆，肆无忌惮，以铁路、电竿等坚指为洋人之物，屡欲焚毁之，至四月二十九日夜，而祸乃作。

先是丰台站长等以是日自保定开来之车至晚未到，疑必有变。正惶急间，忽又接到停售保定车票之电，更为骇异，惟不知究因何故。至初一日晨，始探悉芦沟桥、琉璃河、长辛店等处车路，已被拳民于廿九夜一齐纵火焚烧，电竿半被拔去，各处烟焰迷天，火犹未息。于是西人站长及电报学生等，一律逃避至津，除银钱要物带去外，余皆弃于屋中，反扃其门而去。其时为初一日之九点钟。乡民等见之，深为诧异。即有黠者纠众破门而入，名为查看，其实乘间抢取物件，继即付之一炬。除卖票房、机器房、电报房被焚外，且有龙车一座，盖即戊戌年预备皇上至津阅兵之用者，其价约值六万金。

其马家堡车站火车，本拟于是日午后直放天津，奈丰台等处站长已逃避一空，无从接开，故京津一路，是日仅开早车一次，后即不继。其由津开往北京之火车，是早行至杨村，见有车头挂花车一辆飞驶而来，示以口号，明知有变，亦即停车不行。并闻所有各车站西人及华人之穿戴西式衣帽而不及逃避者，均经被害，洋房被焚，更不必言。致一时人心惶惶，谣言四起，其说无非铺张义和拳之神奇，种种怪诞，不可枚举。直督裕制军闻警后，即檄调武卫前军统领聂功亭军门，拨调部下二营，于是夜特开兵车驶往丰台，同时并调武卫前军二营，由芦台开赴天津，以资防御。

是日惟电气车始终未停，至初二日晨，方开过两次。忽有武卫军多人，拥至售票房、机器房滋扰，声言拿捉洋人，电气车因是亦停。旋为营官查知，立将一兵插以耳箭示众，始略安静。是日武卫军、神机营，均有兵数队驻扎铁路之旁，督办许竹篔尚书亦坐兵车，驶抵马家堡，并带有站长数人到来，谕令开车直抵天津。沿途蔡村、黄村等处，各派兵一队驻扎，以防再有不虞。会办唐观察，亦自津乘坐火车赶至丰台，察验一切，知除保定铁路被拆一百五十里外，余尚完好未损，并捉获抢物者八人，带至马家堡候究。其丰台站长等，因开警先逃，致车站被焚，实属咎有应得，即着天津县先行收禁，候再严办。此五月初二日之详细情形也。

厥后，聂功亭军门以已有保护铁路之责，岂容拳匪擅毁，遂于某日率兵沿路巡缉。行至落垡，见有拳匪多人各执军械阻路，军门谕令速退，不听，乃令各兵冲突而前，以恐吓之，并又谕之曰："铁路乃国家产业，并非洋人之物，何得任意作践！"匪等仍然不听，反破口大骂，谓必得有洋人贿赂，故此仇视华民云云。并将砖石乱掷，复又开放枪弹，竟被击毙军士二名、哨弁一人。军门乃大怒，知非可以理论，立命部下开枪，毙匪十余人。匪等非但不惧，反分四路来攻，致又被毙兵士六七人。军门忿极，乃命开放机器快炮。其后兵士复又被毙数人，于是各兵等忿不可遏，奋力将各匪击散，毙匪甚多。并又追赶入村，将房屋尽行焚烧。是役，计焚村庄四座、毙匪四百八十余人。兵士虽有死者，为数尚微。另有守备一人，因贪功穷追,为匪所戕。自是之后,铁路始安。乃不数日,而即奉申斥之谕,责其不应擅自攻剿,着令退驻芦台,致匪之势因以愈益加盛,而此后亦遂无人攻剿矣。

匪党蔓延京师记

义和拳匪既于四月廿九日将京津铁路各车站焚毁后,气焰愈炽,遂乘势占据涿州,一时黄巾红带者流,城厢内外蜂屯鳞聚,其数几二三万人,声言涿州兵备空虚,洋兵将来,愿为代守。由是城墙上面,万头攒动,刀矛林立,如将有大敌者然。涿州牧知不能敌,遂绝食以待自毙。五月初二日傍晚时,忽有洋装马兵二十骑,自保定来,由南门入,跃马北往。拳匪见而大哗,言有奸细入城,纷纷从城垣而下。呐喊之声,几同雷震,向前追逐约一时许而返。四城及市门,皆为关闭。连日又向附近各处搜查教民,见即杀之。房屋之被焚者,亦难枚举。

事闻,政府诸公议抚议剿,皆不能。朝廷乃命赵中堂舒翘、何府尹乃莹,于翌日驰赴涿州以解散之。刚相以尚书与己志趣不同,恐致决裂,言于朝,愿自请行,准之。乃于翌日驰往,至则尚书、府尹已先至,召匪目入见,谕以朝廷德意,勒令解散归农。而匪目以聂功亭军门曾痛剿其党,衔之刺骨,答言须将军门斥革,始可从命,否则当与一战。尚书以军门办事认真,且其罪尚不至斥革;况宿将无多,正资倚畀,岂能遽行撤退?何亦以其言为然,不从所请。刚既至,力言拳民可恃,聂不可用,反复辩论,坚持己意。其时何已为刚言所惑,亦力反前议,唯唯从命。尚书以刚相势出己上,知与辩无益,乃微笑言:"既二公意议相同,谅非无见。仆不才,愿先回京复命,二公请留办此事如何?"刚领之,尚书乃回京含胡复奏,刚则与匪目密商一切，翌日始还。

十三日，董军入都，先期由其先锋官将数人持令箭入京，于路宣称已命义和拳作为先锋，剿灭洋人，我军为之后应云云，闻者均为骇异。然自是以后，拳匪踪迹，即已遍布都城，较前愈盛矣。此可见拳匪入京，实由刚相之所召也。谓之罪魁，不亦宜哉？

自刚相回都后，未及数日，即有拳民数千人到京，某城门守者坚不肯纳，方争持间，忽有人持辅国公载澜令箭至，令守者入之，守者不敢违，由是风声所播，相继而来者，日以千计。随处设立拳厂、坛场，触目皆是，盖向仅一街一坛，或两三街一坛；既则一街三四坛，或五六坛矣。其设坛者，初惟匪徒为之，既则身家殷实者亦为之矣。上自王公卿相，下至娼优隶卒，几乎无人不团、无地不团，并以"乾""坎"两字为别。"乾"字遍体俱黄，"坎"字则所穿皆红色布，以尖角红旗悬于门，上书"奉旨义和团练"或"义和神拳"字样。其旗之长方者，或书"助清灭洋"，或书"替天行道"。每团多则数百人，少则百余人。其坛主之富厚者，更为其党制备衣履刀矛，装束一如戏中之武生，恒执木根，招摇过市，美其名曰"二郎神棍"。

端邸见拳民日众，遂奏请以庄邸载勋及刚毅统率之，而以英年、载澜为之副，会同办理，自是兵匪合而为一，而抢掠焚杀之事起矣。

兵匪焚掠京师记

拳匪既云集京师，更有董福祥义弟陕人李来中者，从中指挥，由是兵匪遂合而为一，益肆无忌惮，任意焚掠，作为与发匪直无二致。爰辑兵匪焚掠京师记，以为后日之考证焉。

五月十六日，拳匪以外城姚家井一带教民，已先期避入使馆，不得肆其荼毒,遂于是晚将该处所有教民房屋尽付之一炬。其彰仪门外西人跑马厅,亦同于是晚一并焚烧,是为拳匪在京纵火之始。翌日,拳匪即扑交民巷,被西人枪毙八人。至晚,忽四处起火,崇文门内所有教堂皆焚,堂中教士,早经避往使署,故未遭害。惟教民及家属约二三百人,则均被戕杀,情形甚惨。是日又烧灯市口及勾栏胡同等处洋房,火光甚盛,直至天明,犹然烟焰满天,余火未息。

十八日,复焚顺治门外教堂,其大栅栏等处教民所开之店铺数家,亦遭焚毁。叫嚣之声,达旦不绝。

十九日晚,拳匪又进攻奥国使馆。是日拳匪死伤者甚多,自顾逃遁不暇,故未纵火,而喊杀之声,则仍至三鼓后始息。

二十日九下钟时,火光又复大作。烟焰蔽日,作淡黄色。盖大栅栏有老德记药房,为西人所开者,拳匪往焚之矣。已而西南风大作,以致延烧四处。东尽前门大街,西尽煤市街、南河沿,又逾河而至月墙、两荷包巷,正阳门城楼亦被延及。是日共计被焚店铺,不下四千余家,至翌日火尚未息。当火起时,匪禁水会救火。老德记间壁广德楼恐被延及,因特用水拨救,拳匪等遂扬言本烧老德记一家,因广德楼以污水浇救,致干神怒,是以延烧如此之多,并非法术不精也。自珠宝市炉房被焚后,市面大震,四门亦即因之关闭。自此以后,无日不火光烛天,非焚教堂,即焚教民之居室。

二十五日,拳匪协同甘军攻奥国使署。东遍中国银行及银元局火起,火光熊熊,自东而西。盖奥使署与银行之间,尚有铁路学堂一大座也。

以上自十六日起,至二十五日止,皆拳匪纵火焚烧之事。此后则甘军从而抢掠矣。

二十六日九点钟时，各街巷闻枪声忽作，叫嚣哭喊之声，无异雷震，是为官兵劫掠之始。是日，各京官住宅及殷实富户，无不被掠一空。其先至者，蜂拥入室，以刀破箱，出衣物于庭中，佳者取以去。甫去而他兵又至，则取其次者。约七八起，而衣物告罄矣。其银票等物，亦必搜攫净尽。其或闭门不纳者，兵即逾垣而入，放枪无数，以恐吓之，然后饱掠以去。设与争论，即被击毙。如所掠尚不满意，即火其居。一时满街塞巷，无非抢物之兵丁。而儿啼女哭之声，尤使人闻而心碎。街市间尸骸横卧，亦难数计。顾各处虽多被抢，尚不及住居附近东交民巷一带之甚。盖与使馆为邻，故受祸尤惨也。孙尚书家鼐住宅被抢更烈，其公子所存仅一短衫，余物已被括一空。而各兵等犹未满意，因复以枪拟尚书，勒令将黄白物交出，否则将以枪弹相饷，尚书无奈，遂告其所藏之处，始释手而去。是时尚书已神魂失措，恐有再至，即乘明轿往徐颂阁中堂处暂避。所谓明轿者，即入朝所乘之轿也。各兵纷乱间，忽喧传有营官马队至，始各返身而去。盖此时大营始知官兵焚掠，来弹压也。有顷，忽又喧传大营令下，劫物者斩，即有马兵将人首来悬于尚书宅外，大事始定。是日命妇之为兵戕害者，亦有数人，小民更难数计。

二十七日晨，事为荣相所知，大为骇异，急亲赴各处查看，并往尚书处道惊。查点一切，不独家伙什物落焉无存，即墙壁间亦多有损坏之处。是晚，台基厂及交民巷东首火光又起，一路延长如龙。

二十八日，枪声四起，御河桥一带尤甚。盖因翰林院后面为英国使馆，各国洋兵皆聚于此。正攻击间，忽有教民无数从使馆中突出，逢人便杀。各兵放枪逐之，捕获无算，即置于灯市口纵火燃之，尸臭之气，隔数十里犹闻之欲呕。

越数日，翰林院复被焚烧。所有古书典籍，亦皆片片作蝴蝶飞去，诚浩劫也。

王公大臣袒匪记

拳匪之乱，王公大臣除端、刚外，信之者固亦不少，而尤以某相国信之最笃。尝闻其赠大师兄一联云：

> 创千古未有奇闻，非左非邪，攻异端而正人心，忠孝节廉，只此精神未泯；
>
> 为斯世少留佳话，一惊一喜，仗神威以寒夷胆，农工商贾，于今怨愤能消。

袒匪之意，出于至诚，即此数言而已，如见其肺腑，其愚诚不可得而及矣。

当五月初，骆殿撰成骧放贵州主考时，往见礼部尚书启秀。启谓之曰："俟尔回京销差时，北京当无洋人踪迹矣。"盖启真以义和拳为可恃者也。厥后，联军进京后，启竟为日兵所拘，至以绳缚其手，欲求死而不得，卒至明正典刑，夫非自贻伊戚哉！

王培佑以曾奏请发给拳匪口粮，为端、刚所喜，得授顺天府府尹。所属各县令，以迭奉上谕拿办拳匪，乃往见王请示机宜。王谕之曰："近日拿匪明文，并非政府之意，尔等须奉行故事，便系尽职，否则定遭参办。"各县令始恍然而退。

又督办铁路大臣许竹赟侍郎，以各处铁路被焚，奏请拨款修理一折具奏后，端、刚等以多事斥之，旋即奉上谕，着毋庸议。观此，则拳匪等焚毁铁路、电线，又皆端、刚等指使无疑。

何乃莹于五月初在顺天府府尹任，迎合端、刚之意，上折力言拳民宜抚不宜剿。因是端刚深喜之，立擢副都御史。

吴郁生司业蒙放主考，出京后，家中存储古玩金石甚多，一日为义和拳掠去，尽送至端王处，端王留下古玩金石，其余一概散给义和拳。

拳匪侮辱大员记

拳匪之起，本拟毁使馆后，即行非常之事。其语云"一龙二虎三百羊"，龙指皇上，虎指礼、庆二王，三百羊则指京官也。并谓京官可勿杀者，只十八人，余皆不能留。故事急时，太后常令礼、庆住宫中，盖亦有鉴于庆恒之死，恐亦被戕也。

又陈侍郎学芬，于五月二十八日至各部验看月官，同莅事者惟司官丁某一人。月官共十三人，正验看间，拳匪忽然突至，任意啰唣，陈叱之曰："此何地尔，辈敢无状乎！"匪怒以刀砍之，丁惧而遁，拳匪追之出署。时董军在外阻之曰："此人不可杀！"丁始得脱。旋即闻枪声两排，月官死者三人，陈亦死焉。

自各部衙门被焚后，诸京官纷纷出京。黄慎之学士亦将家中器具遍托诸亲友照管，己则出至通州。继恐所托尚不妥，乃复入，遍托之而出。遇匪诘之，黄曰："欲出城视亲友耳。"匪曰："时已晚，岂是探亲友者？必是欲遁耳！"将杀之，为人所阻，请命于朝，命勿杀。拳匪不可，刚、赵等奏谓"不宜惜一人而失众心，宜思善处之道"，乃命拿交刑部收禁。

廷雍、廷杰二人，平日本有意见，各不相下。廷杰奉召入京时，廷雍即欲乘其交印后，嗾拳匪杀之，其幕友等力劝不可，乃以六百金雇拳匪六人，佯为保护者也，随之入京。未几，即借端杀之。

时有姚提督者，以保送入京。十四日在市上游行，因拳匪声言须杀鬼子，姚叱之曰："升平世界，尔辈弗得妄言。汝辈今欲杀鬼子，行看将为鬼子杀也！"匪闻言即哗然曰："二毛子来矣，宜先杀之!"姚力言非是,匪不听,曳之下马。姚仍力辩,匪乃为焚香、焚表,照匪中规例,凡不肯自承二毛子者,即为焚香,取黄纸烧之,如纸灰不升,即目为真二毛子,必杀无赦。时姚友有李某者,乃京营中之武弁,闻信驰至,力为剖辩,乃言待大师兄至再议。良久,大师兄至,瞪视良久曰:"必杀之,无任再辩!"李曰:"顷已允不杀,何背前言?"匪并欲杀李,李急策马驰去,始免。姚身携三百金及金镯马匹等物,咸入匪手。姚亲友等有来抚尸恸哭者,均为匪所杀。拳匪横行如此,真暗无天日哉。

又新简贵州巡抚邓小赤中丞,出都时,遇义和拳叱问何人,从者对曰:"贵州新抚台邓大人也。"匪即饬令下轿,邓不允,即拽之出令跪,不从,则以数人按之跪。又由二师兄为焚香,见香烟直上,即挥之去。又问:"前后车辆,皆汝一起乎?"曰:"然。"曰:"何用如许?且伊等皆何人?"曰:"是吾子及仆人也。"匪曰:"汝子作何事业?"曰:"在京供职。"匪曰:"然则汝何故携去?"曰:"以予癃老欲其侍奉耳。"匪曰:"观汝精神尚健,何用此!"褫其衣挥之去,邓乃仓皇出走。行二十余里,始遇一仆,携有包袱,内惟存麻布袍,不得已,取服之。复行四十里,始遇其至友某,假得三百金,以百五十金雇一车,狼狈而至德州,沿途地方官均不知其为赴任大员。后遇某公,又借得数百金始得南行。至前同行之眷属及家丁等共十二人,则均不知所往矣。

又西摩尔提督将率师入京时,朝议派员阻之。乃命许竹篔侍郎、袁爽秋京卿二君往。途遇匪,询其出京何故,答以奉命往阻洋兵。匪云:"汝二人此去,必引洋兵入京,应就戮!"许、袁怒叱之,即被拥至坛场,谓之曰:"汝二人心不可知,当焚香奉表,以别汝真伪。"既奉表,乃曰:"表已上达,难得赦宥。然汝二人不可往面,即回朝复命,否则杀无赦!"许、袁无奈,只得退回。端邸闻之,以拳匪之忠于国也,传之至邸而嘉奖之。

日使署书记生杉山彬遇害记

甘肃提督董福祥所部甘军,五月初旬本在南苑驻扎。端、刚等以京城空虚,非有劲旅不足以资守御,因特奏请,调之入都。十三日,董军由南苑陆续拔队启程,十五日入永定门,其时各国使署因见事急,已由天津檄调洋兵进京保护。适是日,日使署书记生杉山彬乘车出城迎视,遂与相遇于途。董军见之喝问何人,杉山彬据实以告。各兵哗然曰:"既系书记生,官阶藐小可知,乃敢僭坐红帷拖车乎!"即提其耳下车。杉山彬见势不妙,乃婉言相告曰:"僭越之罪诚不敢辞,愿见大帅以谢。"各兵又大哗曰:"吾大帅乃天上人!岂汝倭子所能见!"杉山彬曰:"然则当请大帅至敝使署,由敝公使谢罪,如何?"言及此,乃营官不待其辞之毕,已抽刀向前,直刺其腹,杉山彬遂死。

事闻,太后召董责之,且欲派员查办。董力辩其无,并谓:"即果有之,斩奴才无妨,如斩甘军一人,定然生变。"后闻奏默然良久,继以事已做拙,虽尽斩之,亦复何益?乃复以却敌大任委之。董至端王府,端抚其背,并伸拇指而赞美之曰:"汝真好汉!各大帅能尽如尔胆量,洋人不足平矣!"董大喜,益自夸不已。

日公使闻而大怒,即电告本国,一面请舆尸入城以殓。初尚不许,继因争之力,乃准之。

由是董军益肆猖獗,更以杀人为儿戏矣。

联兵攻陷大沽炮台记

大沽炮台在白河口之南,北盐田之东。其北岸曰北炮台,南岸曰南炮台,聚于南部者曰新炮台,筑以泥土,围以石墙,坚韧处,虽金城汤池亦莫以过。距京四百八十余里,距天津二百余里,为水道入京之咽喉。内港外港,险阻可守。港外有洲,水极浅,故离台尤远,即潮涨时,水亦不过六七尺。轮船入口颇非易易,兵轮尤不易驶近。洵为天然要隘,所谓一夫当关,万夫莫入者。倘布置得宜,防范有法,虽日以大炮环攻,亦无所惧。而乃转瞬之间,即已失守,则当此任者不得辞其责矣。

先是各国以得其使臣急电,遂纷调其水师舰队,陆续前来,以便相机北上。时在五月中旬,大沽口外已泊有兵舰三十余艘之多。每欲入据炮台,而无其名。遂各互相聚议,于二十日由各统带带同译人往见炮台守将罗军门荣光,令于是晚戌刻将炮台让与各国屯兵,如至十二点钟不让,即当于二点钟时开炮轰击云云。军门答以此事未便作主,须禀由北洋大臣,再为奉复。各统带乃仍退回,旋于傍晚六点钟时传令,凡在大沽之各西人,限一点钟内均赴停泊于铁路码头旁之美兵舰名"莫诺开赛"者船上躲避,以免为炮火所伤。各兵舰亦各整备一切,以俟届时开战。时美兵舰统带某君,以一经启衅,天津租界必有不堪设想之处,雅不愿与闻其事,只以各统带意见相同,碍难拦阻,遂于先期开出口外,以观动静。

届时,炮声忽起,无异霹雳震空,满江烟雾迷漫,对面几不相见,故两面谁先开炮,均无从察其实在。惟觉满江炮弹飞舞,半空隆隆之声,与波之滚滚者相鼓荡而已。英国兵舰名"奥尔求林"者所泊处,适当炮台之冲,有一炮几被击中,以在夜间,炮台上未能瞄准准头开放,故得幸免。其鱼雷船"威鼎"则所中之弹子堕于锅炉之内,故亦未曾炸发。惟德兵舰"意尔的斯",则受伤稍重,统带官亦几不保。幸闪避捷速,始获无恙。彼此相持之际,各兵继以由下仰击，颇形费力。拟派某国兵由间道抄入台后，以为前后夹击之计。乃天将明时，而炮台旁之火药库竟为炮弹所中，致忽炸发，一时间烈焰飞空，浓烟匝地，兵丁之死者至不可以数计，而炮台遂以不守。其极北第一座炮台，为日兵最先占据，方悬挂国旗间，北边外面之炮台亦为英军所得，各兵舰即乘势驶至港口。未几，德、俄两国旗号又高悬于南面炮台，此二十一日晨六点钟之情形也。

至天明后，中国海容兵舰及鱼雷船四艘，亦俱为英船所获，盖即未开战时泊于口内者，以未知开战，故均未预备，致被唾手而得。亦以英旗悬上，系之于"威鼎"及"斐蒙"两船之尾。时台上逃遁兵丁及华人等，或被枪炮击堕于河，或自投入水者，随水飘流，几于触目皆是，事后闻为美兵船所救，得以不死者甚多。至十点左右，各兵舰统带见事已大定，遂即派弁登岸查看。所有各炮台业已半成焦土，无头折足之尸更难偻计，所谓积尸如山、流血成渠者，实有此种景象也。各弁乃命兵丁等将尸舁诸一处，以火焚之。其附近炮台各处，所有中国房屋为炮火所伤者，亦不知凡几。大沽本有中国船坞，其中更有一捉鱼雷船，至是亦均悬以俄旗，为俄人所有矣。

是役，华兵伤亡者为数甚众，洋兵则仅英兵舰"奥尔求林"死伤武弁各一，兵士死者三人，又"芝腊克"兵舰亦一武弁受伤，复因船中火药房爆烈，焚毙七十人。德国"意尔的斯"统带官受伤甚重，亦因船上汽锅爆烈，致毙数人。俄兵舰"仆勃尔"则一无伤损，惟"高丽支"兵舰则武弁二人受伤，兵士死八人，伤十二人。法兵舰名雷安者，死伤武弁各一，因是战后各兵舰上，均下半旗，以志哀悼。

此为中外开战之始，故求其详情以记之，俾后人有所考证焉。

德公使克林德被戕记

德使臣克林德之被戕也，为五月二十三日。

先是总理衙门饬人赍照会至各使馆，略谓津京业经宣战，大沽炮台已为各国水师所夺，现因中外战衅已开，各使臣例应下旗归国，限于二十四点钟内一律离京云云。各使以驻津各领事无此宣战之权，何得忽有此举？深为疑异，特联名缮就公函，送呈总署，请见王大臣面议此事。王大臣辞之。各公使无奈，乃复请展限于四十八点钟内启程，一面整束行装，作出京计。

乃德使素性急躁，定欲一见王大臣以辨是非，遂于是日带同翻译官某君乘轿前往，复恐途中或有不虞，特置手枪于轿内以图自保。讵行至东单牌楼时，不知如何，误将枪上机括触动，致忽匋訇作声。该处为比国使署，署中守兵闻有枪声，疑官兵来攻，即蜂拥赶出，开门放枪。时适有官兵在彼，亦疑其击己也，顿即还枪轰击。枪弹横飞之际，轿中人已中其一，盖即德使克林德也。其翻译官某见之，恐甚，急即舍轿而奔，入附近某教堂暂避。所有随带护兵，因见华兵及旁观者愈聚愈多，遂亦不敢前进，退回使馆，告之各随员，分告各国使署。此为决裂之始。

各使臣得信后，疑朝廷有意遣兵戕害，故亦决计预备守御，不愿出京，以免亦遭锋镝。时京中上自官吏，下至黎庶，已半成义和拳匪世界。端王、刚毅、董福祥等，以衅端已启，况大沽炮台被夺，战祸料难幸免，与其束手坐待，何如拘各使臣以为质？纵或洋兵北犯，尚可有恃无恐。因是遂有攻围使馆之事。

而或者谓华官预伏兵于路，俟德使至而杀之，此则猜度之词，未足为信，且亦必无之理也。

津城失陷记

北直自入庚子以来，即大旱数月，禁屠求雨，绝无灵效。津郡城厢内外，火灾又层见叠出，甚至一日夜间铺户被毁者几难枚举。且火皆起于大街，如估衣街、锅店街、单子街、河北大街，此数处为津地最繁盛之区，富商大贾，百货云集，店铺如林，皆付之一炬。计所失不下千有余万金。然火、旱二灾所损伤者，不过银钱，与民命无与；及端节后，拳匪滋事，与洋教为难，则刀兵起矣。

先是春二月间，天津初闻北直保定、遵化州、绵州一带，有神师降世，专收幼孩为徒，教以咒语，云能请先朝名将护身，教以练拳练刀，功候满足，即能枪炮不入，刀箭不伤。未几，即日盛一日，强年壮丁亦相率从之，乡野村庄，十有九信，始取名曰义和拳。嗣后从者益众，北三省几于遍地皆是，官府既不严禁，因是练者愈众，复更名曰义和团，以已成未成分为上下两等：上等胸系八卦兜肚，腰围黄布，腿扎黄带；下等则腰围红布，腰扎红带，日夜操练刀矛拳法。其时虽有举国若狂之势，然尚未闻其滋事也。

至三月间，谣传遵化州有焚毁教堂之说。四月间，保定府则竟实有其事矣。该处教堂，无论天主、耶稣，悉付一炬。复与教民为难，见即杀之。初犹未及南人也，继以南人受役于洋人者多，亦恨之刺骨。并以电报局、铁路、车站等处，与洋人声气相通，故亦欲害之。呼南人曰二毛子，其他三毛、四毛等，则以其人所业者为等差，得脱者寥寥无几。保定一带洋教人等既尽，拳匪见无可深闹，随大烧铁路车站，自琉璃河、长辛店、丰台、落垡，而至津。是时正值端节，既至津后，势焰虽已凶横，然尚犹未敢公然滋事也。

至五月中旬，北京铁路又被拳匪焚烧。洋人即发兵至京以保护使署。大沽口外,各国兵船亦陆续而来,并调兵三千余名至津,以为防守租界之计。时华兵亦陆续告至,初犹不计其有他也。惟洋人恐拳匪乘间混入租界纵火,故防范加严,每夜十点钟后,行人必有照会方可来往,余皆与平时无异。内中间有胆小之人,恐有不虞,早为避地南下计者,十分中约居二,余皆以拳匪为乌合之众,必无能为。岂料兵团联合,弄假成真,竟一发而不可收拾哉!

十八日晚十点钟,津城中忽然红光满天,则拳匪焚毁教堂也。津城教堂共有三处,传教神甫已先期出城,堂则请天津县发封看守,此夜竟付之一炬。自教堂被焚后,风声大紧。津城内外拳匪满街,公然来往,毫无忌惮。官兵遇之,反避道而行。绅商等欲请其保护,多以粮食等馈之。拳匪等复谣传十九夜将纵火以焚租界,作法而毁洋楼。于是租界洋人更严为之备。至夜二点钟,拳匪果在陈家沟子、朱傅庄一带放火。人声嘈杂,火光连天,意图混入租界。洋兵见相离不远,即开炮以威吓之,虽毙拳匪百余名,而居民之惨遭殃及者竟至难以数计,直至天明始定。二十日下午,传闻塘沽开战,官兵与义和拳连合专打洋人,人均不信其说,而不知竟有其事也。是日风声更紧,界内居民不准出界,其在界外者不准入界,因是道乏行人,市皆闭肆。

二十一日下午,炮声忽起,排枪声如贯珠,炮弹均向租界而落,盖官兵开炮也。居民等有与洋行相识者,即挈家迁于洋行,入地窖内躲避。是晚枪炮声愈紧,火光又冲天而起,则为洋兵焚烧先农坛以及芦保铁路公司,直至租界牌坊而止。及将天明时,炮声又连次大震,洋房民房之被毁者不一而足。居民皆扶老携幼,号泣而奔。男女满街,甚有身无衣服,足无鞋袜,争相逃窜者。其时炮弹飞舞半空,枪子急如骤雨,间或堕地,炸中之者又非死即伤。致沿途哭声震耳，惨状诚有难以言语形容者。至半途复遇洋兵阻止，索取照会，苟无以应，即指为奸细，立时枪毙，惟教中人则可免。因是人民横遭轰毙者，又不知凡几。其洋楼中之素称坚固者，虽可受炮，然窗上玻璃，屋顶砖瓦，已无不随炮声而飞。至二十五日黎明时，枪炮之声始缓，盖官兵向西而退也。惟自二十一日起，至二十五日天晓止，此五日五夜中枪炮声无一刻断绝。洋房洋楼之轰毁者计有数处。只以大炮仅能远攻，不能近击，故炮弹均从头上飞过，虽有一二炸弹落下，已散碎无力，不致多伤人命。其海大道一带，华人被炮轰毙，至不可以屈指计，惨哉！

二十六日，枪炮虽缓，然尚时有所闻。二十七日，枪炮更稀，下午四点钟，洋人救兵又到，官兵乃均向北退走。至晚而炮声乃绝。当二十四日，租界中有一西国武员，不知若何，为华人以手枪击毙。因之自此以后，租界内不准华人往来，见则立行枪毙。华人有不知此禁令者，轰毙约数十余名。至二十六日，洋兵欲搜拿藏匿于各洋行之华人，以置之死地，其故盖因西国武员被华人击死所致。后经各洋东竭力保卫，始免于难。而前五昼夜内官兵及义和拳为洋兵击毙者，竟有数千名之多。

当接战时，洋人群谓华兵虽众，要皆不足为虑，所可畏者，聂军门之所部耳。盖聂军有进无退，每为各军之先，虽受枪炮，前者毙而后又进，其猛勇处诚有非他军所可比拟者。故自聂军门阵亡后，而洋兵声势更为之一振。

至二十八日下午，炮声又起，盖洋兵追击官兵也。二十九日，洋兵以大炮轰中国水师营，华兵并未还炮。至三十日，洋兵复欲向津城开炮，并欲派兵夺据城垣，嗣因探知城内官兵尚多，一时亦未敢进攻。至六月初一日，洋兵破海光寺机器厂，即入据之。

天津又有东局子者,亦系机器厂,向造火药、炮弹、枪子。初二日,洋人欲破之而无策。因局中亦有兵千余名防守,若轰以炮,则局中所存炸弹甚多,一时炸发,恐并租界亦齑粉;若派兵往夺,则局中有炮可放,伤人必多。会议许久,卒无善策。然洋人咸谓不得东局,租界不能安枕,乃议派兵前往,远远以排枪击之。不意东局并不开炮,亦仅以枪对敌。战二日夜,华兵败走,且死伤甚多,东局遂为洋兵所得。捷音至租界,洋人均欢跃相贺。

初三日,洋人以传闻北京钦使已被害,又欲搜杀华人,幸各西商以未得确信为言,始得免。至初五日早,枪炮声又复大作,华兵以枪击租界而洋兵则以炮轰津城。至晚间而炮始绝声。然排枪之声,则仍永夜不绝。初六日,枪声亦时作,至下午三点钟,官兵复攻租界,枪炮之声又起,至晚方息。两军互有损伤。初七日五点钟时,即闻炮声,午后继以排枪声,两军双复大战,三点钟时天忽大雨,彼此仍冒雨战,各不休息,直至半夜一点钟始止。是役,洋楼之毁者甚多。

初八日上午,又各出队混战。下午始止。初九日,洋兵以水师营有德国所造之大炮,其利无比,欲得之以为己用,特派兵往夺,是日因复大战。初十日午后,彼此仍开放大炮,遥为轰击。至十一日而又肉搏相攻矣。是日,日本兵并派大队往攻津城,为华兵击败而回,伤亡颇众。

十二日,洋兵以炮击天津城,放至百余炮。洋人登瞭高台,以千里镜向城中窥视,但见烟尘大起,火光连天。是日并有英国新运到之大炮八尊,据称此炮一开,一弹能毁三里,村庄、城厢遇此无有不化为平地者。计算天津阛阓,若连开五十炮,即可片瓦不留。英兵本欲大加施放,当为德、俄二国劝阻,故仅放数门,即行停止。其所以劝阻之故,并非有爱于华人也,缘二国之人在津为商者多,倘天津伤损过甚,一则所有账目悉归乌有,二则元气一伤,将来贸易必有大碍,故力阻之。是日,租界中又击毙无照华人八九名。

十三日,中国水师营以大炮向租界开放,异常猛烈,洋人以另有机谋,并不还炮。至晚,官兵在后,义和团在前,合攻租界,洋人以排枪御之,天明而止。计毙义和拳二千余名,官兵则伤者无几。事缘官兵以若辈妄言惑众,先云能避枪炮,而仍遇枪即毙;自开战后,官兵伤亡不少,而若辈反避入村庄,不敢出战,因此恨之刺骨,分往村庄搜捕,责令充当先锋为前敌,否则杀无赦;若辈无奈,只得拼命上前,遇洋兵开枪轰击,即跪地乞天护佑,前者已死,后者畏惧欲逃,官兵见而大怒,遂亦以枪从事。故是夕义和拳死有如许之多,并非皆死于洋兵也。

十四日,各国领事函致裕制台云:"如再以大炮向租界开放,必亦当以大炮轰击津城。"裕制台复信,词语甚为决裂。是日下午,又有新从英国运到之大炮二尊,其名曰列低炮,盖即绿气炮也,又曰毒气炮,其烈无比,开放时,在一百码地内之人,一闻其气,无不立毙,为万国公法所不许,往年弭兵会亦曾首议及此,平时不得轻用,故此炮自制就以来,只非洲曾用过一次。洋人接裕制台信后,当晚即派日、德、俄三国之兵共八千名,分两路攻击津城。日兵以轻进故,遇地雷猝发,伤毙六七百人。次日,即十五日,洋兵乃放列低炮,并以各种大炮佐之,约及四五百门。裕制台以守城华兵力不能支,只得率众向北退去。日本兵遂据有津城西门。随后水师营亦因迭中炮弹,难以支持,亦即拔队而退。德俄两国之兵遂进东门。

至十六日,津郡城厢内外,已无华兵踪迹。城内惟死人满地,房屋无存。且因洋兵开放列低炮之故,各尸倒地者身无伤痕居多。盖因列低炮系毒药搀配而成,炮弹落地,即有绿气冒出,钻入鼻窍内者,即不自知其殒命。甚至城破三点钟后,洋兵犹见有华兵若干,擎枪倚墙,怒目而立,一若将欲开放者,然及逼近视之,始知已中炮气而毙,只以其身倚戢在墙,故未仆地,列低炮之惨毒,有如此者。

攻城各兵,以日兵最为勇敢,故伤亡亦众。盖因日兵初至时,某国官兵,以其形类侏儒,且无纠纠气,颇忽视之;日兵因欲一雪其耻,以傲各国,然亦赖有列低炮之助,故得专美于前也。

城中自东门直至鼓楼,片瓦未动;南北两门亦所伤无几;惟西门则死尸山积,房屋则十存一二。盖洋兵从西门而入,故受伤独甚也。城外大街,虽未十分毁坏,然已十去其四。居民及铺户门首,如书有"大日本顺民"字样者,即由日兵出为保护。

十七日,洋兵在津城内外抢掠各大户以及当典之类,各官署所积现银亦均为洋兵所得。十八日,洋兵出示安民,城中始稍安静。

城外自马家口至法租界,周围里许,从前皆华屋高堂,法界中尤觉林立,今则无一存者。从法界至津城,先时亦均有铺户居民,自经战事后,只见碎砖破瓦,狼藉满地而已。至闸口二里有余,亦求一屋而不可得也。幸闸口以上海关道、东新街、宫南、宫北,至锅店街口,均皆无恙。从锅店街末,估衣街口起,直至针市街口,亦被烧罄尽。估衣街一条,内中均系殷实店铺,如物华楼、播威洋行、瑞林祥、隆聚、恒利、鸿兴楼、庆祥元、义成文、成文义、成合义等,均系著名大肆,其资本多则三四百万,少则数十万,或十余万不等,均被焚烧净尽。盖以锦绣繁华之地,一旦而变瓦砾纵横之场,有心人言念及此,能无痛恨于谋国者之不臧哉!

直隶提督聂军门死事记

自团匪作乱,始发涞水,副将杨福同以总督调赴弹压被戕,朝廷归咎官军,不肯议恤,天下怪之。然是时匪乱方炽,猝无以防制之,则近畿一带立被糜烂。而任直隶提督者,适为聂公士成,统全军方驻芦台。总督裕禄立檄调数营至涿州,复分派多营防守京津一路。五月初八日,匪焚黄村铁路,聂军力救之,匪遽仰击伤数十人,军中大愤。其后聂军在沿途剿匪多次,落垡一役,其击杀尤多。匪大憾,因嘱其党诉于朝。

是时朝廷匪党已成立,即捏词入告。降旨痛斥直隶派出各军骚扰各情,复以聂多年宿将,所统皆久练节制之师,过触其怒,则其仇团民愈深,恐更因此而龃龉,谋所以和解之,乃使总统武卫全军满洲某巨公致书于聂,略谓:"公军装式颇类西人,易启团民疑,故至寻衅。团民志在报国,具有忠义之忱,似不宜肆行剿戮,惟公慎之!"聂得书,复云:"团匪病国害民,必误大局,且士成本任直隶提督,境内有匪,理宜肃清。事定之后,虽受大创,靡所逃死!"此皆为五月十二三以前事也。

自是聂军大队专守杨村,遏匪南侵。至十四日,英提督西摩尔统各国兵入京,过杨村。聂欲阻之,电告裕禄,裕不可,聂大发愤,谓所属曰:"身既为直隶提督,直隶有匪即不能剿,直隶有敌又不能阻,安用此一军为耶!"欲拔队竟归芦台而不果,卒在此一路往来牵制西兵,使不得骤入。西人以兵少,又颇惮聂军大营在后,乃径议折回。而朝廷以为团匪大功,奖励之,赏赐巨万,而聂军毫无所得。

至二十日后,得大沽炮台被夺之信,朝旨始决意失和。聂即奉命攻击天津租界,围攻甚力,恶战者十数次,相持八日,炮声不绝。西人谓自与中国交战以来,从未遇此勇悍之兵。故自大沽失守以后,津京旦夕可危,有能首敌西兵以御急难,使津郡在外人屈指间得延一月而京师得获暂安者,则聂军之为也。至二十八日,各国兵大队赴援至津。聂以久战之兵,又无继援,势始不支,然犹退守津城附近,力遏西兵。是时苟无内讧,专御外侮,则聂之身未必亡,聂之军未必覆,而津城未始不可暂支以待转机。乃未几而有聂家为团匪所劫,而练军助匪枪击聂军之事。

方五月下旬,聂军之急攻租界也。团匪始犹出阵,继以数受创,乃不敢往,常作壁上观,反四处焚掠。所当敌者,惟官兵而已。聂颇愤,以为倡灭洋以酿祸开衅者,团匪也,乃临事见不妙而以大敌诿官军;官军再四血战,断头颅、折肢体者至十之二三,而彼犹内窃忠义之名以误朝廷,外肆盗贼之行以害闾里,不重惩之,无以慰军人、谢百姓。一日者方恶战,甫归营,遽下令曰:"今日尽力攻团匪!"于是派军四出,所击杀者千余人。匪愈恨,遂乘其与洋兵苦战时,以多人拥向其家而去。是时西师方大队援津,聂军退守甫定,闻信,急引兵追之。所谓练军者,故多直人,与匪通,见聂军追匪,急欲救之,遽哗曰:"聂军反矣!"共开枪横击之。聂出不备。遂败。

斯时聂内外被敌,进退失据,又自愤身为提督,拥兵十余载,被数十创而内不见谅于朝,外复见侮于匪,则大愤慨。又以近日贼臣匪党,欲排异己,动以其通外为词,遂欲亡身殉国,以杜谗口。适六月初四,马军至津,聂仍收集数营,日夜助战,每身轻前敌,欲以求死。至十三日,在八里台。果以身中数炮,腹裂肠出而死。其死状最惨,天下闻而悲之。自聂死后,凡五日,而津城陷。

英使署御敌记

是记,当北京使馆被围时,为英人某所撰,于当时情景随笔记载,似非浮光掠影者可比。爰为照译如下:

五月二十四号,即华历四月二十六日。是日为英君主寿诞,窦公使特备盛筵款待。在京英国居民,到者共六十人。宴毕,即在击球场设跳舞会,大众尽欢而散。各西人以北戴河气候已甚宜人,整束行装,拟于日内前往休息者甚多。而义和拳谣言日甚,但以为时已久,均不在意。

二十七号。长辛店为拳匪所攻。西人之在该车站办事者,逃往丰台,并帮同该处西人设防以待救。京中某西客栈主人,偕其妻会同多人前往该处,将各西人救护入京。丰台随为拳匪所焚。

二十九号。闻丰台铁路亦为拳匪所据。各使臣均已致电天津,请兵入卫,为总署所搁,迟两日始发。

三十一号。卫兵于是晚抵京。共计到英水师兵八十人,俄法水师兵各七十五人,美水师兵五十人,意兵三十人,日水师兵三十人。到时,所过街市,观者为满。昏夜间,华人不能知其实数,遂以为西兵大至。

六月三号。本日午车又运来德水师兵五十名。奥水师兵三十五人。

四号。早车已由津到京。自此以后,铁路遂在拳匪之手。安定车站亦毁,惟通州电线尚属完全。

五号。自今日始,海关邮政每日遣人至津转递信件。

六号。各使臣于本晨往总署请将京津铁路修理,庆王答此线将于下礼拜六即九号可复通。

七号。本日聂军与拳匪在杨村一战,拳匪死者甚多。

八号。闻华政府已令聂军退去,不使干预拳匪之事。董军入南城者日多一日,该军器械极精,而军法不严。吾等惧董军有过于拳匪十倍,盖拳匪仅有一刀而已。

九号。各公使往总署问前言铁路今日可通,何以仍不开行,总署答谓因意外事多,以致不能践言。是日,通州教士至京。该教士在该处起行后,房屋即均被拳匪焚烧。通州电线已断,天津电报亦停,所可通者,惟俄国北线耳。

十号。电报局知会云:张家口电线已断。闻救兵三千人,归西摩尔提督统带,已由天津前来。

十一号。闻英使馆别墅在西山者被焚。日本书记生杉山彬出视救兵,其车过某门时,为拳匪拖出戕毙。

十二号。各公使往总署,欲言昨日书记生被戕之事,各堂官均不在署。署中只有章京数人。闻庆王已出总署,政归端王管理。卫兵未至之前,西人未经尽遭屠杀者,皆庆王之力也。

十三号。本晨有拳匪二人,服饰仿佛,在使馆前乘车而过,有西人数人追之,即弃车而遁。获者一人,先送至德使署后,即送至总署。是日有拳匪多人,在使馆街东西冲入,意大利兵出御,连发数枪,拳匪遁去。死者三人。各使始大惊,令各卫兵分地而守,夜间各处火光融融,起于东而止于北。是夜各处教堂被焚者甚多。

十四号。使馆邻近各街景象与前大异;华人无一出入者,卫兵值更者随处皆有,即使馆仆人亦须携有执照方准出入。昨逃去仆人多名,今日复回,据云,使馆中较他处为安稳也。下午,城墙上值更德兵报称,拳匪在南城往来甚众,旁观者皆有歆羡之意。德公使乃使水师兵前往,在城墙上发枪击毙数人,以破华人不畏枪炮之说。夜间城外叫嚣之声不绝。

十五号。救兵营一带,已有华兵据守。据云乃庆亲王督带之兵,该兵与西兵尚称辑睦,并无仇视之意。

十六号。英日二国人于本晨往某处小庙获拳匪五十人。午前十点钟,外城某药房发火。风甚烈,前门一带铺户焚毁者甚多。至夜更烈,计二十点钟始息。

十七号。日间尚平静。入夜,值更者误报敌人至,美兵乃突发数枪。

十八号。城西及城外各处常有火起。新派总署堂官,仍至各使署拜谒。

十九号。有华人来言,大沽炮台已为法人所据。而总署亦致哀的美敦书,言因大沽炮台被夺,中国已与各国宣战,限二十四点钟内各洋人一律出京。各公使仍在西班牙使馆会议此事。

二十号。本晨,德使偕其翻译官柯德,随带水师兵数名,前往总署。至中国界,有华兵数人前来导引,德使许之。乃将其水师兵遣回。有顷,德使御人忽赶回,报称德使被戕。水师兵乃立时复往至中国界,则已不能复进矣。有美国教会在哈达门者,亦遣人报称德翻译官受伤甚重,已逃出中国界,现有医士伺候,随即送回德使署,旋复迁至英署。自此以后,遂无人作出京想者。各使署物件,亦悉行迁入英署。下午四点钟,华兵竟向使署开炮。又同时,四面火起,至夜十点钟,华兵始退。

二十一号。昧爽,华兵复来。各卫兵已奉令退守英署。后知退守失计,复欲再占前地,而比署及奥署之一隅已为华人所焚矣。

二十二号。荷国公使馆及华俄道胜银行,悉已焚毁。华兵来攻,至夜间十一点钟始止。

二十三号。奥署悉已焚毁。意大利使署亦经华人迫攻甚急。停战时,人皆搬运各物以为防御之用,其应办之事亦均派人分头办理。夜间,华兵始退。

二十四号。熟睡中为大炮惊醒。华兵以十五磅大炮安放前门,向英署轰击。头一炮,中英国头等参赞住房屋顶,幸在高处发炮,不致伤人。使署后面城墙分界处,为华人设兵驻守。旋由德水师兵十人赶即登城,将所有华兵驱逐净尽。美人已取回其使馆后余地,即在该处设兵防守。英馆西北两大火不已。翰林院已为拳匪所焚,盖冀其延及英署也。俄顷,南首马号门亦火。华人在外取各种引火之物堆入,立时火势即大盛。西兵恐华兵因此冲入,乃纠集多兵,出界御之。火在前而西兵在其后,在场华人谅无一人能脱者。西兵亦伤数人。本日接战最厉,相攻无已,时至翌晨尚未停止。

二十五号。华人欲西人弃使署而走,乃在四面纵火。各处因保守严密,尚属完全,独东面海关及意大利使署,一概被焚。大炮自前门及内城墙来者,终日不休,其逾各使馆而中于城墙者,难以数计。

二十六号。英署四面华式房屋悉已焚毁无遗,已可无虞延及。惟枪炮声尚是不已,各使署面面以次受攻。

二十七号。夜间炮火忽停,有木牌挂于内城城墙上,载华文云:"各公使将归保护。"此后约两点钟时,极其平静。须臾间炮火又作,彻夜不休。

二十八号。华兵在近墙处某庙设防,英美合兵攻之。管理粮食不足,宰小马二头以食兵卒,尚有绵羊数头,则留以供伤者及妇稚之用。

二十九号。本晨,日兵所守地步受攻。下午五点钟,有炮声甚烈,由英使馆马号之东前来。最后有一炮,穿过马房,毙马数头。夜间大炮始息,惟枪声尚不止。

三十号。晨,越利兵官率兵多名,往夺昨日华人所放之炮,乃已为华人先知,早将该炮移往他处,只得仍然退回。华兵炮无虚发,虽未受大害,然各处房屋及所设防堵被毁者甚多。

七月一号。华兵以大炮攻取某处,其势甚凶。下午,西兵冲突而出,不幸失路,为敌人所阻,受伤者甚多。美兵所守地步,亦被敌人急攻,越利兵官亦受伤。薄暮,黑云密布,旋即大雨,炮声与雷声相杂,卫兵军衣均经湿透。是夜情景可畏已极。天明时,炮火始渐减。

二号。晨,各人相顾均有忧色,人人均与水鸭无异,倦苦自不堪言。未几,内城大炮复来。英公使住屋受伤最甚。夜间见行军电光照耀城楼,有言系英兵船透力勃尔之电光,经西摩尔提督带来者,然亦将信将疑之说也。

三号。迈尔兵官率英、美、俄等水师兵多人,往夺前次所失防堵,虽经得手,而是役迈尔兵官伤腿,美兵之善发枪者阵亡,余亦伤有数名。

四号。炮火以是日为最烈,美兵受创尤甚。

五号。华人安放大炮于内城,只以不善瞄取准头,故所放之炮三四十子,逾使署而中于城墙者,转有二十五六子。

六号。华人专意夜战,故日间较静。

七号。昨夜敌人复来攻,今日虽无枪声,而大炮仍轰放不已。

八号。下午,日本陆军随员某,督率日兵多名冲出,欲图夺炮,只取回防堵一座,即前数日为敌人所夺去者。

九号。敌人攻昨日取回之防堵甚急,复在该处纵火,邻近房屋被焚者颇多。夜间于使馆街某铺中寻出旧式炮一尊,即经送入英署,适有俄炮,炮子大小恰与相合,其炮膛则尚留津,未携入京,因即安放停妥,俟翌日开用。

十号。近半月内,曾遣信差多人前往天津,绝无消息。惟前遣往城外侦探之人归来,俱称内城北面一带一切如常,拳匪在街市往来者甚众。皇太后、皇上尚在宫中。

十一号。昨夜敌人复来,其意盖在使西人终夜不睡也。

十二号。华兵已洞穿法署外墙,下午有二三十人由毁坏处冲入后面隙地。当经悉行击毙,有一人伤腿,不能行,大呼不已。

十三号。在法署受伤之人尚未死,日间不时叫嚣。洋客栈界于法、日二使署之间者,受炮最多,至今日止,计受一百四十七颗。

十四号。法署擒获华人四名,前之受伤者业已气绝。下午,地雷炸发两次;头次被泥土掩埋多人,奥国代理公使鲁斯脱赫翰者被埋及肩;第二次适将头次所埋者翻出,竟得不死,只有法国水师兵两名埋入土中而毙,其尸无从寻获。

十五号。七日前所遣信差,在外城被华人所获,于今日释归,带有庆王信函,大概云西人如能停战,中国亦即照办,并请于翌日答复。英署翻译学生名华伦者,新从英来,今日中飞炮死。

十六号。晨,斯托罗治兵官及太晤士报馆访事人玛利森,又日本随员某,三人在空洞处结伴而行,敌人向之连发数枪。斯君小腹受伤,玛利森伤腿,日本陆军随员幸免。逾两点钟,斯君因伤重而死,即于晚间与华伦同葬一处。华人又向送葬人连发四炮,诚足令人骇异。大约教民中必有与敌人通信者。夜间枪炮一律绝声。

十七号。覆总署信业经送去,已许停战。华兵有以鸡蛋来兜售者。其价甚昂。十八号。自六月二十号起至本日,始获外间消息。日人所遣于六月三十号入津之信差已回,报称救兵已于本月二十号由津启程前来。

十九号。日间复有枪声数响。

二十号。本日下午,有总署章京某悬白旗来见,未经延入,由各公使出外与谈。其语不可知,只闻该章京已许与议在使署邻近设肆事。

二十一号。华兵复有以鸡蛋来售者。城外购得上月京报一份,闻外间拳匪盛极,几于无处无之。华兵拳匪死者近三四千人。北堂教士教民等虽惊惧不已,尚坚守未降。

二十二号。本日尚有枪声。下午,有人送西瓜百枚及王瓜等物前来,据云系皇太后所馈。

二十三号。管理兵粮者提留十四日粮食外,余均散给大众分食。

二十四号。管粮食者发出罐头小豆以供众食。马骡等肉,固非难食之物,因日日食之,转觉生厌,虽煮法时有变换,终嫌不足适口。即大米一物已属有三四年之久,糠枇甚多,而又不洁,更觉难以下咽。

二十五号。有瑞典国教士某,于前数日发狂,曾经看管,今晨忽逸出,不知所往。该教士常言华兵待吾当较英人为愈,因共知其往投华兵矣。

二十六号。虽无大炮而枪声则日盛一日。夜深时,闻向北堂处有大炮声。彼处所有之兵,只法水师兵四十名,意大利水师兵十名,以之保卫二千教民,自是不足也。

二十七号。又有送西瓜来者,亦云皇太后所馈。所遣信差,归者一人。该差于前八日遣往天津,出署后,即为荣相兵所获,监禁一礼拜之久,于本日释归,并带回致英公使信一函。该差称有西人一名,垢腻不履,为华人送往总署,拳匪欲得之,刻仍在总署归人看管。该差又云,拳匪与官兵刻已联合,官兵以拳匪大言而无勇,甚轻之。又云,皇太后、皇上尚在京。

二十八号。有华人一名,于本月五号伪扮乞丐出京,于二十一号至津,将所带信交呈英领事后,即于二十二号启程而回,于本日到京。据言,紫竹林外并无西兵。带来之信,乃驻津英领事所覆,内云联军不日赴京,格斯利统领本月二十二号可以抵津,刻下俄兵已散布满各处;又言天津所有妇孺,悉已他往。

二十九号。本晨,华兵为使馆细作者来言,西兵已据安平,俄兵亦由张家口南下。瑞典教士业经送回,衣履全无,浑身垢腻不堪,而又苦饥。自言:"华人以各使署情形究诘之,吾以华盛顿生平不作诳语,悉以实在告之。"闻者大怒,欲致之死,刻下仍有人看管。闻皇太后已离京。自今日起,每人每日限马肉一镑。

三十号。细作来报,西兵据马东。三十一号。细作告日本人云,张家湾亦为西兵所据。前数日华兵常以鸡蛋来售,今晨又来,在防堵前被杀,英水师兵见之,即向凶手开枪,未中。

八月一号。细作来报,联军退回马东。本晨,接驻津日领事七月二十六号来信,言救兵当于本月三十一号拔队起行。因此知该细作之言,俱不可信,虽然,每日以三十五金雇之,并不可惜,盖妇女等闻其言,殊足解忧也。闻今晚赫总税务司由总署得一电,内问华人所传保护使馆,接济粮食之事,是否可信。

三号。总署又请各公使赴津,并言由荣相亲自保护前往。各公使未与确实回信。总署不得已,乃许为代传暗电至欧美各国。

四号。昨夜有俄兵二人受伤。前华兵报信之处,悉经敌人堵截,此后无人可来接济粮食矣。下午,日本兵以洋两元购得枪子一百四十枚。

五号。晨,华兵复来攻击。前每日应得雪茄烟二枝,自今日起减半给发。

六号。占据蒙古市邻近华式房屋一所。华人知之,夜间攻击不休。

七号。本日起,每人只准给马肉半斤。华教民受苦尤甚,所食者惟麦粉和树叶,而每日死者七八人。

八号。昨夜,敌人复来,日出,稍退。华人不知此间虚实,以为围城内至少必有三四千兵,不知实数只四百人而已。

九号。昨晚,敌人仍复来攻,人均不能安睡。华教民乞西兵出外将狗击毙作食。各处骡马死者秽气甚烈。

十号。格斯利统领及日兵官所发之信已到,内言至本月十四号救兵足可到京。

十二号。本日,敌人复来攻击。前所许设市一节,总署复又不允。总署请各公使于翌晨聚议。

十三号。昨夜,华人复来攻击,炮火之烈为从来所未有。华兵防堵处与西兵守处相近,华兵官传令之言,闻之均极详尽。本晨,总署来言,西兵昨日击毙华兵官一员,兵二十四人,刻下不必与各公使晤会。

十四号。昨夜,华兵复来,大众无睡已四十八点钟之久。夜半两点钟,忽闻大炮声,群知救兵已至。下午三点钟,印度兵至英署,英兵先至,美兵次之。日俄两军在东北两门攻击。是夜炮声不已。

次晨,炮队已到,悉向内城攻击。美兵由前门顶上发炮,杀戮甚多。最后北堂亦经获救,华教民死者已四百人矣。并悉有一日地雷炸发时,计死幼孩七十六人;法水师兵十人,意水师兵五人,亦同时毙命。

卷 三

北京大教堂被围记

天主教教堂在京者共四处，分东西南北。在北者，名北堂。其教中大掌教即住在内。当使馆未被围之前，京城内无攻战屠戮之患者共有两处，其一即北堂，其一乃美国教会及北京学堂也。自六月二十号，各国民人入居英使馆后，美国教会即经弃去，不久即被焚毁。耶稣教教民行教礼之处，仅英使馆、英教堂而已。

天主教教堂在南面者，即葡萄牙教堂。此乃北京教堂中之最古者。其次东堂，其次西堂，最后则北堂也。东堂、北堂，俱系天主教大掌教名法维尔者设法所建。建造北堂一事，其故甚繁。盖在一千八百六十四年，北京内城所有教堂只天主教教堂一座，该教堂与皇宫相近，教堂球顶高处可以望及宫廷，因此颇为宫禁所憎恶，已建造高墙以蔽之矣，后复请驻京法公使将此堂迁往他处。至一千八百八十六年，在地内赐地二十英亩，后复给英金七万五千镑，故此堂在四堂中为最新。

北京事起，拳匪于西六月十三号，即五月十七日之后三日，将东、西、南天主教堂三座悉行焚毁。北堂与各使署相去程途，按步而行，约一点钟时可达，然彼此不通消息者共两阅月之久。在北堂被围者，计法水师兵三十人、意水师兵十人、法教士十三人、女教士二十人、华教民三千二百人。所存之粮,无事时可食五百人,被围之际,人数不止六倍,故起初华人每日尚许食物八两,最后减至三两,勉强过度。

西六月十五号,即五月十九日,拳匪往攻,死四十八人。至二十号,中外已经开战,华兵有以大炮往攻者,经其水师兵冲出,夺一炮而回。每日即用以拒敌,直至围解后始止。英使署经大炮攻击时,至多不过三尊;而北堂则华兵连架大炮十四尊相加者共有三日,平时,至少亦有四尊,有由禁中放出者,有由礼王府来者,纷纷不一。受困二十八日,防守北堂者只法兵三十人、意兵十人而已。华兵所埋地雷炸发共四次,有一次死者至八十人,四次共毙四百人,内有童稚一百二十人,华教民死者大半。

事起时,华教民六百人以刀叉自卫。堂中仅有洋枪四十杆、大炮一尊,以御三千杆洋枪、十余尊大炮,竟被支持至七月二十二日,而围始解。

南省保卫记

拳匪事急,洋兵北犯时,南省谣言蜂起,有言西兵将攻取长江及吴淞炮台者,有言义和拳将率众南下焚劫上海者。传说纷纷,几于市中皆虎。甚至谣传华兵已定于某日进攻租界者,西人患之,将于界内多方防堵以备不虞。鄂督张、江督刘,以南省若再有兵事,势必糜烂其民,且西人多疑,设或彼此猜忌,难保不肇事端。时适西人有联合保卫之请,于是一再电商。特派干员某观察,会同江督所派某大员及上海道余观察等,与驻沪各领事彼此申明原委,各不相犯,并订立约章,以互相保卫。凡长江及苏杭等处通商各口岸,均照约办理。南省遂赖以安。此非两制军之识力坚卓,曷足以臻此！西人以各国产业在上海者最巨，故尤注意。所有订约互保上海章程如下：

一、租界内人及产业，应由各国巡防保护。租界外洋人教堂、教民，应由中国官妥为巡防保护。遇有紧急之事，互相知照妥办。

二、地方流氓遇有聚众滋事，或抢劫伤人，无论华洋地界，均须一体严拿，交地方官从重严办。

三、现因商货停滞，各项小工佣趁较难。拟请租界工程局添办新护各界路工程，城内则令疏通河道，并由道台挑选精壮充当勇丁。务使闲民有事，可致消患无形。

四、添办各项工程及添募勇丁，请中外官商公议捐助章程。

五、沪市以钱业为大宗，而钱业须赖银行零拆转输。若银行不照常零拆，或到期收银迫促，钱市一有挤倒，生意必皆窒碍。市面一坏，人心即震动不安。应请中外各银行东及钱业董事，互相通融缓急，务使钱行可以支持。

六、钞票应照旧行用，只须道台会同各领事出示晓谕，声明各行并不收银，搭几成钞票，由各钱业照付。

七、租界内大小各戏馆应令照常开演，不可停歇，以惑人心。

八、租界内救火章程甚备，租界外浦东亦应仿照，多备救火器具。若有火警，附近居民不可乱动，一面由火会分驰往救，一面分派巡捕、兵丁，分班巡护，认真弹压，应请先行出示晓谕。

九、租界巡捕应请添募，大小街路均应有巡捕昼夜轮流梳巡。城厢风处以及浦东南市，亦应添募巡捕，多派员弁，分班轮流巡查。

十、查明租界四址出入总散路径，租界内边地则由工部局于要路多派巡捕，每处若干人，建造捕房，常川驻扎，了望界外。倘有远处成群来界乱入，即鸣警知会局中，派捕拘捆。租外边地则由华官派兵搭盖棚帐,常川驻守,弗令成群乱人闯入租界以内。

忠良受戮记

袁爽秋京卿、许竹篔侍郎,于七月初三日奉旨处斩于菜市口。考其被祸之由,一则因连上三疏,痛诋执政诸臣,并力言拳匪宜剿除,使馆宜保护,致犯端、刚等之忌;一则因某日当朝会时,皇上执其手而谓之曰:"今日之事当如何?"许言:"皇上宜乾纲独断,万不可听信妄言,致触列强之怒。"时太后适出见之,即有不豫色;然又顽固之辈,谓许亲于俄,甚至目许为俄党。故其正法也,虽为李秉衡参奏言"许与袁违背廷意,擅改电谕,致南北异局,非斩之不足以震慑疆臣,尽其罪戾"等语,然已早伏于廷对之时,及平日"俄党"两字矣。是日,监斩官为徐荫轩相国桐之公子徐承煜侍郎,因见二公尚是衣冠齐楚,叱手下去之。许曰:"某等虽奉旨处斩,然尚未奉旨革职。况照例亦应穿戴衣冠,岂汝作官多年,此例尚未谙耶?"徐闻言,面为之赤,不语者久之。既而袁问曰:"吾二人死固无恨,况君要臣死,不死则不忠。然究竟所获何罪,而受大辟?请即见告!"徐怒叱之曰:"此岂容尔分辩之地,尚敢哓哓耶!尔所获罪,尔当自知,何烦吾言!"袁曰:"尔何必如此作态!吾二人虽死,留得清名于后世,他日自有公论。但洋兵不久必来,尔父子恐亦万无生理,尔时,候尔于地下可也。"于是二人遂从容就刑。

许、袁死后,端、刚等犹有余怒,家人等均不敢收殓其尸。翌日,为徐尚书用仪所见,不觉潸然泪下,遂命以棺木殓之。而尚书之死,亦即肇端于此。未几,即由端、刚等加以莫须有之事以中伤之。尚书因是伏法。时有联京卿元者,亦因力奏自古无妖术能成大事之理,致伏上刑。呜呼!以忠告而不保其首领,虽有敢言之士，其能不使之钳口结舌哉！

至立尚书山，受祸尤奇。盖尚书住宅与使署相离不远，端、刚等以使署被围多日，而曾未闻其粒食告匮，此必有人暗中接济之者，因遂疑及尚书，谓其必穴地以私济外人。于是令拳匪多人，驰往其宅搜查，虽查无实迹，而拳匪等以使署围久无功，冀图卸责，遂坚言尚书有通敌情事，拥之以去。端、刚等绝不加察，竟以尚书付狱吏，不数日即奉旨典刑。联军进京后，其家人始为治葬事。各公使悯其无辜遭戮，特派兵数小队以护其丧。而尚书之令名亦于是乎随四公而同垂不朽。

附录　大臣死亡名数

计一品大员十八人：大学士额勒和布、徐桐，吏部尚书刚毅、熙敬，户部尚书崇绮、兵部尚书立山、徐用仪，刑部尚书贵恒，工部尚书徐树铭、陈学棻，直隶总督裕禄、前四川总督李秉衡、盛京将军某、黑龙江将军延茂、寿山，喀什噶尔提督张俊、罗荣光，直隶提督聂士成。

二品大员十七人：侍郎许景澄、徐承煜、李端遇、华金寿，前户部侍郎张荫桓，前湖南巡抚陈宝箴、前安徽巡抚福润，贵州巡抚王毓藻，副都统庆恒，内阁学士联元，前内阁学士陈彝，布政使何枢、廷杰、廷雍，太常寺卿袁昶、总兵郭宝昌。

王公二人：郑亲王、承恩公葆初。

裕、李两帅失机死难记

联军北犯，途次与华兵接战以及裕李两帅自戕情形，兵戈扰攘中既未目击，终恐铺张失实，兹得有某省派往直隶随营坐探委员当时电京原稿，于失利原委颇为详尽。爰录之以为记。

电云："天津镇徐锦帆带十余营分扎韩家墅一带，洋人在南仓以下，时有马哨前来，隔水窥探，与我军互相鸣枪击放。七月初十日，洋兵两路进攻，我军迎敌，直战至十一日晨，抵御不住，遂失韩家墅营卡。北仓亦于是日被洋人占住，粮台辎重均退至杨村。裕帅、宋祝帅，亦驻扎杨村。十三日，洋兵进攻杨村，马景山军门督队抵御。正酣战间，忽开花炮飞入裕帅行辕，炮伤裕帅前胸，戈什哈等扶上坐车，拟送通州养伤，甫出村外，即因伤而死。随至蔡村具棺小殓，用舟载至北通州。马军门竭力抵御，奈众寡不敌，且战且退，驻扎杨村扼要防守。当探得李鉴帅统带先锋前军，于明日过通州。升廉访允统带新军于今晨南下。"

又电云："夏辛酉军门十二日早督队同李鉴帅出都，十三日行抵马头村，探得杨村已失，洋兵在河西务。十四日，我军进剿。十五日辰刻，在河西务以西八里逢仙镇与洋兵接仗，至酉刻始退。十六日巳刻，在马头我军包剿洋兵后路，张、万两军递击，战至申刻，张、万两军败退，我军两路截敌，寡不敌众，且战且退。李鉴帅于十七日在通州自尽。十八日，我军在通州西南一带接仗，洋兵进而复退者三次。先锋后营帮带杨长清、后哨哨官马占元，各受枪子重伤死。各营勇丁受伤阵亡者甚众。马军门、陈枭台两军，业已退赴南苑。张、万两军溃败之余，所剩无几，不能出队，惟我孤军。力亦不支。"

联军进窥京师记

联军之入京也，先由英水师提督西摩尔督事，转战而前。途次虽屡有少挫，受创尚不甚巨。至杨村，始为拳匪所围。以众寡不敌，且进退皆有牵制，几至全军皆没。后乃由间道折回天津，乘机攻陷东局，兵势因是复振。其时，各国兵已大集。西提督所部以患病者多，遂暂休息。至西历八月四号，即华历七月初十日，各统带以迭接使署乞援之信，遂复于是日联合一气，大举入犯。分路而进，兵行甚神速，越五日即据北仓而有之。旋即复占杨村。直督裕寿帅以力不能敌，节节溃退，至蔡村中飞炮亡。洋军兵威由是大振，一路势如破竹，所向无前。时李鉴帅奉命督师，方至河西务而洋兵已大至，甫交绥，张春发、陈泽霖两军即溃。鉴帅见军无斗志，知大势已坏，因即自戕。时马玉昆军门已带兵进京。洋兵遂长驱而进，直逼通州；并以日兵勇敢，一路均由该军为前敌；英、俄、法、美次之，然亦无有当之者。

至七月十九日，洋兵逼近京师，以巨木为架，升大炮于其上，向京城中陆续开放。一时炮弹飞空，急如骤雨。各处房屋为飞弹所伤者不知凡几；军民等非倒即毙，号哭之声震动天地。计连开十三炮，某国提督恐多伤民命，殊垂上天好生之德，竭力劝阻，始已。即经分地扎营，互相会议，定于翌晨各认地段进攻。乃俄人以贪功故，竟于深夜突扑东城，以冀先登。日兵知之，亦潜师进攻，竭彻夜之力而陷东直、齐化两门。英、美两军从南来，亦由陆路进逼保定。护直督廷雍率官民迎降，各统将遂执廷雍，并按照中国法设公案于督署大堂，以次列坐，牵雍衣跪下，诘以纵匪仇教各款，廷雍再三辩驳，不听，竟按西法枪毙之。

京师除平民死者不计外，职官之以身殉及阖家自尽者不知凡几，各处朝衣朝冠之男尸，补服红裙之女尸，几于触目皆是。其自缢者，往往一绳高系，终无人解，经时既久，项继身落，头尚悬于其上，过者咸为酸鼻。故相国张之万家居京师，亦遭劫掠，后经李相饬人往检遗物，业已片物无存。

两宫西狩记

庚子七月十一、二等日，直隶总督裕寿帅在北仓与洋兵接战，兵败，退扎杨村，旋又退至蔡村，以手枪自尽。时李鉴帅奉命督师，于十四日抵河西务，所统张春发、陈泽霖两军，略战即溃，鉴帅亦服毒自尽。洋兵遂进逼通州。

其时举朝震动，皆莫出一谋。十六日，乃有西巡之旨。复因车辆不齐，迟迟未行。至十九晚，城外大炮隆隆不绝。二十日，喜雀胡同一带，更炮子如雨，至下午喧传天安门及西长门安已失守。然以相隔遥远，内廷尚不得真消息。是日，王夔石中堂文韶，共召见五次，末次时已亥刻，见面只刚相、赵尚书二人。太后云："只剩尔等三人在此，其余均回家去，丢我母子二人不管。尔三人务须随驾同行！"并谕王中堂云："汝年纪已迈，尚要汝吃此辛苦，我心不安。汝可随后赶来。他二人素能骑马，必须随驾同行。"王中堂奏云："臣必赶来。"皇上亦谓："汝务必要来！"然当时尚言不即起驾也。是晚，王中堂在内值宿未归。至夜半，又喧传洋兵进城。中堂欲出查问，则禁门业已严扃，不能出入。至翌晨七点钟时，中堂乘坐小轿进城，方知两宫已于黎明仓猝出宫矣。

是日为二十一日，太后、皇上均坐车出德胜门，行至贯石，始由光裕驼行孝敬驼轿三乘。皇上与伦贝子同坐一乘。直至怀来县、宣化县，两宫、皇后、大阿哥始均坐轿。复因仓猝出宫，太后仅穿蓝布夏衫，头尚未梳。皇上则仅穿黑纱长衫及黑布战裙两条而已。铺盖行李一切均不及随带出京，三日夜间只睡火炕，既无被褥，复无替换衣服。饭更无人进奉，只以小米粥充饥。狼狈情形，不堪言状。妃嫔及宫女等均未带出，太监虽有随驾者，然亦寥寥无几。诸王贝勒等随扈者亦少。礼王、荣相、启秀等，均未相从随行，只端王、庆王、那王、肃王、伦贝子、橚贝子，及公爷数人而已。堂官则有刚、赵、吴、王、溥兴五人。又部院司员十一二人、满小军机二人、汉小军机一人，神机、虎神营、八旗练兵约亦千余人、马玉昆保驾各营弁兵约亦千余名。沿途各铺户均闭门逃遁，到处均无从购物，故凄惨处尤觉非笔墨所能详记。

是日，王中堂以曾奉命随扈，一闻驾已出京，不及回宅，即偕其次公子于巳刻冲出后门，时因困惫已极，姑至灵鹫庵小憩。庵中僧人，以洋兵进城，逢庙必烧，深为焦急，且其时安定门至德胜门城上均有洋兵教民来往放枪，街市间亦多有洋兵行走，因此坚不肯留。中堂无奈，遂至间壁充内务府役之旗人韩姓家暂避，车夫轿夫业已各自逃命。至下午，探得西进门尚开，遂将车马及一切物件遗弃韩家，只带银钱及随身替换衣服，候至天黑，随众出城，由德胜门十三海一带行走。甫至戛戛胡同，天又大雨，乃至景宅借宿一宵。其时城内枪炮声已停，惟后门外满天火光，彻夜不绝。直至寅初，始探知西直门已开，洋兵未来，华兵已逃。逃难者不知凡几，均无人盘问。中堂遂与次公子步行而出西直门，至大桥外，始行乘车。次公子则跨骡以时随从人等，仅存五六人，亦均徒步而行。行至海甸，中堂以腹中饥甚，欲觅一饭，而饭铺已闭，只沿途寻觅，始获勉强一飧。饭后即行。行七十里至贯石，闻圣驾已过，即在该处过夜。二十三日，至居庸关。二十四日，至怀来县，始知两宫已先于二十三日到此，已驻跸一日矣。遂入见跪地而泣，两宫亦挥泪不已，一再慰劳，始命退出。

先是两宫于二十三日临幸该县署时，已傍晚。署中人皆不知，吴令仓猝戴大帽出迎，驾已入署矣。乃即于大堂朝见两宫，温谕有加。吴令退，乃即以其夫人之房赶紧收拾，请太后慈驾入内憩息。

皇后则安置于其媳正房，皇上则暂在签押房驻跸。时太后已饥甚，手拍梳桌，命进食物。盖太后出京二日，仅食鸡蛋三枚也。并即自行启奁取梳梳头。旋命皇上亲降朱谕，派吴令速往东南各省催饷，其县印即前交与典史暂署。两宫乃复于二十五日起銮西行。自是始由地方官陆续进奉，两宫始稍安逸矣。

所有沿途驻跸情形，自出京日起，今特按日备录左方，俾无遗漏，庶后来有所考证焉：

七月二十一日，驻贯市，系七十里。宿清真寺。东光裕李姓、杨姓，进面饭、小米粥、蔬菜，并二马车轿。

二十二日，驻岔道，系九十里。辰刻大雨，行抵关沟，山水涨发，銮舆冲水而过。午间过居庸关尖站，内监向土民索得粗磁茶碗，进凉水一盏。延庆州秦牧奎良进蓝呢轿。是处无供给，苦甚。

二十三日，驻怀来县，系五十里。驻跸二日。怀来县吴令永进燕席，并汉装女衣，皇上衣大阿哥衣。

二十三日，进河城，系六十里。江北通进绿轿，并进旗衣。二十六日，驻鸡鸣驿，系四十里，宣化属。

二十七日，驻宣化县城，系六十里。驻跸四日。驻上谷公所，供张稍好。宣化县陈令本召见时，慈圣颇奖励之。

八月初一日，自宣化启銮，驻怀安县属之左卫原，系六十里。行宫狭隘，绝无预备。

初二日，驻怀安县城，系六十里。供张草率。

初三日，驻山西天镇县城，系八十里。天镇县知县额令腾额先期知奉天全皆失守，是以自尽。是日在枳儿岭尖站，毫无预备。岑中丞春煊进荷包鸡蛋，甚蒙褒奖。宿站，典史杨守性供给，视尖站稍周。

初四日，驻聚乐堡，系六十里，阳高县界。

初六日，驻大同府城，系六十里。在镇台衙门驻跸四日，供张稍觉周备。

初十日，由大同启銮，驻怀仁县，系九十里。供张草率。

十一日，驻山阴县之岱兵镇，系一百里。行宫湫隘。

十二日，驻代州之广武镇，系八十五里。

十三日，驻阳明堡，系七十五里，代州属。过雁门关，慈舆在关上稍停游览。岑中丞进野黄花一握，慈圣劳慰之，并赏乳茶。

十四日，驻原平镇系八十里，崞县属。行宫系民房，知县王令失于觉察，内有旧存空棺数具，经岑中丞查出，驰马回奏，幸慈圣天恩高厚，谓："可移则移，如不在紧要地方，不移亦可。"驾未到时，部郎俞启元已督同兵丁全行移出。

十五日，驻忻州城，系八十里。是日，在二十里铺换黄轿三乘，绿轿二乘。

十六日，驻黄土寨，系六十里，阳曲县属。十七日，抵太原府城，系六十里。驻抚署，一切供张，陈设仪物，均系纯皇帝幸五台时旧物，灿然如新，极为可观。慈圣调为宫中所未有。自此遂在太原驻跸兼旬。继因某大臣奏联军将掠保定而西，遂决计临幸西安。复明降谕旨，定于闰月初八日起驾南行。一路地方官供给周至，颇惬圣怀。至闰月二十六日巳刻，两宫銮辂始入潼关。

以下为入关后情形：

是日，两宫渡河，乘御舟三只，均以锦绣饰之。途中风平浪静，天颜颇喜，赏银二十两，银牌百面。时关中苦旱频年，赤地千里，乘舆过后，即得雨三寸有奇。万姓欢呼，声闻四野。太后因欲至华山拈香，遂召襄办皇差之陕州黄直刺璟垂询华山情形，何处可以拈香？直刺奏山路险峻，已派兵一营修路，太后又问，驻跸一日可修竣否？直刺奏请至华阴驻一日，或可赶修稍平。嗣因军情吃紧，传旨不登山。即在华岳庙拈香，灏灵殿行六叩礼，圣祖龙牌前行九叩礼。皇太后礼毕，泪下沾襟。又登万寿楼，王大臣等再三请乘舆，不允，由内侍挟，曲折登三丈梯第一层。皇太后率皇上、皇后、妃嫔、大阿哥、王大臣凭眺良久，皇太后更上一层。岑中丞，端方伯，黄直刺等于楼门跪接，太后于手巾中拈出人参糖，各赏一枚。次日，黄直刺进呈螃蟹、蛋、虾仁、鼻烟等物，均经赏收。

先是，是月十六日，前护理陕抚端午樵中丞驰赴山西行在，迎迓銮舆，行至蒲州，蒙恩召见一次，至潼关，又蒙召见，旋奏旨驰赴河南陕州查办事件。中丞感激天恩，奉命即行。迨九月初四日未初，圣驾至西安，由长乐门大路直抵北院行宫。御道甚长，皆用黄土铺垫。各商铺皆悬灯结彩，居民等更跪迎道左，均欲仰瞻圣容。皇上命扈从人等，毋许驱逐。皇太后更赏赐耆民银牌甚多。御驾抵北院后，办事大臣亦各纷纷随至。并经派定侍卫二百五十人，日夜轮班，在大门二门站防值宿。自是圣心为之稍安。复以陕省哀鸿遍地，民不聊生，正宵衣旰食之时，所有御用衣服，概以大布为之。诸王大臣等仰体俭德，不敢稍涉奢侈，遂亦一律穿用布袍。

两宫驻跸西安记[①]

附志　鹿尚书传霖事略

自政变以来，至今几三年。庚子七月北京未破以前，中国之事

[①] 内容参见《日本外交文书》部分二二八七、二二八九、二二九二号文件中"行宫杂记""两宫起居之事""两宫用膳之事""两宫御服之事""两宫蒙尘时之遭遇""太后于北京扰乱情形之关切""军机大臣入对之事""各部大员之事""引见各员之事""行在饷银之事""内监跋扈之事""行宫附近市面之事""演剧之事""西安市面之事"等内容，此处不再重复。

败于刚毅；庚子七月北京既破以后，中国之事败于鹿传霖。故鹿传霖者，一未死之刚毅而也。

当拳匪之发难也，鹿时任江苏督抚。东南立互保之约，鹿大不谓然，急率兵数营北上，冀附会端、刚，合拳匪攻外国，事成则南下督两江。及甫至近畿，则亲见李秉衡方大败，京师将立陷，所率兵又多散失，不得已，乃率兵数百人次定兴。定兴，固鹿家也。既闻京师破，两宫西幸，则急行迎谒道左。而湖南藩台锡良亦俱至。太后见之大喜，抵太原，简放为山西巡抚。是时刚毅死，朝廷乃命鹿入军机以代之。自联军破京师，诛罪魁，将及期年，国势大变，有能首以旧人新入政府者，惟鹿一人而已。

鹿既入政府，则首建幸陕之策。是时两宫驻跸太原，闻全权大臣李傅相已入北京，各国允议和停战，冀速定大局，言返旧京，颇有待和议行成，即行就近回銮之意。而鹿陈说太后，以北京万分危险，西安去海遥远，洋兵万不能到，进退战守，无不皆宜。太后固本愿西行，徒以廷臣二三主持于内，疆吏十数力请于外，皆以"暂驻晋省，静待和议，勿再深入内地"为言，既重以群议，故一时未决，得鹿奏，则又大喜，即日下诏定期启銮幸陕。故鹿一入军机，即能首以诡谋长顽，焰荡和局者，则幸陕一策为之也。然得于慈眷者，亦自此深矣。

既入陕，则又思集顽党，修旧政，开战局。以王中堂不附己，多不遂，则欲以全力去王，而令夏震武、洪嘉与二人痛劾王倚恃洋势，请予重谴。及得旨，夏、洪俱被斥，然尚有"心尚怀忠"及"书生之见"等语，王自是一味委蛇，愈加抑退。故入岁以后，鹿尤大肆专执，每对人言端、刚为国忠臣，为洋人所逼以至如此，他日得志，必当起复昭雪云云。闻人议变法，辄多方阻抑，虽荣禄亦无如何，他人更不敢置喙。近更引洪嘉与为军机章京,与某制军消息往来甚密,无非为商阻回銮、亲政等事。

窃谓外人此次于惩办罪魁一节,视为要图,无非为推本穷源之意。然英、赵诸人虽附和拳匪,不过一时之害,事后尚索办以儆戒将来。如鹿者,论事则为害甚大,以时则为患方长,若不能去,而望中国少定,全球获安,无是理也!中国顽党固多,然就目前论之,惟此为最悍,而其事又最确,故不避如弦之喻,附而记之于左。

北京战后记 日本人植松良三著

北京城内外惨状,颇有可记者。北京城高三丈五尺,厚四丈;城上有坦路一条;四面有许多城门;城上建有三层楼,与前面之橹楼遥遥相对,高耸云端;城上并布列古式炮多尊。此可谓天下之坚城,若守得其人,虽以十攻一,难期必胜。不意为联军攻击数日,竟不能支,一败涂地。此全系顽固党人之结果,本无足怪;独可悯者,良民之惨状耳!

盍观沦陷后北京城内外之情形乎?巍然之橹楼,为联军击碎烧弃,已失数百年来巍奂之美观;旧迹留者,仅一二耳。城内外惨遭兵燹,街市毁失十分二三。居民四面逃遁,兄弟妻子离散,面目惨淡,财货任人掠夺者有之,妇女任人凌辱者有之。更可恨者,此次入京之联军,已非复昔日之纪律严明。将校率军士,军士约同辈,白昼公然大肆掠夺。此我等所亲见。计京城内富豪大官之居宅竟无一不遭此难者,决非过论。但其中亦有因与义和团相通之朝官,以此示报复,至蒙其害者焉。

至夺来之物,金银、珠玉,自不必言;此外书画、骨董、衣服,以及马匹、车辆等值钱之物无论兵卒、平人,所获之数均属不少。军人因不便悉持去，虽是金银、珠玉，亦以贱值转售，以故操奇之人颇多。余见某国人购得三分大之珊瑚珠百余颗，仅一弗银耳（按一弗，即墨西哥银一元）。

据某华人云：北清妇女惧受凌辱，往往深窗之下自经者不少，其未受灾害者，仅于房外树一某国顺民之小旗，坚闭门户，苟延残喘，情殊可悯。不幸而遇掠夺军人来，将银钱献出，以求保性命而已。

一面为军人掠夺，一面复有盗贼横行。通衢大道，无人管理。无业游民公然入他人之室，亦不问人允否，即与共寝食，并不言归。米谷告罄，亦无处可买，间有挑贩，途中仍不免遭兵士抢夺。大抵华人昼间断不能徒行市上，其穷苦之状，实余所目击者也。

余将去北京时，联军已设假政府（盖假政府，即暂设之地方官也），严禁此等情形。若果实力奉行，劫掠等事原可稍减；惜示禁太迟，抢掠及种种暴虐之行，业已做了一番矣。天津之惨祸，不为不甚，但尚系北方上等通商口岸，欲复旧时之天津实非难事。至北京此次之惨状，欲复旧观，正不知何年也已。

津门战后记

天津既陷后，某观察因有要公赴津，以在津所见所闻各情，详细函告南省诸戚友，言皆慷慨，语尽悲恻。阅之如读"扬州十日记"。爰节录其说如下：

"洋兵纪律胜于吾华者无多，殆犹五十步之于百步。据西人霍克尔云：'六、七月某国兵最佳，俄兵最坏。'今则反是。盖新来之某国兵，见前人多拥厚赀重宝，自恨来迟，遂亦无理劫掠。有被其难者，多向总统衙门即前督署或该管兵官处控告。辄问名姓为谁，倘不能举,即作罢论。惟力能扭送者,或可求办。然孰敢为之,以寻仇衅耶？瞻前顾后,人皆相戒不敢出门,时有洋人亦遭抢夺者,华人可想矣。

"自七月间,有人将家储重宝藏匿棺中掩埋,被人暗通消息,洋兵大得利市。于是四郊之外,及各省会馆、义园,几于无棺不破。抛尸道左,野犬村毙,不嫌臭腐,及尸亲来认,业已肢骸不全。前天津府李少云太守,其棺被斫者三次。

"津门之祸,起于义和团,固也。然非京中士大夫之主张,武卫诸军之助虐,直隶官长之养奸,其流毒或不能如是之大且重也。徐、李、裕、刚,已成鸿毛,而北人犹美其称曰殉节,闻之令人欲呕。刻北省疮痍满地,然受害烈者,大抵良善之民,饶衍之家。而前之头裹红巾、手执钢刀者,胜前则膺忠义之奖,临败则有劫夺之饶,既败又有厚佣之获。盖今日津地小工,每日皆有六七角工钱,拉人力车者每次亦两三角,终日所获不止一元,若辈什八九皆义和团也。侯家后娼寮、酒馆、戏园、落子班,又稍稍出头矣。去者入座大呼,延朋引类,察之绝无仕商中人,牛头马面,虎咽狼餐,衣裳则颠倒天吴,容止则跳踉鬼噪。噫,此真混沌穷奇世界也！此辈固无足责,所可怪者,前日之文武士大夫耳！中国以如此人而操政权,谈国是,吾辈小民至今日而始颠沛流离,晚矣！当团匪起时,痛恨洋物,犯者必杀无赦。若纸烟,若小眼镜,甚至洋伞洋袜,用者辄置极刑。曾有学生六人,仓皇避乱,因身边随带铅笔一支,洋纸一张,途遇团匪搜出,乱刀并下,皆死非命。罗稷臣星使之弟熙禄,自河南赴津,有洋书两箱,不忍割爱,途次被匪系于树下,过者辄斫,匪刀极钝,宛转不死,仰天大号,顾以为乐;一仆自言相从多年,主人并非二毛,亦为所杀,独一马夫幸免。其痛恨洋物如此。今乃大异：西人破帽、只靴、垢衣、穷袴,必表出之;矮檐白板,好署洋文,草楷杂糅,拼切舛错,用以自附于洋;昂头掀脣,翘若自意。嗟彼北民,是岂知人世有羞耻事耶!

"团祸初起时,京中公卿虽有许、袁之明,亦受制于政府,而无能为力。独裕禄一人可以救之,而昏聩巽软,卒酿大祸,一死诚不足惜!其事一误于中军杨福同之戕,不肯用剿,再误于长辛店等处铁路之毁,犹存姑息。至于五月十八、九日,则燎原之势已成不可向迩矣。然使不捏奏胜仗,则朝廷犹有戒心,事或早了;乃患失畏死,终不敢言,即已亦冀幸团民之或有可恃,故张德成,则奏则奖之矣;黄莲圣母,则迎而跪拜之矣;开军械所以任乱民之取携,悬赏格以购洋人之首级:一洋人,男五十两,女四十两,小孩三十两,其领状且为联军所得。于是,泯泯之乱,不可挽回。呜呼!可胜痛哉!

"其尤足深耻者:此次杀戮西人,驱逐彼族,可谓不遗余力。乃京都萃虎神营、神机营、武卫中军等数万人之力,而不能灭不及千人之交民巷;天津聚练军、聂军、宋军,数万人之力,而不能锄不及三千人之租界。若团匪固不足道;而郎坊董军则捏败为胜;通州李军未战辄溃,则尤不足道中之不足道者也!

"诗曰:'周有大赉,善人是富。'此次之大乱,则偏与之相反。其富中国之人尚少,而富外洋之人实多,津城失守之日,津地下等西人皆牵车往返六七遭,前之不名一钱者,今或数十万金。四五十家之当铺,数十百家之公铺,一二十户之盐商,财产衣物一时都尽,其书籍字画之类除东人收去少许外,余则大抵聚而焚之。然此犹是天津一郡然也。至于京邑,则六飞仓卒西行,实无所挟,官兵掠之于前,联军尽之于后。盖自元明以来之积蓄,上自典章文物,下至国宝奇珍,扫地遂尽。近见西兵出京,每人皆数大袋,大抵皆珍异之物,垂橐而来,捆载而往。其在外国,半皆博物院中物,故虽败可以无失,而中国则私家所藏,故皆往而不归,且长留外邦,永为国诟。不必计后日之兵费也,今此所失,已数十万万不止!呜呼!此一役也,神农、黄帝有灵,都应痛哭地下者也!而谁阶之厉乎?

"天津东制造局之未失也,聂军分统姚良才驻其中。先则纵兵大掠铸钱局银数十万,顷刻都尽。继而西兵来攻,则置火于局,数然之以助威烈。最后棉花厂不知何故轰炸,聂军遂退以让西人。盖彼以西人之乘,正合其意,不然,则数十万之款,无从着落故也。聂军于五月二十一二日到处掠夺,目不忍睹。武备学堂总办委员以下,皆着单衣而去。然武备无军不据,又何必于聂军独深责备也!

"西人邓尔罗言,北京交民巷在围中几两月,有最奇一事,至今尚为疑案:一日,攻守方急,突有一少年华人手挥白巾,立洋兵中。执而讯之,乃知代天津西人送密信者。信中多要语,于是与以复书竟去。半月行,此人又持津函来,知杨村得手,联军首途矣。众皆额手。与以千金,毅然不受;叩其姓名,不告;问其何为为此,则云,其母尝言,欲救中国无亡,必救公使不死,其为此,为母,不为他;问更能持函赴津否,则云:'吾事已毕,不更为矣。'倏尔而逝。果尔,则嫠忧周䘏不得专美于前,而其子亦鲁连一流人物。中国不亡,赖有此耳。闻此少年,系北人,不能操西语。又闻津中西友言;大沽以上村庄,多团匪出入其中,西帅欲觅人询其虚实而难其人。有一少年愿自效,则令兵数人好送之。将入其境,回顾曰:'是非送探入敌法也。'众兵悟,则群噪而逐之,拳脚交下,喘汗狂奔,至则坐树阴下饮泣窃骂。匪过闻之,以为同类也,扶归饮食之,悉告要害,期时日与共出。一日,并游出境,西人捕归,尽得团匪巢穴虚实。一举剿灭,西人德之,与以金,亦不受,问姓名居址,亦不告。此人亦北产。

"团匪多乡僻愚民,暂来天津,所谓入五都之市,遇物诧怪,莫知指名。针市联茂号,向为太古运货,则谓其与洋人往来,相聚搜劫,入门见招牌用铜片晶莹,则呼为金辇之而去。见所办牛膝,则以为人参,大肆嚼啖。又取西洋糖霜食之,甫入口,旁人曰:'矾也!'则又哇出。其无所知如此。事起时,津城内外惟闻万众喊声,或云'义和团大获全胜',或云'洋人杀尽'。欲雨唤雨,欲晴叫晴,终日供水拈香,拜跪叩祷,违者杀之。其伎俩令人轩渠。

"西兵此次在北,其不满人意处实为欧洲所仅见,顾亦义和团之强暴有以开之。义和团之杀教民毛子也,备诸酷虐、剡舂、烧磨、活埋、炮烹、支解、腰杀,殆难尽述。京西天主堂坟地,悉遭发掘,若利玛窦、庞迪我、汤若望、南怀仁诸名公遗骨,无一免者。胜代及本朝御碑,皆为椎碎。保定属有张登者,多教民,团匪得其妇女,则挖坑倒置,填土露其下体,以为笑乐。其绝无人理如此。嗟乎,人有虎狼之心,平时则隐而不见,及相感召,俄顷悉发,东西教化异同,徒虚语也!"

山海关被占记

西九月二十号,即闰月初六日,各国水师提督在大沽会议一切,旋由西摩尔提督令其本国炮船名璧克美者开往山海关,占据该处炮台。乘该炮船前往者,为美专使宝星熙力尔、副将普尔。大沽距山海关并不遥远,开船后,即于翌午驶抵关前。

熙、普二人以力攻不如软劝,即偕同炮船管带某先行登岸往见管带山海关炮台兵官,告以英兵欲取此间炮台,如蒙惠让,即彼此可无庸开仗。炮台兵官允之,并言英兵自可即来。熙力尔又言:"英兵自可即至,惟阁下须先将华兵撤退方可,否则恐多费周折。"炮台兵官亦许之。熙力尔等遂回船立派水师兵官布立格斯及水师兵十八人上岸入关。时炮台上华兵已各负其行装,拔队退去。

至下午,俄兵由火车星驰而至,亦欲夺该处车站,而已为英水师兵所据,向熙力尔宝星索让亦无济,乃不得已在外安营。壁克美炮船自知在台兵力太单,恐有不虞,即急驰回报知,并请添兵。西提督乃复遣兵若干名赶即启程往守,旋复自乘百夫长督队船驶往察视情形。

至则各国兵队又到,乃公议:以火车站及第一座炮台归各国公占,悬挂各国旗帜。第二座炮台归德意两国及新金山之兵分守;第三座归法人;第四座归英、日二国;各自派兵守护。关城则由俄守东门;日本、意大利守西门;英法守北门;德守南门。其第一第二座之炮台电机则归日人看守。

计各国兵队之到者,俄三千五百,英一千,德八百,美四百,意大利三百,日本陆兵两队又水师兵百名。各国军队之所以必欲占取者,缘山海关之前有一小岛,即在直隶湾之内,严寒时从不冰冻,为列国军船过冬所必需之地;关之北为锦州,有铁路可通,又为经由津沽至京之要道;距牛庄十二里,旅顺一百十里,大同江三百五十里,仁川四百三十里,釜山六百五十里,马关七百三十六里,长崎五百八十一里,洵属咽喉之地。故俄人分据后,即将由山海关至塘沽之铁路加意修葺,并以附近之某处山脉产煤最为著名,亦役使华工大加开掘,以为久远之计。各国虽知其必有所为,然亦无如之何也。

京津兵兴简明记

自中历五月十三日起,至七月二十一日止,每日事关紧要者,节记如下:

十三日,北京西山洋房被焚。

十四日,上谕派端王管理总署。西摩尔提督救兵由津赴京。午刻,京津电线已断。十五日,日本使馆书记官被戕。

十七日,德国钦使被戕。十八日,天津教堂三处被焚。

十九日,天津各处教堂被焚,团匪进攻租界。

二十日,各处电报不通,租界各处罢市,东洋车亦停。大沽炮台开战,随为联军所得。是日,闻李中堂调回直隶。

二十一日,租界始为大炮所攻,武备学堂被焚。二十六日,西摩尔提督取西沽。二十七日,头次英、俄、德三国新兵到京。

三十日,西摩尔提督回津。

六月初一日,联军取东局。初三日,得赫总税务司一信。初四日,俄阿腊克雪夫将军到,又得赫税务司一信。初五日,久旱始雨。初六日,得窦公使一信。头次妇女由津前行大沽。太古洋行栈房被焚。初八日,英透力勃尔兵船起运十二磅炮子到津。初十日,德璀琳住居被焚。十二日,联军取西局。

十四日,是日炮火最烈。张燕谋阁学往塘沽。十五日,各军在铁路车站大战,两军死伤俱多。美国新兵到津,西摩尔提督及水师兵归百夫长铁舰。

十六日,天气最热,阴处寒暑表一百零二度。十七日,晨攻天津城,恶战日夜不休。十八日,取天津城。十九日,联军取水师营炮。

二十八日,闻各公使尚存。七月初一日,华兵守杨村。

初六日,联军一万六千人由津起赴京。十一日,大战于北仓。

十二日,取杨村。十四日,按窦公使一信,知本月初七至十二日各使馆又受炮火。

十五日,得美公使暗码信一。十六日,联军抵河西务。

十八日,联军抵通州。

二十日,英格斯利将军入北京。

二十一日,联军据北京。

东三省失守始末记

呜呼！自古至今,启衅之微,失地之速,盖未有如东三省近事者已！

先是六月十一二等日,海兰泡有俄兵数千,欲假道爱珲卜奎（按即齐齐哈尔城）至哈尔滨,保护铁路。俄海兰泡将军固毕乃脱尔先以公文告黑龙江将军寿军帅,军帅不允,其言曰："江省铁道,当由敝国自行保护,倘贵国必欲发兵前来,则本将军惟有以军火从事。"旋得俄将覆文曰："江省铁道,贵国代为保护,敝国实不能信。然中俄两国久敦睦谊,二百余年从未轻启边衅,今贵将军定欲与敝国军火从事,足见贵将军英雄勇武,实为中国不可多得之员,敝国亦惟命是听。惟贵将军图之！"十五日寿军帅发电信致爱珲副都统凤翔,令戒备,且曰："如俄兵过境,宜迎头痛击,勿令下驶！"而凤都统自度爱珲兵备空虚,强弱不敌,不足以一战,乃电致寿军帅谏阻衅端,军帅置不省。

十七日清晨,有俄国兵船五艘拖带驳船十三号,载俄兵一千数百名,从黑龙江下驶,凤副都统发电以告军帅,即晚得寿军帅电覆,力申开战之议。于是爱珲所练靖边各军即开赴沿江各沟驻防。十八日晨,又有俄兵舰一,装运军火下驶,其护送者为边界官廓米萨尔(官名)阔利士密德(人名),当驶至爱珲上江二十里三道沟时,初有我国统兵官恒统领出而阻止,曰:"奉有军帅电饬,不许俄国兵船往来江上。"廓米萨尔即舍舟登陆,与之辩论,恒统领坚执不允。廓米萨尔含忿回舟,命军士放排枪相恐吓,继将开炮。而我军之炮已发,俄兵官二人殒焉,廓米萨尔亦中炮,急裹创,乘舢舨回海兰泡。

事后,凤副都统以两军互击情形电告寿军帅,军帅即发电致俄将军固毕乃脱尔,责其轻易开仗,启衅之咎,惟俄实尸之。其电由凤副都统派武弁送至廓米萨尔处。时廓米萨尔已受重伤,仅存一息,而犹能张目与此弁言暂必翦灭黑龙江而后已。

自十八日开仗后,黑河统兵官崇统领即连日开炮,向海兰泡攻击。俄兵亦以开花炮还击。十九日,我黑河电报局被开花弹击毁。二十及二十一,俄派马队数旗至爱珲城东,驱二十八屯居民聚之一大屋中,焚毙无算,逸去者不及半。其在海兰泡贸易之华商约六千余人,先于十九日被俄兵驱之江边,许以派船护送归国;商民闻言,即在江边忍饥露立待之一日夜之久;二十日下午忽有俄马队持枪兵三十名,持斧兵二十名,向商民击砍,枪斧交下:商民出其不意,惶速奔逃,均堕黑河而死,其泅水得免者仅百数十人。盖亦惨矣!

二十二日,凤副都统见俄在江东恣行焚戮,意良不忍,遂派统领王仲良、营官张某,率马队三百渡江驱逐俄兵,并以保护屯民过江。即与俄兵遇,两军鏖战一时之久。我军阵亡者弁兵三十名,受伤者五十余人,前队顾枪弹将尽,军心惶惧,王统领及张营官已先自逃遁,幸后路抬枪队奋勇直前,始将俄兵击败。俄兵死伤不下百余人,均向江边窜逸,适有俄国轮船行经是处,即将败兵及死伤者载归。

二十三日,前敌营务处来部郎鹤,鉴于江东之败,恐孤军虚悬,为敌所乘。且三百马队之渡江,非其本意,实由凤副都统主其谋,故来部郎恨之,即乘此时,遽传令过江之兵尽数撤回。俄军见我军兵势已怯,遂萌窥伺爱珲之意,即于二十四日排炮江边,日向我军轰击。爱珲之失,实基于此。论者咸谓来部郎逞私忿,误大局,撤藩篱之备,失犄角之势,实为罪魁祸首焉。

二十五日,有俄兵五十名从五道沟过江,我军驻守彼处者仅有二哨,即将俄兵击回江东。二十六日,又有俄马步兵六千名,从黑河上游五道河偷渡黑河,崇统领营中曾登高望见之,而以其衣华军号衣,疑为漠河金矿护矿之兵,遇乱逃回,故未敢开炮轰击,迨其登岸,始知为俄军,已措手不及。崇统领所部各兵即时逃散,退到爱珲,崇统领亦阵亡。二十七日,俄兵即由西山陆路直扑爱珲,其时凤副都统已奉将军电,饬赴前敌督队,率驻防各沟之靖边军退至兜沟子,无与俄军迎战者。二十九日,俄军遂入爱珲城。

以上记爱珲失守事。

俄军既入爱珲后,我军即退守兜沟子,其地距爱珲七十余里。俄军旋于七月初四日率兵进攻,仍用开花弹遥击。凤副都统以战为守,相持累日,顾以兜沟子地势平衍,虽有高冈,不足以资扼守,且枪炮皆锈涩不足用,较俄军之命中及远,兼用铜弹者,有利钝之殊。故我军累战失利,死亡相属。兼以黑龙江行军素无棚帐,军士昼则忍饥苦战,夜则露宿,咸出怨言,有离心。

凤副都统知难抵御,又恐将士哗溃,因以兜沟子难守情形电告寿军帅,于初十日结阵徐退。十二日,至距兜沟子一百六十里之北大岭。其地为爱珲之后路，齐齐哈尔之门户，最为险要。而二百年来讲求边防者，从未于其地筑一炮台，设一重镇，故仓卒时卒不能阻敌兵前进。

维时俄兵见我军退守，即亦跟踪而入。十六日，全军进逼北大岭。凤副都统急率队迎击，交战时许，我军有洋枪，无短刀，俄兵兼而有之，其利百倍于我。故我军之当前敌者，非阵亡，即奔溃，后队亦几为所牵动。凤副都统见势不支，恐全军尽覆，因即传令各军暂为退守，徐图后计。

十七日晨，俄军在山下架开花大炮，向我军猛攻。凤副都统传令全军出队迎敌，徇师而誓曰："有退后者斩！"两军既相接，凤副都统自统前队督战。前军童统领稍退却，即传令斩首示众。童惧，奋勇直前，后军乘势继进，我军勇气百倍，大败俄军。俄之将士死伤者无算。我军恒统领炮伤一臂，阵亡营官瑞某一员，武备学堂瞄炮学生亦受重伤，军士阵亡亦不少。而凤副都统亦以率队督战故，自辰至酉，亲放枪四百余响，力竭不少休，左腿右臂受枪子两伤甚重，堕马者三，遂由左右扶之回营，至晚，呕血数升而死。士气熸焉。

凤副都统既亡，遂由寿将军之第七公子代统其军，即夕，以凤副都统力战阵亡情形电告寿将军。将军闻信，失声痛哭曰："天乎，何夺我左右手耶！"即传电令第七公子为治后事，视之如父。又亲赴北关设位而哭，欲即将将军印信交副都统萨保护理，而自赴前敌督战。萨副都统不允，乃派程雪楼太守为总统，饬令前赴北大岭迎战。

程军至，即照会俄国统兵官停战议和，又亲入俄军以情告。俄将领设盛筵款之，一如平日，并允程太守停战议和，勿伤百姓之请，所过有门悬白旗者可免祸。于是程太守率队先行,为俄军前驱。商民均安堵如常,咸颂太守之功不置。经墨尔根、百尔多两城时,遍插白旗以迎。两城中各有副都统一员,皆先期逃避,或有言其降敌者,未之详也。

是时卜奎城中所有练军,半在北大岭迎战,半调防哈尔滨,故城中兵备空虚,不足备缓急。寿将军平日办事勇敢,颇为人所称许,顾以尔时各路军情迭变,警报沓至,方寸遂乱,不暇简练士卒,惟日操练义和团百余人恃为长城。尝于初七十五等日,传谕城中军民,不得炊爨作食,人咸非之。有部曹王辅臣者,将军旧友也,尝上书将军,微讽其开爨之非;将军怒,遽于二十二日与临阵脱逃之张营官同时请令正法。于是众皆解体。

二十八日,城中传言在哈尔滨之俄军已越东大岭,即日进逼卜奎,于是将军传令开城二日,纵商民逃逸。八月初二日,程太守先至卜奎,即入见寿将军,面陈与俄军停战议和事宜,且言俄军兵官已率师前来,必欲亲见将军,寿将军闻之,自度终不能亲见俄将与议和事,又不欲使城中居民无端罹祸,又自念世受国恩,宜阖门殉节,遂决计暨死报国以谢江省之民。乃先令其妻及妇子速自裁;又亲提其幼女纳诸储水器中,几致淹毙,幸经人救起,得不死。将军时已仰药图自尽,亦经人解救,得不死。

初三日,俄军前队陆续抵卜奎城。程太守出为照料,供张颇具。其军均屯扎关外,民间若不知有敌至。午后,忽闻枪炮声大作,将军传令闭城,令程太守出侦其故。旋知是时适有顺天仁字军到卜奎,与俄军遇,即开枪相击,俄军亦还炮御之,鏖战良久,仁字军力不支,阵亡将士二百余人,余均逃窜。

初四日晨,俄军后队亦到,俄将必欲入城见将军,将军闻之,即作遗书致俄将,请勿杀居民。书毕,呼从者舁柩入,朝衣朝冠从容卧柩中,取金器吞入腹中。骤不得死,命其子开枪击之。其子手战不忍发,误中左胁,不死。又命其家将继之,一枪中小腹,犹不死,呼声愈厉。家将顾曰:"如此宜令速死,免受痛苦。"乃再开一枪,洞胸而亡。时俄军已将入城,乃急掩柩以亲军二百人仓皇护送出城。途中数被俄军拦截,均由亲军力拒,得夺路而出。俄将犹疑将军未死,时副都统萨保已降俄,特令率军追之,期得将军之尸,卒不及而返。是日,俄军遂入卜奎城。

以上记齐齐哈尔失守事,至是黑龙江省已全归俄。

按俄人之窥伺东三省也久矣!有自东三省南归者,辄言其地土脉膏腴,擅畜牧之利,其谷食之坚好逾于内地,收数亦每倍之。地又多产金,俄虽有金矿,不之逮也。且俄僻处西北,地多不毛,欲东向以与欧洲诸国争衡,夺中国之权利,古人所谓"虽鞭之长,不及马腹",形格势禁,实多不便。故其欲夺东三省之意,虽三尺童子亦自知之,不自今日始也。今岁乃乘北省团匪之乱,借保护铁路为名,遣重兵入内地。许之,则强宾夺主之势成而祸将在日后;不许,则彼之启衅为有辞而祸将在目前。寿将军既有守土之责,卧榻之侧,岂容他人鼾睡?其力拒俄请,卒至兵戎相见,盖亦势所宜然,不能为将军咎也。将军受事日浅,军实空虚,不足御敌,人盖谅之;惟误信团匪,倚为干城,实有忠有余而智不足;卒至地失身亡,以死报国,识者盖哀之矣!综论其受祸之故,则在晋昌之怂恿。当各国联军入攻京师之时,朝廷尝谕令各直省将军督抚各自保守其疆土,朝廷不为遥制,惟不可以和之一字横梗胸中。寿将军奉谕后,心知黑龙江兵饷易绌,不足与俄战,乃电致奉天商议战守机宜。时晋昌方为奉天副都统,事事与奉天将军增祺立异,即电复寿将军,力主战议,并约于六月十三日同时与俄军开仗,军械粮饷许由奉天接济。由是寿将军恃以无恐,毅然决战。而战事既急,奉天援军卒不至。直至俄兵临城下,仁字军始仓皇奔至,一战而败,大局遂解。

东三省盛衰记

东三省幅员最大,以方里计之,几占内地十八行省十分之七。其名城在盛京境内者,有奉天、昌图、锦州三府。北则开原、铁岭,南则金海、盖复,近数十年则又以牛庄、旅顺,为巨埠重镇焉。在吉林境内者,曰吉林;曰宁古塔;曰三姓,库页岛属焉;曰阿勒楚喀;曰珲春。珲春最濒俄,亦近世要地也。在黑龙江境内者,曰齐齐哈尔,曰呼伦贝尔,曰黑龙江,曰呼兰,曰墨尔根,曰布特哈,皆在江南;曰爱珲,曰雅克萨,曰尼布楚,皆在江北。除锦州附近长城一带本入中国版图,其余大要为汉唐元菟、辽东,及宝苇、靺鞨、鞨海国诸地。

本朝之兴也,初起长白,后迁兴京,其地皆在今吉林境内。太祖高皇帝统一满洲五都,而附近取扈伦四部,用兵尤多,其地皆在今吉林盛京之间,方域犹不甚广阔也。惟东海三部,土地最大,而见于太祖太宗两朝之庙谟神策,事亦最多。而前后数十战,风卷云屯,而长白二部亦并归版籍。其地东极东海,至库页,西至全辽,接奉天,北过混洞,抵大兴安,南逾长白接高丽。盖吉林一省,方舆已东西南北数千里矣。太宗文皇帝数败明兵,亲取沈阳,迁都盛京,又东略锦州、宁辽诸地,南取金海、盖复诸城,于是盛京全部亦尽归囊括。

至黑龙江一省,则起于太祖高皇帝之追杀尼堪外兰于鄂勒劝城。其地在齐齐哈尔,实为黑龙江全省肇基之始。而太宗一朝,则诛伐宣抚,得地最多。至圣祖仁皇帝平定罗刹,与俄人立约,收回雅克萨城,而后索伦全部始并入中国。盖综黑龙江一省言之,亦可谓太祖树之,太宗培之,圣祖护之。方略具在,不可诬也。

故总论东三省一大地,而本朝先后次第艰难所以得之者如此。试历忆近事,则所以失之者又可详考焉。

康熙二十八年,与俄立约,以尼布楚界俄,为东三省割地之始。然是时实以易雅克萨,非果失地也。库页一岛,不知何时沦于日,日以与俄;然非亲割地也。所最关系全局而贻累后来者,则莫如咸丰十年一役;一旦举黑龙江以北,乌苏里以东,而尽弃之。光绪二十四年,俄索旅顺、大连湾,而旅大亦并归俄。至今夏中外启衅,俄逐利乘便;首取牛庄,而黑龙江、吉林二省会,亦先后归俄。三姓、宁古塔诸城继之。爱珲、珲春二城,亦传闻并陷矣。近日《字林报》又载:俄人于本月初五日攻破辽阳,初九日遂陷盛京。盖至是而东三省省会并入于俄,其名城巨镇亦并入于俄。且闻俄今皇尼古勒斯第二,将肆其东略而择形胜建新都,以经营东亚焉。盖莫斯科桂之王气兴,而赫图阿拉之宗风替矣!嗟乎,岂上帝临我而贰其心?岂天意乎?其人事乎?是可知矣!

按中国居亚洲东境,而东三省又在其东,其山岭乃负海而入百川,皆以是为归宿。盖山川出震,天地之所以成终而成始,故其兴也暴,而其亡也亦忽也!观天聪、天命两朝其所以辟荆榛而附种落者,其劳如是。至顺治、康熙,乃全定。先后历四朝几百年,及拱手而让他人,则旬日之间耳!自政变以来,守旧诸人欲以塞维新,阻进化,每曰"法祖敬宗",自今日观之,则所以对先朝,慰历圣者,如是!如是!呜呼痛哉!

李相入京议和记

　　当合肥李相之衔命北上议和也,既行抵天津,即于闰八月十八日乘车就道。是日共雇单套轿车四十辆,二把手小车二十辆,然尚不敷分坐,傔从多有徒步相随者。沿途见井邑萧条,人皆闭户,残黄败骨,狼藉盈途,为之慨叹不已。既抵齐化门,由俄统帅派骑兵数十名护卫。途中遇有德国兵队,两不相扰,得以安抵贤良寺行台。寺门外复有俄兵以鼓龠相迎,颇极恭敬。

　　时庆王方安居邸第,至十九日使相以礼往谒,并拜会各国使臣。二十日,续拜昨所未及者。二十一日,庆邸携赫鹭宾榷宪报谒。随照会各使,定期二十七日开议和局,并移送章程。其稿由榷宪拟成,使相更斟酌其间,不亢不卑。随得各使照复,以俄德两使尚在津门,却之。意国使臣资望较深,各国咸推为领袖,是日诣贤良寺答拜。寒暄既毕,即大言曰:"此何时耶?既已一败涂地,至此尚欲议和耶?惟有凛遵各国所示而已!"其傲慢如此。使相无可与校,默然不言。

　　旋闻各国使臣佥以中朝处置纵匪作乱之诸王大臣过于轻纵,且两宫蒙尘于外,和局必致难成。使相遂禀商庆王,拟定折稿,请旨将诸王大臣分别从严治罪,万不可仍留行在,以致外人啧有烦言,且言:"德皇覆书内以赐奠已故使臣克林德之事未慊于心,诸王大臣纵匪殃民,祸延邻国,法应论死,若中国大皇帝自行惩治,方能折服各国之心。"复言:"美国外务省来电,亦请严治刚董诸罪魁,今已令使臣康格查明中朝所定治罪之条是否已足?此外幸逃法网者尚有几员?"云云。及得刚毅病故,端、庄斥逐,电音立即照会各使。亦深知董尚拥兵扈驾,惩之易易,然回銮之事两宫尚未允从,在京各官亦不敢渎至再三,致干天怒。使相乃又单衔驰奏,略称:"德皇所覆国书中曾有两宫如欲还京,当饬统帅依礼迎迓;美廷亦望早日回銮,以免意外之事。总之偏安不可久,悍回不可恃,瓜分之局,恐自我酿成。唐代德宗仍回故都,遂成中兴盛业;梁元帝一去不复返,遂至沦亡。臣年已八旬,久荷天眷,苟非确有所见,乌敢冒昧上陈?"等情。其言极为肫挚。于是两宫乃有回銮之意。

　　先是二十五日俄使由津入京,二十八日德使续到。是日,英使函请庆王偕使相赴署,出示所拟办法五条:"一、惩治庇匪元凶;二、偿还兵费;三、赔被毁之产,恤被害之人;四、国家财赋归各国公同掌管;五、总理各国事务衙门,只须遴选明于交涉者综理一切,人数不可太多。"使相问:"以兵费约须若干?"答云:"约在三十万万之谱。"使相云:"中国急切何能筹此!"英使云:"若由各国掌管财赋,此款尚当可筹。"使相曰:"若是则中国无自主之权。"英使云:"事已如斯,中国尚望自主耶!"使相遂不复与言。各使臣复以使相先将照会及和好章程送交,殊有不悦之色,因此言语间更觉格格难入。庆邸见事棘手,忧心如焚,致须发皓然,几将一白如锦,每谓使相曰:"我公系国家柱石,实为当今不可少之人,凡事均须借重,本爵当拱听指挥耳。"由是每当聚议时,一切辩驳均由使相陈词,庆邸惟赞助数言。所幸使相年华虽迈,而精神依然矍铄,加以口似悬河,滔滔不竭,凡事皆力争上流,并不稍屈。各使臣乃允将条款交付,开议和局。由此观之,使相之功,不甚伟哉!

　　所有照会底稿,兹亦附录于后:

　　为照会事:照得本年入春后,义和拳匪扰及近畿一带,以致向所未闻之奇祸层见迭出。始则各国使馆被围,继则各国兵队汇至京中,随至乘舆播迁远地。试忆此事未出以前,若语人曰"数月后当有此事！"谁其信之？今者，朝廷始知左右诸王大臣之纵庇拳匪，妄启祸端，是以一面将该王大臣等照中国例，交各该衙门严议，一面派本大臣为全权大臣，便宜行事，俾得迅速开议和局，以了此事。惟应与议者，并非一国；且应议之事，各国又有不同；加以事出非常，应议一切，种种较难。再四思维，不若先将其事之纲领，与与议各国会定通行之专约，后将共事之详细，按照各国情形，各定分约。此外俟通商条约应否改定，均已办妥，再将约内关系各省应行事宜，再另定善后章程，以期彼此获益，永无窒碍。兹将先议之通行专约，特拟底稿，附送查阅，以便各国大臣会阅。并请将中国现在如何办法各情形，电达贵国外部，俾期速将应办之事，早得完结。除将拟稿附送，并录钞分送各国大臣查阅外，合即照会。为此照会贵大臣，请烦查照可也。须至照会者。

宣化近事纪

去冬，德、英、意、奥诸国联军，马步炮队共计二千五百余人，炮车计二十四辆，辎重糇粮车约可七十余辆，归德国伯爵约克提督统领。九月中旬，自京援队。先至沙河，将衙署焚毁；继至昌平州，又将霸昌道昌平州署焚毁。凡见华兵，立即枪毙。守居庸关某军统领马军门，闻信率队退出关外，至宣化府，而联队遂欲追踪而来，势不可遏。经过延庆怀来各州县，人民咸恐。

宣化镇何海峰军门，新任口北道灵寿芝观察，凤知军台效力、已革道员沈君敦和，前在江南驾驭德将，办理洋务，颇有声名，因即禀请察哈尔都统星夜檄调沈君驰抵宣化。其时联军已将临境，来势汹涌，阖郡官商还恳沈君设法调停。沈君奋不顾身，单骑前迎，行至鸡鸣驿，适与联军先锋马队相遇。其时适有华兵马队疾驰而过,洋将放枪,将各兵击毙,遂疑沈君为带兵官,传令洋兵马队围之,拟开枪击之。沈君即操西语侃侃而辩,仍不之信。正危急间,适洋将中有前在自强军之德将某君驰抵其地,知是沈君,遂至统将前力保。统将始回嗔作喜,与沈君握手为礼。而大队已入鸡鸣驿城。沈君偕同绅士等往谒统将,备陈愿备供亿,求将城池保全,勿纵各国兵队扰害民居。当经允准,并请沈君偕德将盖副戎巡城。

驻扎一夜,尚无淫掠。沈乘机与统将商议,保全宣化府,张家口两处。统将云:"宣、张二处,六、七月间均有拳匪仇教焚杀,惨无人理。此次奉瓦帅命来此复仇,非轰城不足蔽辜。且须西至归化城、太原府泄忿,并拿拳匪,恤教民,救被围之英将周尼思。"语次,即派马队数百骑西行,又派马步炮一千余人先至宣化、张家口攻击。各兵闻命,争先拔队。沈君一再婉恳,并允代赴归化城拿拳匪,救英将等事,并许保险费一万五千两,将宣化府保全,洋兵不得入城焚掠,更许银一万两,羊皮兵衣千件,将张家口上下堡两城池保全。幸经自强军德将往返劝说,始允,传令将西趋马队一并调至张家口再议。

二十七日,联军千余人已抵张家口。二十八日午后,西趋马队亦抵张垣,旁晚,大队全到。沈君向统将情恳商借德步队一百二十人,分布上下堡各城门口,并大皮货店、票号、当典、银号、衙署守护。沈君更偕警察营务德将沙君昼夜梭巡,并拿办随队华人抢夺财物者数起。是以相持六昼夜之久,未加扰害。惟驻扎联军之深沟一带地面,土匪诱令意兵烧毁当铺一家;淫掠亦所不免。十月初一日,沈君随同都统与联军各将会议,允于初二日退兵。张家口遂得保全。沈君复从宣化鸡鸣驿官民之请,遂与联军偕行,至鸡鸣驿而返。

凡沈君所经过各地,均赖保全,而未及同往之沙城、怀来等处,淫掠殊难言状。于是商民感沈君之德者万口同声。至初六日,沈君自宣化回时,商民夹道跪迎者约七里之遥。沈君下车答礼,一一慰问。后商民益感,群议绘像建祠以报。

察哈尔奎魁两都统当即专折奏闻。十月十八日,奉旨:"沈敦和免其发遣,交奎顺等差遣委用。"继派沈君总办察哈尔张家口洋务局。沈君又于蒙古各地追获五、六月之间俄商所失茶叶一万四千余箱,值银五十万两,交还俄商;并拿获拳匪头目数人正法,优恤被难教民;招练洋警察营,保护洋商货物行旅。道路平靖,商货流通。群称沈君为塞上福星,朔方生佛。

十二月初二日,忽奉上谕:"沈敦和着开复原官衔翎,仍交奎顺等差遣委用,钦此。"蒙古、宣化、张家口商民闻信之余,欢声雷动,代颂圣恩浩荡,公议各制万民牌伞者不计其数。

西安闻见录

两宫西巡后,所有紧要各事,择尤汇录如下:

大阿哥慈眷极衰,屡遭太后鞭挞。因其姿质愚顽,性尤乖傲之故,高赓恩尝谓人云:"可惜一候补皇上,将来恐变成开缺太子!"

大阿哥不喜读书,所好者,音乐、骑马、拳棒,三者而已。每日与太监数人至戏园观剧,头戴金边毡帽,身着青色紧身皮袍、枣红巴图鲁领褂,无异下流。最喜看《连环套》,尝点是出。有京伶名严玉者,屡邀厚赏。

大阿哥音乐学问极佳,凡伶人作乐时有不合者,必当面申饬,或亲自上台敲鼓板,扯胡琴,以炫己长。

十月十八日,大阿哥、澜公、溥僎率领太监多名,与甘军哄于城隍庙之庆喜园。太监大受创夷,彭述、裴维佽在座,均遭殃及。起衅之由,因争坐位而起。太监受伤后,又不敢与甘军一图报复,遂迁怒于戏园。嘱某中丞将各园一律封禁,并将园主枷示通衢。其告示有云:"两宫蒙尘,万民涂炭,是君辱臣死之秋,上下共图卧薪尝胆,何事演戏行乐?况陕中旱灾浩大,尤宜节省浮费,及一切饭店、酒楼,均一律严禁。"继而各园营求内务大臣继禄、工部侍郎溥兴,转求李莲英,遂又启封开演。又云:"天降瑞雪,预兆丰盈,理宜演戏酬神,所有园馆一律弛禁,惟禁止滋闹,如违重惩。"借以掩人耳目。闻者无不鼓掌。李莲英现下不甚跋扈,惟各省进呈贡品则多方挟制,稍不满意,挑剔备至。

夏震武上折,力保余蛮子可胜经略之任,愿以全家保其与联军背城一战。折中引用尚父、韩信两典,请皇上设台拜帅。虽未见施行,而太后赞赏不已。

董福祥,名虽回甘,其全军仍令邓增节制。邓于乙未年平回案内蒙董保奖,本董门生也。

樊增祥外放,因与某甲积不相能所致。某为人稍通时务,为荣幕出色人物,现已以海关道记名矣。

十月初六日,某中丞欲为万寿铺张,与各宗室议及。溥侗厉声曰:"国是败衰,一至于此,近又闻东陵为联军占踞,何以对祖宗!尚欲做生日乎!我当力阻!"其事遂寝。

某中丞为人沽名钓誉,其严禁太监滋扰告示云:"本部院久已视官如寄,不知权贵为何如人。"其实每日奔走于权阉之前,谄媚逢迎,无微不至,且与内奏事辛太监换帖,呼之曰三哥。

行在各官,出入非乘车,即骑马,尚书始能坐轿。某中丞以乘车不甚冠冕,力求太监斡旋,故有加尚书衔之命,亦改车为轿矣。

荣相声名甚劣，新者目为逆臣，旧者指为汉奸，尤以贪黩著闻。陈泽霖侵吞军饷甚巨，荣严札催缴，陈派山西候补把总姚度芝赍炭敬四万两、白燕窝念斤、绸缎四箱，饷荣求免，荣遂准其以前敌遗失作正报销。

荣之夫人故于彰德府旅次，荣在西安皮条巷某刹开吊，车马盈门。庄王福晋故于太原旅次，亦假西安皇华馆开吊，客虽众而赙敬远逊于荣。

行在顽固党有谓何乃莹者曰："肇祸诸臣究竟何如？"曰："亦不过做王允耳。"或曰："拟之韩侂胄，似乎相当。"何语塞。何乃莹每谈及刚毅，则泣下，动曰："中堂身后异常萧条，几无以殓，操守廉节，古今罕有，不假以年，岂非天哉！"

赵舒翘初到陕时，即请假十日，携带著名堪舆赴南关外修理祖墓，竭力培植，以期永久富贵。家中聘有精于子平风鉴者五人，终日讲求命相气色，一日三看，以决休咎。其愚诚不可及！

山东粮道达斌谢恩时，面奏太后，请诛祸首以息外国要求。太后色颇不豫。达又奏云："洋人决不肯干休，与其指出罪状而后办，不若先办以全国体。"太后曰："不独王大臣忠心耿耿，即义和拳亦忠心爱国，尔当时不在京，不知其中首尾，不必多说。"达遂退下。

戕害德使凶手就获记

有恩某者，系神机营霆字队枪八队章京，在东輂店居住。经日本包探在日界内某当铺访查赃物；旋侦得银表一枚，确系德使身畔之物，询问店主，据云，系一旗人来质，此人名恩海。随经包探诉明捕房，即由捕头带同巡捕五名，以翻译官为引线，同往捕拿。乃恩海与胡姓同居，迨入宅，见二三男子，不知谁是恩海。因问："恩海在家否？"恩不知其来捕己也，遽出答曰："予即恩海。"巡捕等即将恩海擒住，带至捕房讯问。

是时恩泰然自若，毫不畏惧。日官问曰："杀德使者是尔乎？"答曰："然。余奉我队长吩咐，路上见洋人，可直杀之。予等身为军人，只知有队长之命，不知其他。是日余率部下数十人，在路行走，恰好见一洋人乘轿入东直门。余急让开，在北首高处站住，方取枪对准向轿内欲击，其时轿中人亦向余放手枪。余让过一弹，赶紧即发一枪。枪声响处，轿夫弃轿向总理衙门逃去。予等即至轿前拖出洋人，业经气息奄奄。探其胸畔，见有银表一枚，为予所得。其余手枪、指环等物，皆被他人分攫而散。不意因此一物，遂致发觉。予因杀敌而死，死无所憾，请速斩吾首可也。"翻译谓恩曰："尔当时是否饮酒，乘兴杀人乎？"恩曰："否。酒是大好物，予平日尝饮三五斤，不足为奇。惟是日确系涓滴不饮。君等犹以我为吐虚言而图蔽罪者乎？恩海生平，不知有欺人之事也！"侃侃而言，了无惧色。

恩拘于日捕房者一宵，次日即送交德使署讯办。遂于十一月初十日，于德使被害处正法。

宗室伯茀太史寿富殉节记

自拳匪祸作，太史极以内廷为忧，四向穷探消息。一日，忽翻然曰："毋庸问矣！无论如何结束，总非好局面。吾思之熟矣！大清臣子，只有一死字。及今尚有自主之权耳。"有叩以急策者，取案上笔书曰："先救皇上出险，然后再议办法。"间有劝太史出避，怆然不对。又劝使其弟仲茀挈眷属居墓庐，则曰："皮之不存，毛将安附！"既又曰："大宗如此，何论小宗！"仲茀亦向人自道活得无谓。

太史之外舅联仙蘅学士，素治宋学，官楚时，闻太史讲新法，严函往复，翁婿谊绝矣。迨学士内用，始知太史恳恳忠爱，原本义理之学，不同世之号新法者。都下事急，召对诸臣，学士痛哭力争，极陈万国律法利害，公使必不可戕。某王出班叱曰："联元可杀！"赖太后默然，乃免。太史私告密友，以为"吾外舅决不能终免"。盖学士所陈，皆据其言入告也。及七月十七，学士卒赴东市。太史忧国之外，又加以私痛矣。联学士被刑后，至二十一日内眷逃太史家，自是内外信断绝。

二十三日，洋兵入西城，喧传若竖白旗者免死。太史与仲弗急仰药。其未字堂妹，年三十二岁，夺所遗药令八岁妹咽后，亦引药自咽。其婢名隆儿者，感主人义，亦服药誓死。未几洋兵已至隔院，太史惧不即死，为所辱，曳诸人入两厢投缳于梁，体重绳绝，砰然坠地。仲弗急为扶上，即履仲弗肩，复上缳。仲弗又为妹婢从容理缳毕，出门趋南屋觅得细绳，回至西厢，阖其门投环当门死焉。此七月二十三日巳刻事也。太史年三十有六，仲弗三十有二耳。其姒娣为联氏眷力持，得以不死。

洋兵退后，家人排闼曳仲弗尸，方得入，悬尸尽解陈厅，事无所措，邻舍傅君兰泰出百金，市柳棺五具，橐葬宅后园中。太史之友先后均邮金赙奠，夫人急为筹迁葬，制外椁，并谋归傅氏金，孤孀半饥饱不顾也。诸孤皆幼，太史子橘涂，方九岁，行止举动，无异其父。仲弗平日有燕赵侠士之气，卒与其兄并以不辱。太史自马关议成后，日夜涕泣，倡新学，冀以雪国耻，乃今仅以一死自洁其身，此岂其生平之志者！然上足以报太祖之灵，下足以塞守旧之口矣。

卷 四[①]

直隶藩臬往来札文

藩台廷杰、臬台廷雍会批

据禀,该州宋门拳教几酿事端,现经稍息情形,已悉。惟义和拳学习拳棒,不过自卫身家,若借端纠众肆扰,人情之所不顺,即国法之所不容,不必问其仇教与否,亦在应禁之列。前经通行饬遵。今该州既有义和拳在宋门设场亮拳,试放洋枪,误毙同夥人命,自应查明,出示严禁,设法解散,勿任借端滋事。至移练军驻扎杜桥,以作冬防,并可保护教堂,尚属可行。另单所请选任大员,假以重兵,认真剿抚一节,事涉张皇,势必激成巨案。断难照行。仰即遵照,妥为筹办,仍加防范,务期民教相安,是为至要。切切。

禀一

敬密禀者:窃卑州拳教滋事情形节次禀陈,并电察在案,并前夹单另禀,蒙藩宪批"事涉张皇,势必激成巨案,断难照行"等因。卑职亦知此策冒昧,能说不能行。不得已而思其中策,惟有叩求将卑职立即撤任,选委年富力健、精明强干之员速来接署,必能暂时镇住。从容数月,处置得宜,便可相安无事。卑职此论,并非为私,

---

[①] 本卷通行专约底稿、和议十二款原稿、全权文凭式等内容较为常见,故不赘录。

实因公起见，敢为大人详晰陈之：

目下教士与卑职因案意见不合。教士之意，非将拳匪立拿正法，驱逐净尽不可。此举既不能办到，费尽唇舌，勉就范围，而其意则积怨已深，遇事百般作梗。所以龃龉既显，事情愈多；事情既多，龃龉益甚。势必以袒庇纵容为词，怂恿领事上渎宪聪，另出事端挟制。若以卑职不能保教，疏于防禁为词，撤任便可平教士之气。向来易一新官，教士教民必驯扰多月，此最要之一端也。卑职性度懦弱，任此八年，早为民间窥破，狎而生玩。且久患痼疾，冬令即行动艰难，不能冒风，即如此次亲至黄古庄下车后，令人扶挟而行，当风言语一字亦说不清。如此病躯，当此要务，势必贻误大局。至不敢遽请病假者，虑涉畏事规避之嫌。实则由卑职请假乞退，准否于事无济。若明斥以不能保教、疏于禁防撤任，则耳目一震。后任到此，操纵易于着力，匪徒必有畏心，或可敛迹，不致妄动。此亦最要关键之一端也。昨奉大人电示，令卑职妥为弹压保护等因，卑职自当尽其力之所能为。只虑事机之来，间不容发，至误及大局，而思曲突徙薪，恐已无从补救矣。用敢披沥再陈，伏乞大人鉴核示遵。

禀二

敬禀者：窃卑州拳教滋闹各案，节经禀陈详陈，旋只奉电示与吴营官相机会商等因。卑职闻吴营官所带兵队均分防外出，尚无一人前来。假如吴营官到此，即能镇住，诚如天之福矣。现在黄古庄一案，拳党一面经卑职派总董等弹压安抚，可暂无事。教民气焰弥甚，谓教士已调洋兵即刻来此，与义和拳打仗，胜则行教，不胜即回西洋，此言虽系外人恫愒挟制，而拳党闻之，愈激其怒。且洋人能说，即能行，亦何可不虑！谨查卑职州境内，拳场亦有数十处，实防不胜防。前日卑职于禀内附一夹单,上陈督宪,有将卑职立即撤任,可冀暂时镇住。缘有二端:一则教士与卑职既见龃龉,其意非将拳党立拿正法不可;不遂其意,即不免无中生有,日出事端,愈变愈幻,定必激出巨案,卑职安能当此重咎。一则卑职夙患风疾,冬令畏寒怕风,久邀宪鉴。自九月二十三日闻阜城闹教后,至今彻夜不睡,行步艰难,言语不清;二十九日黎明,与黄古庄董事等商议事件,触冒风寒,至巳刻忽寒厥,二刻许方苏;目下卧床不起,一闻人声,即心中惕息,日仅食粥数瓯。如此病躯,当此紧要公务,势必贻误,如迅委年力富强之员署事,或可挽回万一。倘因卑职病体而误大局,虽将卑职立正典刑,亦属无益,且卑职亦死不瞑目。用敢伏枕沥陈。卑职言尽于此,惟大人鉴之。

禀三

敬禀者:窃卑州黄古庄、刘八庄,拳教滋事情形,前已禀陈在案。现在黄古庄拳众,经卑职派人安抚,暂时可免决裂。各处教堂被毁物件,卑职已允赔偿。乃教士任德芬故留献县未回。一再派人见总堂人,不惟拒而不纳,且借端砌词,分具禀呈,接踵而至,无非意存挟制。总之卑职在此一日,事情越重一日,堂中图赖之计亦越巧一日,然犹不便明拂其意,悉以婉言批示安慰,聊以对付而已。蒙檄派练军,昨接梅提督信,云来两哨,约日可到。推卑州有教堂教民之村共百余处,拳场亦已有数十处,拳众呼吸千百人。如练军零星分布,恐寡不敌众。如统驻在城,更鞭长莫及。即相机会商,恐吴营官未必能便宜行事。转展顾虑,其棘手为难,更觉毫无把握。卑职才智短浅,日来重以忧愤,更痰火上升,心思枯竭。夫以病躯当此艰险巨任,实于大局无补。昨得吴桥县劳令来函,有云:"一旦祸发,虽死无以自赎!"卑职闻之,只抚膺顿足而已。伏乞大人俯察拳势鸱张,洋教要挟,事关重大,迅赐统筹全局,指示机宜,俾有遵循,不胜引领待命之至。谨将洋教近日投递禀呈一律开折呈鉴。再吴桥县劳令昨寄来"拳教源流考书后"一篇,意欲函商七州县,会禀叩求大人奏请禁止邪教,派大员带领三四营在河间府属择要驻扎,专办此事;卑职覆以会衔徒耽时日,不若单衔合禀为速。合并声明。

端中丞劝戒秦民告示

一

　　为示民各安本业,以靖地方事。照得津沽民教相仇之案,此间已有传闻,深恐尔百姓知之勿详,又复惑于谣言,无端滋事。自维官长之于百姓:以分论之,则为官民;以情论之,无异家人父子。何嫌何忌,而不肯为百姓苦口一言?哄传拳民练习身技,不畏枪炮,此呓语也。或当民教积不相能之时,其黠者意图报复,而又欲齐一人心,设此权词,用动公愤,亦未可定。愚百姓不察,以虚为实,至兵连祸结,死者不能复生,而其体已残,其迷不悟,诬言遍布,远道犹来。近京数百里,积尸累累,不得谓已死者皆习技未精之辈,未死者为学法已成之人,其不足信者一。义和拳名目由来已久,嘉庆年间已奉谕旨严行拿办,凡有所获,立予骈诛,现既效命疆场,成事不说,但以理审之,恐无斧钺可以亡身而枪炮不得丧命之事,其不足信者二。咸同时粤匪起事,治兵者为曾文正、胡文忠诸公,奇材异能,罔不罗致,而论枪炮之毒,但云惟有激励忠义,以血肉之躯搏之,不闻有此异术为朝廷效尺寸之劳,其不足信者三。曩年河南、湖广等省白莲教起事,皆借术愚人,及大兵云集,邪难敌正,其身不保,其术亦不灵,以彼例此,恐亦同为假托,其不足信者四。本护部院夙知秦民敦重节义,重公战而耻私仇,即学习艺能,亦敌忾同仇之义。但与国为敌者,在边海入犯之洋兵,不在内地寄居之教士。若奉敕征调,急难从戎,奋忠义自矢之心,守战阵无勇之戒,本护部院适官斯土,亦与有荣。若侮此茕茕孤弱之数洋人,希图财物,是直苟且无赖之事,何预急公奋义之为?不唯法所不容,并为尔百姓愧之。向来各处匪徒,多驾名于助清灭洋;中国自有威权,何取乎若曹之助?外人但安本分,何至用若曹之灭?只恐助清者适为清忧,灭洋者益增洋衅。现在各省入卫之师,星罗云布,天戈所指,挽枪立销,万无需于尔百姓。尔百姓但当各安恒业,勿信谣传,即云事变难知,而官府设兵以卫民,岂有不代为防维之理?又如去年钦奉上谕,各属应办理团练,圣意谆谆,尚欲百姓勤于守望,借保地方。不过此等无据之言,按之于理,多属不经,审乎其实,尤恐无用。迩来近京一带地方,父老子弟无业可执,无家可归,兵燹余生,痛定思痛,覆车未远,尔百姓何堪循之?兼之真正拳民,皆籍隶直隶、山东等省,该处正敌兵四集,外侮频加,欲图报国,彼必不能来;欲求保家,彼亦不肯来。只恐尔百姓所拟而冀之者,适召异方之游勇,以及不法之奸民。求伸忠愤之心,转堕匪徒之党,本护部院用是恻然。特申劝戒,为此示仰军民人等一体知悉;尔等须知谣传之说,万不可凭恍惚之术,万不可恃!官长之诫,万不可违!兵祸之烈,万不可肇!明理君子,从今绝口不谈;安分良民,亦复束身自爱。父禁其子,兄戒其弟,士农工商,各安各业。如有驰心谬说,听信讹言,聚徒拜师,藉端起衅,则国法具在,宽典难邀。祸集厥身,孽由自作,不得谓本护部院不教而诛也!懔之!慎之!乡愚不通文理,所赖读书明理之士将此示明白宣讲,以发其蒙。切切特示。

二

为凛遵谕旨,一体保护事。光绪二十六年六月二十一日奉上谕:"此次中外肇衅,起于民教之相斗,嗣因大沽炮台被占,以致激成兵端。朝廷谊重邦交,仍不肯轻于决绝,迭经明降谕旨,保护使馆,并谕各直省保护教士。现在兵事未弭,各国商民在中国者甚多,均应一体保护。着该将军督抚查明各国洋商教士在通商各埠及各府州县者,按照条约一体认真保护。不得稍有疏虞。"又于六月二十三日奉上谕:"春秋之义,不戮行人。二月以来,除德使被乱民戕害,现在严行查办外,其余各国使臣,朝廷几费经营,苦心保护,均各无恙。钦此。"查陕省地处西偏,向无商埠,惟教堂则所在多有。该教士重洋万里,远道而来,与尔百姓耦俱无猜,从无变生意外之事。现在饥民遍地,谣诼纷传,诚恐有不法匪徒,故意与教堂寻衅。屡经本护部院札饬各州县认真保护,兹复钦奉谕旨,唯恐各教士不得其所,至再至三。朝廷怀柔之恩如此其挚,官府体恤之意如此其周,尔百姓赋有天良,谊均地主,必欲故违朝旨,构衅远人,于法则当诛,于情亦为不顺。兼之人心好尚,天心应之,和气致祥,灾气致厉,自然之理也。现在旱象已成,雨泽不能深透,旱魃之虐,迄无已时,未始非尔百姓造谣生事,居心不靖,有以上干天和。若安静自持,各循本分,揆之作善降祥之理,自必立迓和甘。即如直隶、山西,本太平世界,皆因百姓骚然不靖,自兴乱端,遂使阖境生灵,惨道荼毒。本护部院洞鉴及此,是以委曲周折,力维大局,冀为尔等谋一日之安全。若再执迷不悟,真是不遵教化之民矣。尔时执法以绳,其无怨悔!抑本护部院所为三令五申者,并非欲尔等低首下心,不复作其忠义之气也。同为大清之臣民,世受累朝之豢养,诚宜作忠义之气,务远大之图:值此军饷难筹,必当捐输以济用；倘或敌兵猝至，誓捐躯命以同仇；或为国而忘身；或毁家而纾难。必如此方为善类，必如此方为义民。或轻信兴清灭洋之浮言，误奉惑世诬民之邪教，逞一时之血气，戕孤弱之洋人，无补于时，徒然生事。目前既崇仁而不武，事后必丧家而亡身，朝廷目为乱民，乡党受其毒害，以吾秦崇礼义尚气节之民，必不为此！其敢于为此者，不过借仇洋教之名，而遂其发洋财之愿。其实秦中教堂无几，洋财几何？于是抢教堂不能不波及富室，烧洋房不能不延及民居，戕教民不能不殃及无辜。狡黠者已得财而远扬，愚懦者必向隅而受累。历查各省闹教之案，事定之日，无非百姓吃亏，言之可为痛惜！本护部院所以不避毁誉，竭力维持者，深恐一闹教则目前地方大乱，而事后百姓遭殃也。为此谕仰军民人等一体知悉：须知保护教堂，皆迭奉特旨实力遵行之事，务各父戒其子，兄戒其弟，恪遵功令，期于民教相安，自足以感召太和，地方静谧。如有妄听浮言，无端寻衅，定即治以背违诏令之罪。尔百姓等，但当各安本分，毋蹈危机，致负本护部院诰诫之苦衷也。以上所言，或恐吾民不能尽通文理。所望读书之士，勤为讲解，开其颛蒙，不胜厚望。切切特示。

袁中丞新订严禁拳匪暂行章程

一、禁止拳匪，总在各州县勤加访查，认真缉办，以遏乱萌。嗣后倘在该境内有拳匪设厂教习者，即将该管州县照纵匪例从严参办。

一、禁止拳匪，并须责成该庄长首事地保，令其随时禀报。如有拳匪设厂教习，扶同徇隐不报，经官查明，即将该庄长首事拿获监禁一年，地保监禁三年，倘地保与匪相通，及在官人役与匪通气，查获讯明,即行正法。

一、父兄纵听子弟学习邪拳,除将其子弟正法外,该父兄拿获禁监三年。

一、拳匪设厂聚众教练之处,经官查出,即将该厂毁平。如在人家聚设,除将该厂毁平外,勿论何人家产,仍将其家产充公具报。

一、如有人告发拳匪设厂之家,经官查获后,验讯明确,即将该犯家产提出,一半赏给告发之人,一半充公。其有拿获设厂匪首,即送案者,将该犯家产全数赏给。

一、村内设有拳厂之邻人,如虑拳匪报复,不敢出名告发,应即通知庄长首事地保,密报到官,以凭拿办,倘知而不报,致酿成焚杀重案,定将该邻右提案严办。窝留者与匪犯同罪。

一、此项禁章,系为嗣后习拳者而设,其从前拳匪除著名匪首及曾犯焚抢重案者,仍应查拿外,其余被胁之愚民,如无案犯,但能悔过自新,一概从宽免究。亦不准差役地保借端扰累株连。

一、倘有挟仇诬告,希图分赏者,查讯毫无实据,即行反坐科罪,决不宽贷。

驻京美日两国提督议定游览紫禁城章程

一、此章程自西历十九日,即中历元旦日为始,照行。

一、此章程因方便文武官员及各国士商入紫禁城而设,以免有屡报宫中之物为游客所携失之事。此系美日两国提督会议,开定下列各条:

(一)凡文武官员,及各国士商,应持有联军各军管带官之信函,准于每礼拜二、礼拜五等日,自午前十点钟,至午后二点钟止入内,二点钟以后,应请各位退出。

（二）按前条所开之管带官之信函，应请于前两日预投，或致美提督，或致日提督。函中声明系某官居长，及应偕行人数。美日提督自当互相知会。

（三）游者应由南门入，由北门出。其余各门，均不能擅开。

（四）凡大内悬有免入等牌之门户，均请免入。

（五）当开明各日期时辰内，应有派出值日美日武官照料。

（六）大内所用华仆，除奉有美长官或日长官之准状外，不准带物件外出。

（七）所有华人出宫禁者，应由把门美兵日兵认真搜检。倘查有违章之物在身上，应由把门兵丁扣留，具报长官，以便申报提督核办。

（八）如瓦统帅，及联军各官长提督，及其偕来之友，不论何日，在上午十点钟至午后二点钟之间，紫禁城之南门可以启开延入。或有人持瓦大帅及联军各官长提督之名片投交守门武官，亦可放行。

记俄人治理牛庄官制新章

牛庄自归俄国驻扎后，俄政府拟设总理事官一员，归俄国陆军提督奏请俄皇派充总理事官外，另设工部局一以辅佐之。以下各员，有事时须传请会议：牛庄总兵官及各领事所派之人、洋商所派之人、华商所派之人、海关税务司、清道局、督巡官、工部，归总理事官总其成。如总理事官告假或有病，则由牛庄统兵官代理。华人亦设工部局一以辅之。

凡此间华商、华民，所闻所见者，可由华工部以达总理事官，分别商办。总理事官设参谋官一员、督带巡捕武巡员一员、内城按察司三员、守藏官一员、验税务官一员、清道局督巡官一员。尚有必须翻译官多名,亦由总理事官派充。牛庄统兵官一员,归俄提督派充。所有牛庄之兵,除巡捕兵外,悉归管带;其应尽之职,应有之事,归提督手定。

总理事官应有之权如下:一、造律;二、加税;三、安置中国国家所有产业;四、掌管所有出入财款;五、与各国领事会商议事。

督带巡捕武员正副各一名,专管调派巡捕,分巡城厢内外,以及河道各船。巡捕有察报民间户口、丁口、房屋数目之责;河道巡捕则严禁华兵军装等项,不许进口。

验收税厘官及守藏官,有收取民间例税之权。验收税厘官,兼管造册报销,其册每三个月一缴,呈俄提督察核。中国海关则由俄国政府验收,所有章程一切仍旧。海关内另设中国民船司,以专收中国民船税厘。此款不入海关,另交总理事官。所用管理中国民船司,月薪较他员为优。

华民讼狱,归按察司照中国会审公堂章程主审。如俄人、华人及他国人无领事在埠者,亦归该按察定判。他国人民互相控讦,则归其本国领事主审。如华人控西人,则归被控之本国领事主审;如西人控华人,可归按察主审。劫掠谋反,以及有事之时私漏军装各案,则归陆军提督派员主审。

清道局督巡官所管之事务:使街衢洁净,房屋高爽,使民不生疾病。该局应派医官若干员,以便时时查验。

以上各员,统归俄国陆军提督派充。如有办理不善等情,亦归提督撤差。总理事官有派员承充各项差使,酌定各员薪水之权。各局所详细章程,由总理事官与各员所商议停妥,呈请俄国提督鉴定。所有经费,归俄国政府由牛庄各项税厘支销。

驻扎天津办理通商事务日本郑领事推广租界文

一

　　为出示晓谕事。天津府东南地方设立日本租界,现拟推广;以闸口为东北界,下循海河,至法国租界止;又自闸口往西,迤逦顺城濠至南门外,为西北界;再由南门外抵海光门,为西南界;由海光门循土墙至法国租界,取一直线达海河沿,紧接法国租界为止,现经划定,均归日本租界所有。租界内房地捐税以及设立巡捕各项事宜,本应由本领事专管,公署一体举办;惟现值乱离之后,居民多迁徙未回,并无户田册籍可稽,是以函请暂行管理津郡城厢内外都统衙门权为办理。已经派出本国及义国兵弁在界内巡查,并有本国守务兵队驻扎,以资弹压,谅不致有骚扰情事。尔居民人等,宜各安分。一俟稍有端倪,本领事即行接办,以符定制。

二

　　照得通商条约内,载日本人准在天津设立租界,以为本国居留之所,又续立文凭,内开"订立租界自换约之日为始,所有界内住房土地,一概不许私自卖与他国人民为业"各等语。今本领事特于界内闸口下设立专管租界公署一所,专办理界内一切事宜。仰该处地保,立即传知界内绅耆人等,本领事定于日历一月初六日,即华历十一月十六日,齐集公署,一体会语。并饬界内居民各宜照旧安居,其房产地产,不许私行售卖与他国人民,一面将房地契纸迅速呈缴公署,以凭查验。本领事自有公平办理,决不令房地主甘受亏累,以昭公允。

天津西官推广管理地方告示

暂行管理城厢内外地方事务都统宝倭青法副司为出示晓谕事。照得本衙门仅管理天津城池暨土墙以内地方,现状天津县属境暨宁河县属之新河以南一带地方全行管辖,界内居民尽行保护。该民人等,亦当恪遵本衙门所订律章办理。兹将各处地方划分五段。第一段,系津城并土墙内以及附近土墙之三四里地方,所有村庄;席厂、东于庄、辛庄、白庙、小于庄、大直、沽田庄、小孙庄、四角寺、堤头、大红桥、西干庄、西沽、新庄、大觉庵、杨庄、小园、大园、东楼、小王、庄西楼、佟家楼、三义庄、贺家口、小刘庄。第二段,谓之城北段,第三段谓之城南段,系由杨家庄起,至老米店止;此两段以河为界。第四段谓之军粮城段,系由杨家庄起,至葛沽止。第五段谓之唐沽段,系由葛沽起,至海滨止。城外四段,每段俱添设司员一员驻扎。第二段名曰城北司员,现派某充补,第三段名曰城南段司员,现派贾立尔充补,均驻天津。第四段名曰军粮城段司员,现派德格特充补,驻军粮城。第五段名曰塘沽段司员,现派渥勒寒芬充补,驻塘沽。各段内一切事务,统归各司员办理。民间事故,已在司员衙门呈控判审各节,该民人等若不悦服,亦可来本衙门上控。华历明年正月初七日以前,各村庄须公举绅董三名充当村正,开列该绅董等衔名清单票报司员衙门存案。初十日以前,该司员等亲往各村与各董绅商办每村应设华捕若干并号衣款式须与天津相同各项事宜。至各处民人田产,光绪二十七年暂免上忙钱粮,如有税厘等项均归司员征收,给予收条为据。本衙门并四司员衙门西国官员,并文案翻译,及各项差役,均不准收纳民人礼物,如违查出惩办。该民人等亦不得暗中馈赠。为此示仰各项民人知悉。特示。

天津地方衙门新定巡捕章程

（一）天津城门，为军务上起见，自夜七点钟至晨五点钟即行闭锁。

（二）华人至八点钟以后，无故不得出街。若有不得已事故，必须外出，则当手提灯笼，遇巡捕上前盘问，即据实回答。又不许三人以上同行，违则拘入捕房惩罚。有不从者，可用武力强拿。倘或有杀伤情事，亦罪在本人，不在巡捕。

（三）外国捕头及中国副捕头，其左腕俱用白色记号，上用华字。凡捕头之命令，不得违拗，否则予以严惩。

（四）有华人尸骸抛弃街内，或仅有掩埋浮面者，当掘出各送往坟地安葬。又华人有将尸骸久留家内者，宜限令克期安葬。

（五）凡烟馆娼寮一律封禁。违禁者，或私赴此等地方者，俱予以严罚。

（六）华人或有不得已事故，须燃放火炮等事，须经捕房允准，否则不得擅行。又藏有军器者，宜在附近捕房缴出。有不遵者，或在身畔及屋内搜出军器者，俱予以严罚。

（七）华人或被其本国人掠夺，盗窃及种种不法，以致扰其生业，伤其身命，损其房屋者，许其最近向捕房投控，或直将其人扭交捕房。

（八）华人有劝外国兵加害于其本国人者，或因复仇起见及其余一切缘故在捕房诬告本国人者，一律严罚。

辽东俄兵分屯表

俄国军士之分驻西伯利亚东部者：狙击队第十联队一大队，

在旅顺驻扎。又第十一联队二大队,在大连湾驻扎。又第三联队二大队,在泥夸利司若驻扎。又第六联队二大队,在诺乌哑几贤夫苦驻扎。又第七联队二大队,亦在诺乌哑几贤夫苦驻扎。又第八联队二大队,在拔辣哈驻扎。又第一联队二大队,在辣是独利司伊驻扎。后贝加尔可杀克骑兵及乌贤诺内乌气痕司几兵第一联队四中队,在大连湾驻扎。气痕司几兵第一联队之中一队,在泥夸利司苦驻扎。沿海州龙骑兵联队中一支,在辣是独利司伊驻扎。可杀克骑兵一支,驻扎之处未详。西伯利亚东部狙击炮兵大队之第一中队,携带轻炮,在旅顺驻扎。西伯利亚东部第一旅团之第四中队,携带轻炮,在诺乌哑几贤夫司苦驻扎。炮兵某队若干,其驻扎之处未详。西伯利亚东部工兵大队本部及二中队,在哈拔洛夫司苦驻扎。又电信中队,亦在哈拔洛夫司苦驻扎。乌苏里铁道大队之二中队,亦在哈拔夫司苦驻扎。卫生队,驻扎之处未详。要塞炮兵第一大队四中队,在旅顺驻扎。又第二大队四中队,又工兵中队,同在旅顺驻扎。以上总计:步兵十三大队;骑兵五中队、二部队;炮兵除要塞联兵外,二中队,携带轻炮十六尊;工兵三中队;电信兵一中队;铁道队二中队;卫生队一队。

俄国军队之入满洲者:后贝加尔可杀克兵及乌贤路夫内路气痕司尔兵第三联队之六中队,驻扎哈伊辣路。可杀克骑炮兵第二中队,亦驻扎哈伊辣路。线列步兵一大队,驻扎爱珲。狙击步兵第十四联之六中队,亦驻扎爱珲。豫备步兵第一联队之四大队,亦驻扎爱珲。后贝加尔可杀克骑兵一联队之六中队,亦驻扎爱珲。后贝加尔独立炮兵大队之二中队,携带轻炮,亦驻扎爱珲。狙击部兵第四联队之二大队,驻扎三姓。狙击步兵第十八联队之二大队,亦驻扎三姓。狙击步兵第十九联队之二大队,亦驻扎三姓。狙击步兵第二十联队之二大队，亦驻扎三姓，后贝加尔可杀克骑兵二中队，亦驻扎三姓。西伯利亚乐部炮兵第二旅团之第三第四中队，携带轻炮，亦驻扎三姓。西伯利亚东部炮兵第一旅团之一中队，亦携带轻炮，驻扎三姓。线列步兵一大队，驻扎哈尔滨。西伯利亚东部狙击步兵第十七联队之二大队，亦驻扎哈尔滨。西伯利亚东部狙击步兵第五联队之二中队，驻扎珲春。西伯利亚东部狙击步兵第十五联队之二大队，亦驻扎珲春。西伯利亚东部狙击步兵第十六联队之二大队，亦驻扎珲春。乌苏利可杀克大队之第二中队，亦驻扎珲春。后贝加尔可杀克兵及乌气痕司步兵第口联队之一中队，亦驻扎珲春。西伯利亚东部炮兵第一旅团之第六中队，携带开山炮，亦驻扎珲春白炮第二中队，亦驻扎珲春。重炮第一中队亦驻扎珲春。以上总计步兵二十四大队，骑兵十六中队炮兵九中队，骑炮六尊、开山炮八尊、白炮六尊、重炮一尊。

日、俄、德、法四国东方海军兵力表

日本

　　富士号　一万二千六百四十九吨

　　八岛号　一万二千五百十七吨

　　出云号　九千九百零六吨

　　浅间号　九千八百五十五吨

　　常盘号　九千八百五十五吨

　　八云号　九千四百五十六吨

　　吾妻号　九千四百五十六吨

　　镇远号　七千三百三十五吨

俄国

　　露西亚　一万二千一百五十五吨

　　洗觅斯德亡愈　一万零九百五十吨

　　彼德堡　一万零九百五十吨

　　母愈打字阿　一万零九百五十吨

　　于立克　一万零九百五十吨

　　奈密利痕　九千四百七十六吨

　　尼哥拉第　八千四百四十吨

　　阿虑米罗奈西模　七千七百八十一吨

德国

　　战斗舰　布浪登布耳克　一万一百吨

　　战斗舰　克耳希哥耳　一万一百吨

　　战斗舰　卫审波　一万一百吨

　　战斗舰　威尔德　一万一百吨

　　装甲巡洋舰　希尔司德　一万一千吨

　　装甲巡洋舰　喀述林　六千三百三十一吨装甲巡洋舰　亨石六千零一吨

　　装甲巡洋舰　海耳达　六千吨

　　巡洋舰　伊立纳　四千一百零九吨

　　巡洋舰　开乌希翁　四千二百吨

　　巡洋舰　喀伊亚耳　一千六百吨

　　巡洋舰　山亚笃立儿　一千六百吨

　　巡洋舰　布希塞儿　一千六百吨

　　巡洋舰　秀滑儿贝　一千一百二十吨

　　报信舰　海辣　二千吨

炮舰　伊儿汽斯　一千吨

炮舰　野克亚耳　九百零一吨

炮舰　气格耳　九百零一吨

炮舰辣克司　八百五十吨

共十九舰，八万九千六百十吨

法国

战斗舰　列达布特布耳　九千二百八十八吨巡洋舰　格伊庆　八千二百七十七吨

巡洋舰　打笃耳喀　八千一百十四吨

巡洋舰　簿乌彭　六千一百十二吨

巡洋舰　亚米辣耳西　四千七百五十吨巡洋舰　祥则　四千五百吨

巡洋舰　特喀耳　四千二百吨

巡洋舰　白司喀耳　四千二百吨

巡洋舰　雀司色路　三千八百吨

巡洋舰　富利亚　三千八百吨

炮舰　亚克列路儿　一千六百五十八吨

炮舰　喀布生　一千二百五十吨

炮舰　帛西其　六百四十六吨

炮舰　秀布利司　六百二十七吨

炮舰　亚路　五百零八吨

炮舰　各末　四百七十三吨

炮舰　利翕　四百七十三吨

炮舰　赔败　四百六十三吨

炮舰　亚斯贝克　四百五十三吨

共十九舰,六万三千一百九十吨。

中国全权大臣致各国驻京钦使和款说帖全分

十一月初三日,接读各国钦差全权大臣公议条约十二款,足见各国与中国真心和好,曷胜欣感。所开各款,业经本爵大臣电奏,现奉中国大皇帝电旨:"所奏十二条大纲,应即照允。钦此。"旋于十七日,接各贵大臣送来条款,并葛大臣照会,内开"所有要款施行,其详细条目应请贵王大臣议妥,以便当面答覆而免迟延"各等因。本爵大臣当即遵照前奉谕旨署名画押。查诸大臣开来条约共十二款,中国业经允从,足适各国之意,自应照条约末节所称,撤退京畿一带驻扎兵队。未撤之先,自应停战止兵,不可派兵分往各州县城镇四出骚扰,致令民人惊惧,是为至要。其余详细条目,欲商各事,开列于后:

第一款　德国钦差克林德事应照办。

第二款　西历九月二十五日,即中历闰八月初二日上谕,业将该王大臣等治罪。既据贵各国大臣条款,仍请严惩,自应照款内所称分别轻重,治以应得之罪等语,奏请严加惩办。又载诸各国人民被戕凌虐之各城镇五年内概不得举行文武考试,查各府厅州县所管城镇甚多,应查明何城何镇地方如有戕害凌虐诸国人民之事,自应照办。此项自指学政岁科试而言,至乡会试系各直省合考之事。其有戕害凌虐诸国人民之城镇,应仍照前项查明办理,其他处城镇并无干涉者,仍应照常考试,以分良莠而示劝惩。

第三款　日本书记生杉山彬事照办。

第四款　各坟立碑事照办。

第五款　运进中国之军火暨专为制造军火之各种器料,照诸国后定之款,仍不准运入中国。查中国内地,土匪随地皆有,且均执有洋枪火器,中国防勇若无精利枪械,难资弹压。设纷出滋扰,中外商民均不免受害。应请酌定年限,限满仍可购买。至制造军火之各种器料甚多,其有国家必需应用者,应由总署随时知照,准其购买。

第六款　中国国家须筹定各国所能允从之理财办法,以为担保如何赔补。查赔偿各款,须量中国之力,或宽定年限,或推情量减,必须通盘筹画。中国岁入岁出各款,为诸贵国所深知,此次赔款,尤属额外加项。凡中国筹款,有可设法增益之处,如加关税,加矿税,通行邮政印花税之类,现已各国通行,望诸邻邦一律照允。

第七款　各国驻兵护卫使馆,并使馆境界,自行防守,中国人民不准在界内居住。查此项驻兵,务请酌定数目,详订约束章程,庶可兵民相安,不致越界滋事。至使馆境界,系由何处起,何处止,应将内有公所衙署划出,并须先行勘定界址,以便转谕该处居民迁徙。

第八款　大沽炮台事,凡有碍畅道,议公平毁。

第九款　京师至海边畅道,诸国酌定数处留兵驻守。查此项驻兵,共计若干,分扎几处,应先行商定,并由各国酌定约束章程,以免附近居民惊惶。驻兵专为各国保护官商之用,于中国地方及行旅均无干涉,中国国家并力任保护各国人民由京师至海边决不使有断绝之虞。如一二年后各国查明中国保护得力,亦可酌量情形撤去各处驻守之兵队。

第十款　各省文武大小官员,于所属境内,均有保护各国人民之责,如复肇伤害他国人民之乱,必须立时弹压惩办,否则该管官员即行革职,永不叙用。查中国地方官屡奉严旨,本有保护各国人民之责,如再有伤害各国商民等事,自应按律重处。惟此次肇乱,实由民教不和,惩前毖后,自当筹永远相安办法。应公同妥议和平详细章程,立为专条,以免教案日繁,民不堪命,官不胜参。

第十一款　凡通商行船,以及关乎通商各地事宜,以修改为有益者,中国认与商议更改。查各国以修改为有益者,自系为中国与各国均有利益起见。凡有损中国利权及商民生计税科款项等事,当非诸贵国所愿。其通商各地事宜,以修改为有益者,中国自应认与商议更改。

第十二款　各国觐见中国皇帝礼节,如须变通更改之处,自应临时彼此商酌定议。

以上各款,均系就诸贵大臣开来之款引申其义,参以鄙见,详细申明,并非另有更改。如诸贵大臣公同商酌,并无异议,应将以上各节附注于开来各款之后,即为将来议约底本。口吏部所称末节撤退京畿一带驻所兵队,除在京保护京使馆,及由京至海边酌留屯兵外,其余在京及保定天津等处地方兵队,应请从速酌定日期全数撤回。其占据北京、天津、保定等处宫禁、城垣、衙署、仓库,均应交还中国国家。想各贵国与中国共敦睦谊,定荷照允施行。

各国索赔章程

一、失毁物产,果系因去夏拳匪所致者,始可索赔。

二、索赔之款,计有三种:一为各国赔款;二为各行及各西人赔款;三为华人曾经西人雇用者之赔款。

三、所有失毁物产,应开列详细章程,以便索赔。

四、索赔清单,须交呈其本国公使,如事关各国者,则交呈资格最深之公使。各公使既将交呈索赔清单验过,如一切悉按此次定章开列，即送交中国政府索赔，不再另列细单。

五、各物理合索赔者，均须照实价开列。应赔之款，亦许给息。平民以五厘，商家则以七厘行息。息钱未付之前，不得以息生息。至被毁之物，能与以下所列第七款章程相同者，始可给息。息即自被毁之日起算。

六、如各行各西人经带兵官饬令将其所属之货物供给军营以为保守之需者，则其所属之国或兵官必有字据承认，不向中国索赔。被毁物产，须有实证：即按照其本国国律开单，交呈其所属之公使验明，并无可疑之处，始代向中国政府索赔。

七、被毁之物，须将未乱前本有此物之实据，交呈其所属之公使照验。如该公使以为毫无疑窦，即能向中国政府索赔。失主所业何事，以及其平时进款若干，其所失之物亦可按之估价。

八、应赔之款，俱照关平估出。

九、无论何国何人，俱当按照以上所列各章开单，方能索赔。

各国钦使照会全权大臣请旨惩办罪魁及昭雪被祸诸臣公文

为照会事。照得在京肇乱行凶各事，昨经诸国全权大臣将专责较重、异常获咎之王大臣姓名陈述，并将各该犯照所得罪戾应如何严惩之处，逐一指明在案。贵王大臣于此节持论名通，诸国全权大臣均已聆悉，亦皆考查。是文即系以此事如何由诸国全权大臣核定，特为奉达。其日后由诸国大臣指定外省犯罪之员，不能援引此情偏袒辩驳。贵王大臣所拟庄亲王载勋令其自尽，诸国大臣照允。至端郡王载漪、辅国公载澜，诸国大臣核定，均必应斩监候，如蒙上裁，似应即行加恩贷其一死，极轻当发新疆极边，永远处监禁，决不得再行递减。英年必当斩立决。刚毅亦当定以斩立决罪名，既系已死,其干系地步例应与生罹斩罪者同。赵舒翘应斩立决。至贵王大臣所称毓贤一犯必当斩立决,与诸国大臣意见相同。至董福祥一犯,日后如何定罪之处,贵王大臣所许各节,诸国大臣已经纪录存案;照诸国大臣主见,莫若从速先行夺其兵柄,则照许施行,岂不较易?李秉衡、徐桐均当定以斩立决罪名,既系已死,其干系地步应与生罹斩罪者同。徐承煜、启秀二犯,应均定以斩立决。颁发此次核定罪犯案由之上谕,诸国大臣皆以为应立即抄示。其处决之日,从速指定。惟无论京内外,诸国大臣特行留派员监视管理行刑之权。就此而观,则诸国全权大臣,重以尊意,不事苛求之处,已可概见。总之戕杀使臣及书记生,两月之久,督率官兵攻击西人境界,教堂,各国使臣;且狡设陷阱,诱骗西人离京赴津,以便途中加害;又以极其痛恨违悖公法,致害多命罪状,递折辩驳之员惨罹大辟等情。今诸国大臣所讨办者,仅只如斯,几如无所要求。本领衔大臣合率诸国全权大臣再行提及转送。条款末尾一段,又西历正月二十六日即华历十二月初七日文内所开此节各语,及贵王大臣于西历正月十六日即华历十一月二十六日说帖内所列军情各节,如欲诸国全权大臣斟酌其间,中国必应自先以诸国大臣申雪之旨,首为允从施行可也。须至照会者。

又,为续行照会事。前文内曾将诸国大臣核定如何惩办在京行凶犯法异常获罪者,并提递折力驳,西历去年在中肇乱之时,有极其痛恨违悖公法各状之大员惨罹大辟一节,声明在案。兹诸国全权大臣核定:徐用仪、许景澄、袁昶、联元、立山等五员,皆应立行开复原官,以示昭雪抵偿之意,而垂仁义大公之道。特此奉达,此举谅中国国家未必不欣然允服也。如外省有被害之大员情节与以上相同者,日后由诸国全权大臣即请贵王大臣于奏请颁发前文所讨各罪名之谕旨时，即将以上五员开复原官之上谕一并宣示可也。须至照会者。

驻京各国钦使续请惩办罪首照会一通又清单二件

为照会事。照得在各外省犯事获咎官员姓名及应如何照会定条款第二条严惩之处，日后由诸国全权大臣指定，迭经照知。复于西历二月初五日，即庚子年十二月十七日会议时，再为声明在案。各本大臣今将所指各犯清单二纸黏送查阅：一系由各本大臣查明后，以为其罪足有确据，应如何严惩者；一系获重罪被控，因证据已足，请中国国家另行查办者。各本大臣应请贵王大臣按照单开各情，奏请分别颁发谕旨，归结此事。其查办一层，应由中国国家从速饬行。务俟查毕，即照各本大臣之意，按会定条款第十条颁发各犯所定罪名，及如何严惩之谕旨，通行布告。如此办理，则贵王大臣原拟缓至会定条款第二十条竣后方可斟酌各节，较能早日施行也。须至照会者。

一千九百零一年三月三十一日，辛丑年二月十二日。

查明确犯重罪应行严惩各员清单

山西

阳曲县白昶，为毓贤爪牙，光绪二十六年六月间，在太原府诳杀泰西男妇老幼四十余名口。罪应斩立决。

署归绥道郑文钦，谋杀英国武弁及西国主教，又天主教四名、耶稣教士十四名。罪应斩立决。

汾州府徐继儒，明许保送泰西教士出境，暗使人于七月十二日，在文水县戕害罗教士等男女老幼十名口。应革职，斩监候，如贷其一死，极轻当发往极边，永不释回。

河津县黄廷光，六月二十日遣役追杀耶稣教士宓姓夫妇，及幼子容姓夫妇、金姑娘、东姑娘，共七名口于属下清家湾地方。罪应革职，发往极边，永不释回。

太原府马武官，于太原府戕杀教士之案从众加功。罪应革职，永不叙用。太原府城守营石凤岐，将天主教士一名锁押凌虐致死。罪应革职，发往极边，永不释回。

孝义县令，于六月初四日主使将泰西教士魏苏二姑娘殴毙。罪应革职，发往极边，永不释回。

大宁县令，有教士聂姓姊妹、郗姑娘三口因不肯保护，并被拳匪杀害。罪应革职，发往极边，永不释回。

泽州府，有由平遥、潞城前往湖北逃难各英国教士过境时不肯保送。罪应革职，永不叙用。

潞城县璧埕，因境内教士毫不保护，以致逃亡，备受艰险。罪应革职，永不叙用。

高平县王岱林，于由平遥潞城逃难各之教士过境时虐待。罪应革职，永不叙用。

长子县恩顺，亦不保送由平遥潞城逃难各英国教士过境时虐待。罪应革职，永不叙用。

隰州牧，号召拳匪入城，以致英国教士数名口被逐在曲沃县遇害。罪应革职，永不叙用，发往极边，永不释回。

曲沃县令，因毫不保护境内教士，有童教士一家三口甚被凌虐毕命。罪应革职，发往极边，永不释回。

岳阳县令，有巴吴教士二名被拳匪所杀，坐视不理。罪应革职，永不叙用。

寿阳县秦鉴湖,将境内英国教士锁押虐待,解往太原就死,途间绝其饮食。罪应革职,发往极边,永不释回。

和林格尔通判毛世黼、托克托城通判樊恩庆,均悬挂赏格捉拿或杀害泰西人民及中国教民。该两城属境,共杀教民一千五百有余,残虐异常。应革职,斩监候,如贷其一死,极轻当往极边,永不释回。

宁远州司狱李鸣和,将天主教主教交付兵丁,令其杀害。罪应革职,斩监候,如贷其一死,极轻当发往极边,永不释回。

绥远城将军永德、归化城副都统奎诚,所有该处凶惨各事,多为主谋,有天主教士四名,被其兵丁夥同杀害。罪应革职永远监禁。

署归化城同知郭之枢,去年七月二十六日带领兵丁三百余名,攻打铁木旦沟教堂,将教士十名枪击火焚殒命,其余教士四名逃至三里之外黄花窠铺,被其追及戕杀。罪应斩监候,如贷其一死,极轻当发往极边,永不释回。

榆次县令,有干涉杀害泰西教士之案,罪应革职,永不叙用。

太谷县胡德修,七月初六日在其境内之泰西人民皆被戕害。罪应革职,发往极边,永不释回。

大同杨□□,①该境耶稣教士男妇六名均被害。罪应革职,永不叙用。

太原县令,致死教民多命。罪应革职,永不叙用。

宁乡县令、临县令,均系怂恿拳目杀害教士教民。罪就革职,永不叙用。

---

① 原文如此,应为时任大同镇总兵杨鸿礼。

蒙古

　　阿拉善王，将甘肃天主教士驱逐出境。罪应申斥。

　　喀尔喀王，怂恿虐待教民。罪应申斥。

　　搭拉特王，杀害教民八百余名。罪应革爵，永远监禁。

　　张金声、杨把总、赫哨官，均系甘肃宁条梁武官，尚有许大田、刘姓武官等，身为拳目，带领拳匪围攻小叫盘地方教堂四十九日，杀害天主教士一名。均应斥革。

　　滦平县文星，饬令兵役将泰西天主教十一名活埋之后，又将尸身抛入水中，经教民捞获葬埋，乃复饬取出，仍抛入水。罪应斩立决。

直隶

　　裕禄近日肇乱，厥惟罪魁，在天津带领拳匪官兵，攻击各国人民，又杀戮泰西人之上谕，由其遍传。罪应追夺官爵。

　　王孝村绅士左洛令，当拳匪欲攻武邑县，承县令命其出城解散，伊即捏造一切谣言，乃城门甫启，拳匪即行入城；致将天主教士二人戕害。罪应监禁。

　　武邑县调署清苑县张丙喆，始终明保拳匪，纵令拳目前往深州河间等处四出扰害。应革职，斩监候，如贷其一死，极轻当发往极边，永不释回。

　　江西泉司陈泽霖，过景州时，该牧邀其攻打朱家河教民处所，致天主教士二名被害。罪应革职，永不叙用。

　　景州牧洪寿彭，邀陈泽霖攻打朱家河教民处所。罪应革职，永不叙用。

　　大名镇王连三、大名县苗玉珂、元城县王锦阳三人，均系将境内教士驱逐，分抢什物，并予以就害之机。皆应革职，永不叙用。

南乐县巩英,亦系将教士由衙门逐出,予以就害之机。罪应革职,永不叙用。

清苑县令,不肯保护英国逃难教士。应行革职,永不叙用。

望都县李兆珍,苛待以上英国逃难教士。应行革职,永不叙用。

仓场侍郎长萃,在通州为拳匪头目。罪应革职,永不叙用。

东三省

盛京副都统晋昌,六月初六日有泰西教士四名口、华教士二名、教民多名,伊纵令兵丁会合拳匪戕害毙命。应革职,斩监候,如贷其一死,极轻当发往极边,永不释回。

辽阳州陈牧,斩中国赵教士一名、教民多命。罪应革职,永远监禁。

常老德,系鸭子厂团练首事,于六月初五日戕害天主教士三名之案,从而加功。罪应革职,发往极边,永不释回。

黑龙江副都统,于戕杀天主教士三名之案,有所干涉。应即革职,发往极边,永不释回。

呼兰城副都统阿口,①不肯保护教士,以致被害,并将所害教士之首悬诸庙门。罪应革职,永不叙用。

巴彦苏苏鄂统领,到任后欲将教士二名杀害,经地方官援救,气愤往小石头河教堂,将十三年前所葬已故之泰西教士尸身掘出,并将教堂处所焚毁,教民戕害。应革职,斩监候,如贷其一死,极轻当发往极边,永不释回。

湖南

湖南巡抚俞廉三,干涉戕害衡州府天主教教士二人之案。罪

---

① 原文如此。

应革职,永不叙用。

衡州道隆文,以上被害之天主教教士先曾函请保护,乃非特不行,反致鼓惑舆情,致将教士等双目挖出,惨遭杀害。应革职,斩监候,如贷其一死,极轻当发往极边,永不释回。

衡州府裕庆、清泉县郑柄,该二犯于以上之案,非但不肯保护,亦且助纣为虐,甚有干涉。裕庆又出违约告示,致耶稣教堂被毁。应革职,永不叙用。

浙江

金衢严道鲍祖龄,显系仇视各国人民之犯,怂恿匪徒团练在衢州杀了泰西多命,力能保护而不肯为,且允匪徒在道署门前将泰西汤姓一家四口、石马戴姑娘三口,共七人,先辱后杀,迨后详报抚院,盛称团为义举。应斩监候,如贷其一死,极轻当发往极边,永不释回。

衢州府城守都司周之德,于以上之案从而加功,非止主谋攻击,且复亲统匪党,肆行凶恶。罪应斩立决。

浙江巡抚刘树棠,通传杀害各国人民密谕,是以凶惨之事皆伊玉成,虽轻撤销,然已过迟,乱后仍留浙江四月,除将要员撤任之后,所有凶犯毫未拿办。应革职,发往极边,永不释回。

前按察使荣铨,通传杀害各国人民密谕,是以专责此肇乱之一端也。现在杭州仇视各国人民之党,伊为首领,其嫉视外人之行毫无隐讳。应革职,发往极边,永不释回。

前衢州镇俞俊明,六月二十五日道署门前杀害泰西多命之时,伊与鲍道同在署中,虽属下有官兵五千,事前竟毫未弹压,是其纵匪酿凶之据。应革职,发往极边,永不释回。

前衢州府洪思亮,于此案不肯保护,亦未加功,惟是日同在道署。应革职，永不叙用。

衢州府绅士郑连生、郑永禧、罗老四三人，于此案有主谋情事。应皆革职。

四川

邛州牧李常需，纵容抢掠教堂，杀害教民多命。罪应革职，永不叙用。

建昌道王季寅、名山县罗鼎智、前雅州府王之同、李念兹，固执不肯保护教士，办理教案，未能公允。均应革职，永不叙用。

驻藏大臣庆善，赴任时以徐驱泰西人出境及灭教民之语告知沿途官员，在里塘复滋事端。虽其已死，应追夺官爵。

贵州思南府人罗芳林，系被革武员，于龙泉思南府二处攻打教民，被害二十余名之案，系其主谋。该人一闻直隶乱事，即招匪党将一带教民处所抢毁，将教民戕杀。罪应监禁。

河南

南阳镇殷囗囗，[①]仇视教民异常凶暴，豫省教民受害，惟该道是问。天主教某教士系其施为，致赊旗店拆毁教堂，亦系其出违约告示之故。罪应革职，永不叙用。

新店李若仙，煽惑民心，致害以上教士。该教士如未设法逃生，必遭毒手。罪应革职。

山西布政使、前河南按察使延祉，以仇视各国人民之语通饬所属。罪应革职，永不叙用。

河南县令，苛待由豫省前往湖北逃难之英国教士。罪应革职，永不叙用。

---

① 原文如此。

荣泽县，不肯接收由武陟县护送逃难之英国教士，致该教士等备尝艰险。罪应革职，永不叙用。

郑州牧，由平遥潞城逃难之英国教士过境时，苛待异常。罪应革职，永不叙用。

西华县林令，于境内各教士屡次不肯保护，致被驱逐，什物俱遭抢掠。罪应革职，永不叙用。

陈州府周家口通判汪□□，①固执不肯保护教士，致速六月之乱。教士被逐后，几乎丧命。罪应革职，永不叙用。

湖北道岑春荣，擅出诬谤告示，煽惑官民，仇视西教。罪应革职，永不叙用。

滑县吕令、涉县车令、安阳县石令，抢掠教中什物，焚毁教堂房屋。均罪应革职，永不叙用。

卫辉府曾守，杀害教民。罪应革职，永不叙用。

武安县陈世伟，于乱民掘挖已故教士尸身，不肯饬收，致将其尸分裂，丢弃道旁。罪应革职，永不叙用。

江西

江西巡抚松寿，遵奉朝旨，引火燎原，所派委员以招兵为词，聚党焚掠教堂。罪应革职，永不叙用。

南丰县邓宜猷，于教民递呈不肯接收，仍怂恿民人戕害。罪应革职，永不叙用。

南城县翁宝仁，饬拆教堂。罪应革职，永不叙用。

山东

湖南按察使、前山东按察使胡景桂，于仇视各国人民之端，干

---

① 原文如此。

涉其间，且引同官为党，并力庇拳匪，冀免杀教之咎。罪应革职，永不叙用。

恩县秦应逵，袒庇拳匪，明示仇视各国人民，忍令境内教民惨受杀害。罪应革职，永不叙用。

夏津县屠乃勋，纵庇拳匪，于美国教士何家屯房屋不行保护，并任令教民被虐。罪应革职，永不叙用。

被控告获罪另行查办各员清单

蒙古

阿多□、沙辣其杀克、多而加圪罗其、梭诺辣其加而古其沙、路□掌盖□纳否大梭磨、磨各唁□□□□、杜沙辣其加郢罗其阿、切而多辣尔、当巴领加、浪亚而宾丧□加沙、□加圪罗其□，以上十一人均威吓教士，因未能在教堂戕害，欲在他处分别谋死者。①

四川

双流县龚定宝、郫县黄树助、灌县王瑚州、崇庆陈兆棠、温江县周庆壬、崇宁县陈鼎勋、南部县远用斌、大邑县赵绥之，以上八名均系忍听教民五百余家什物房屋被匪抢毁，兼有受伤被害之教民，教堂处所亦被毁焚。

宜宾县王殿甲，有呈诉该员将仇视西教之祸鼓动加厉者。

叙州府文奎，纵容宜宾县妄为。

贵州署思南府张济辉，素以仇视西教为怀。

龙泉县继文，异常仇视西教，非特任令罗芳林统带匪党入境骚扰，且教民求其作主弹压，伊竟明谓该教民身居化外，因奉西教，自

---

① 原文没有断句，加之缺字甚多，名字难以判断。

取其祸,定不保护。

河南

南阳府傅凤飚,汉口英领事谓其仇视西人。

南阳县张令,有杀害教民抢毁什物房间之咎。

江西

浮梁县任玉琛,虽经迭次呈请,伊竟不肯保护景德镇、西江、留店三处教堂处所,致被一律焚毁。

吉安府许道培,允听绅士攻击教堂教民。赣州武官何明亮,经地方官请其派兵保护教堂,伊不肯行。

吉安赣宁道涂椿年,于刘制军坤一所发保护泰西人民告示,该道不肯在赣南两府张贴;又该两府滋斗,未设法弹压。

南昌县进士黄熙祖、文举谢甘棠、廪生马缙、监生梅素清,皆遣仆拆毁该处教堂。南昌县武举单柄耀、武生李太和、武生单真、武生萧廷杰、武生单步鳌,均带领拳匪前往九七两都滑水桥等处指拆该处教堂及教民房间。

泸溪县廪林湘巨、林茂修、卢假如、卢明生,均系怂恿该处民人抢毁骚扰。

临江府石守、上高县文令、绅士梁飞鹏、张文兰,均系怂恿拳匪抢掠骚扰。

山西

太原府许涵度,遵奉毓贤命令,谋杀该处泰西教士;该员助纣为虐,以致未能一名漏网。

会议赔款事宜述略

三月初一日申刻,徐星使寿朋、那侍郎桐、周方伯馥,同至德馆晤法使毕君、德使穆君、英使萨君、日本使小村君,由联芳传语。

毕曰:"今日请三位来,系为赔款事。究竟中国每年可能摊还若干?"徐曰:"请问各国共索赔款若干?"毕曰:"赔款截至西七月初一止,计银四万〔万〕五千万两。"徐曰:"中国财力不足,各国既有顾全交情之意,应恳将赔款数目减少。"毕曰:"此数各国并不多索,但所亏之数必须索偿。将来或多几日、少几日,仍须核算,此数不过约计。今日系专为要知中国有若干款项可以作抵?"徐曰:"中国近年库帑入不敷出,各位谅已尽知。我想海关进口货税,核计原定税则时,与现在磅价增订,商人仍可将多出之数加入货价之内,于洋商无所亏损,而中国办理赔款大有裨益。"毕曰:"我等亦曾议及,似属可行。计中国每年约可多得银一千万两以上。中国常关税每年共得银若干?"徐曰:"如交税务司征收,每年约可得银四五百万两。"毕曰:"果能交给税务司否?"徐曰:"常关多归海关道管;与海关相连,可交税务司代征。"毕曰:"洋货进口加税及常关税,归税司代征作抵,我等皆以为然。但所差尚多。"徐曰:"请问各国之意,可缓至若干年摊还?"毕曰:"摊还年分暂且慢说,须考究再有何款能以作抵。闻中国盐课以大宗入款,如能变通办法,更可多得,然否?"徐曰:"盐法变通甚难。"毕曰:"盐款每年若干?"徐曰:"盐款盐厘每年收数共约一千三百万两,已有宜昌、鄂岸、皖岸三处抵还洋债,共应除银一百八十万两。又长芦每年销盐五十万引,自去年乱后,洋兵将盐任意销运,闻逾二百万引之多。以后三年,芦盐无从行销,国课从何征纳?故以现在而论,盐课盐厘两项,每年只可作一千万两算。"毕曰:"然则此款可抵一千万矣。"徐曰:"不然。我中国有若干应用要款,皆取给于此,只可挪出四百万作抵。"毕曰:"闻漕粮改办法,每年可余银七百万两。"徐曰:"所谓改办法,是折漕之说也。然即改收折色,断不能余七百万之多。"毕曰:"每年约运漕米若干?"徐曰:"约一百二三十万石。"毕曰:"南省米价若干?运脚若干?"徐曰:"米一石约价银四两,运脚约二两。若改折,只省去运脚,不过余银二百万两。商人运米至京销卖,亦必少沾余利,不能照南省原价也。"毕曰:"河运米若干?运脚若干?"徐曰:"河运米近年不过十万石。运脚较海运为轻。"萨曰:"中国运米不得法,故米到京多霉坏,每石仅值银一两。若交外国轮船包运,所费运脚无多,而米可不坏,并可省出运费作为赔款。"徐曰:"漕运改章,只可令民间改交现银。若仅止由上海至天津将空洋轮包运,则上海仍须设局收兑,天津仍须设局收兑。用驳船运者,又须在通验收,转运京仓。岂能凑抵赔款耶?"萨曰:"海运漕全改折收,究可余几百万?"徐曰:"前已算过,不过余二百万。且改折甚难,缘有漕州县百姓交米,使水搀谷换土,颇有取巧。仓米之坏固不尽因在船在仓霉变之故。若改收折银,百姓必至吃亏怨望,非善政也。"萨曰:"京城进出货,每年收税银若干?"徐曰:"崇文门向来只收进城货税,其出城之货例不征税,每年约收银七十万两左右,为数无多。各口常关既拟改归税司征收,留此崇文门一处,亦为中国略存体面,似可不必算入抵款之内。"萨曰:"唯海关加进口税,约每年总可多六百万。"徐曰:"洋货肯允加税,深感各位美意。"毕曰:"总理衙门所设之同文馆及出使各国人员,所需经费实无他款可筹,皆取给于海关税项,似可改由他处筹付。"徐曰:"同文馆费用无着,出使经费实无他款可筹。断无因赔款不敷,将使馆撤销之理。"毕曰:"学口既口应设,若因此赔款致裁减出使人员,亦非各国所愿,此节可不论。义战裁减旗饷,每年约可省三百万。"徐曰:"旗饷减甚难,即能裁减,而每年须付赔款,因而缺用甚多。此项节省之银,亦只可为自己补亏之用矣。"毕曰:"水陆军饷项每年可省若干?"徐曰:"水陆军不无可省,但难豫定确数。且裁减之款究属空名,似可不必指名款目,但酌定每年摊还若干。除盐课常税及洋货加税,其不敷之数,而中国设法解足可矣。"毕曰:"每年究能摊还若干?"徐曰:"至多一千五百万两。"毕乃持洋笔算之。左右顾英德使而言曰:"如此须六十年,为期太远。能三十年还摊更好。"徐曰:"一年三千万,断不能筹。"毕曰:"洋税增至值百抽十,每年约可多收若干?"徐曰:"当可至千万以外。"毕曰:"如此则一年三千万不为难矣。"徐曰:"洋税虽约计可增至千万,但货物销数本自无常,若豫算数多,届时不足,将如之何?莫如每年只按六七百万两计算,届时如逾此数,亦可将下次应解之款提前早交,较为简易。"毕曰:"人丁税可办否?如每人每年征银五分,即可得银二千万两。"徐曰:"从前本有丁税,后来并入地粮,是以田亩赋课名为地丁之事。若再按丁抽税,是重征矣。"萨曰:"地亩亦可加税。"徐曰:"各省多有瘠薄之处,所获本属不丰,若再加征,恐贫民更多苦累,地方难期安庆矣。"萨曰:"然则办房捐如何?"徐曰:"房捐从前亦有省分办过,总未办成。因一经收捐,其店家则歇业罢市,其居民则诉屈呼冤,地方官无如之何。故此事甚不易办也。"萨曰:"闻土药较洋药多至三倍,如每担征银六十两,可得一千余万。"徐曰:"土药出产处多散在内地,并无扼要稽征之处,若税厘太重,偷漏更多,恐无实济。"萨曰:"印花税似可行。"徐曰:"此事亦曾筹度,似只可于通商口岸先行试办。因通商口岸风气略开,商民或肯遵行,若内地居民,习故蹈常,视印花为无用,如派差随时随地稽察,徒为差役开索扰之门,于国课恐毫无裨益也。"毕曰:"请问赔款如何偿法?将分年摊还乎?抑借债总付乎?"徐曰:"借债甚难。能宽定年期摊还最妙。若内有一二国愿得现银,各位为难,则请代为公保借债,亦无不可。应请各位酌之。"毕曰:"是否托肯行缓期之国代为借债?"徐曰:"不敢指定必须肯行缓期之国代为借债。我想其急需现银者,必不肯代为借债。又想现在应得赔偿巨款者,均系富国,亦不至急需现银。故莫若宽定年限,容中国摊还为妙也。"毕曰:"愿摊还,不愿借债,固是何意?"徐曰:"愿滩还,不愿借债者,因各国既重友谊,不必为借债再独承一二国之情。且银若由一国借出,款数既巨,必不肯多宽年限,故不若分欠各国之为妙也。"

言至此,为时已晚。主人出茶点饷客。茶毕,辞归。按各公使咸推法使开口,故法使之言居多。那、周二君因各使让徐君首座,故紧要语虽皆公商,均推徐专对云。

各国公款私亏款按和约大纲第六条向中国取偿清单

俄国约银一万一千八百二十万两,又东三省铁路约银七百万两。德国约银八千四百万两。法国约银七千四百二十万两。英国约银四千一百万两。美国约银三千五百万两。日本约银三千三百六十万两。意国约银一千九百六十万两。比国约银八百四十万两。奥国约银三百五十万两。荷兰约银七十万两。西班牙约银四十二万两。以上约共银四兆二千六百七十二万两。

又以上各数,系截至西三月底止,自此以后,每月加费约一千三百余万两。倘删除零数,则截至西七月一号为止,当约合四万万五万万两左右之数。故各国即以四万五千万左右为定数。

记李教士议办晋省教案事

英教士李提摩太君至京之故，实因山西去岁共杀西教士一百五十余人，华教民无算。晋抚岑中丞到任后，见教案猝难商议，遂奏调沈仲礼观察。即再由岑中丞电请李君赴晋商办。李君本拟由京前往，因至京后，英公使及赫总税司再三劝阻，故不果行。特拟办理山西耶苏案七条呈诸李傅相，李傅相深为嘉纳，允即通知岑中丞照办，以了其事。兹将其章程录下：

光绪二年至十二年太在山西时，官民相待尚好。万不料去岁杀害中外教会人数千。此真亘古未有之奇变。今杀外国人之罪，有各国钦使与中国全权大臣商力，太毋庸参末议。惟办理耶稣教受害华人章程，谨拟七条，恭候傅相核夺施行。

一、各府州县杀害教民之人甚多，本当按律正法，但太知此辈受官指使，又受拳匪迷惑，不忍一一牵累。惟各府起乱首匪当惩办一人以示警。若晋抚果能剀切晓谕，使伊等痛改前非，敝教亦将首匪从宽免究。

二、晋省地方绅民胁从伤害教民之人，虽宽其死罪，却不得推言无过。凡损失教民财产，必当罚其照数赔还；并无依之父母孤儿寡妇，必为事奉抚养。

三、共罚全省银五十万两。每年交出的款五万两，以十年为止。但此罚款，不归西人，亦不归教民，专为开导晋省人知识：设立学堂，教导有用之学，使官绅士庶子弟学习，不再受迷惑。请中西有学问者各一人，总管其事。

四、凡教民被害各府州县地方，当立碑记念，叙明匪徒犯罪源流，教民无辜受诛。

五、耶苏教教会中人,有杀尽者,亦有回国者,不能一时来华。俟外国再派教士来时,晋省官绅士庶当以礼相待,赔认不是。

六、要永息教案,中国官待教民,当如待教外人,一视同仁。如果犯法,自应按律严办;若有功劳,亦应保举:作官与教外人同,凡照此办法,无论中外古今,从未见有不相安者。若或不然,欲求无事,恐不可得矣。

七、经此次议结束之后,凡以前作乱首从之人,皆有名单存案。若不悔过,再行难为教民,必当按律严办不赦。

查山西耶苏教原有三会:一曰浸礼会,一曰公理会,一曰福音会,又名学道会。今商拟以上七条,皆公同叶守真、文阿德,代各会酌定,非太一人私见。事虽主于保教民,其实保晋省太平之道,亦不外此也。若果能再立时设法请精于铁路、矿务、制钢,并商务、农务等学之西人,或总理,或协办,期于必成,则体上天好善之心,联中外和好之情,将来可以永息教案,并可讲求一切养生防灾之术,使从前无用之地变为有用,不至困穷,利源外溢,为人侵夺。凡此等事,太前二十年曾为傅相与张香帅言及,亦以为当办。后因事不果。今祸患愈深,殊可叹息,然亡羊补牢,未为晚也。果肯照以上章程办理,大祸转为大福。不知高明以为何如?

卷　五[①]

湖北教案条款

　　湖北蕲州五百寺天主堂，于光绪念六年七月初三日早，被近地匪徒纵火焚毁，堂内什物先抢一空。该堂洋教士高维栋、华教士高作霖，预期逃往广济，旋上汉口躲避。通州境内教民家被毁遭抢者共计八十余家，迨八月中旬，上台始派任观察随同高教士前往该州办理。教民失物，俱已赔结。至应惩各犯以及教堂赔数，见后议条款。

　　黄梅县胡世柏天主堂，于七月初十夜九点钟被匪焚烬。一时哄传各处，匪徒应声而起，当夜连抢教民二十家。次日，孔垅镇县城内外教民房宇被焚抢者又共同念一家。延至九月十二，始派沈教士前往该县与张令商办此案，所有滋事各犯拘拿到案者共二十余名，合县赔款共三千余串，教堂赔数在外。

　　广济县田庆二地方之天主堂，于七月十一半夜时，被附近闹教之武生张兰亭等，纠集乌合之众举火烧毁。该处教民房屋同遭拆毁不下二十余家。后经地方官黄令与高教士办理，断令各匪赔钱一二百串，教堂之赔款未入此数。

[①] 本卷议和草约、和议准约等内容，较为常见，此处略去。另，三忠部分，依据史料价值，保留《三忠灵柩过沪记》及盛宣怀等《挽三忠联》。

以上蕲州、黄梅、广济三处教堂,均幸保全,未伤一人。至三处教堂,湖北江主教已派定胡司铎前往兴工修造。教民被毁房屋,则各人领款自行修复。兹将其条款,开录如后:

一、蕲州并广济、黄梅二县,所有奉教之家,此次所毁房屋,失损什物,业经地方官逐一酌估追赔,并由查办之候补道任,暨州县官捐资抚恤,务使各得其所。

一、蕲州滋事首犯王先隆,现已议定严加重责,监禁三年之罪,其在逃之首要梅理明、陈金门、孙丹夫、明火元四名,由署按察使札江汉关监督岑,候补道任,会同出示晓谕:定限一月以内回州投首,经地方官讯明实系情真罪当,即监禁三年,限满察看开释,若在一月以外投到,不拘其情节是否首要,从重监禁四年;倘限外经官购线拿获,定当加等,永远监禁。梅理明等四犯,均先查抄家产,封闭房屋。至梅开生、孙坤山、孙兴文三犯,亦一体严拿惩办。详请督部堂批示遵行。其余次等三等闹教之徒,已到案者既非首要,分别轻重,随即责释。

一、广济县滋事之首犯郭松亭,现已拿获,严加重责,议定监禁六年之罪。又拿获蔡洪怀,亦系要犯,议定监禁三年之罪。其余闹教之田辛酉、柯于记、张二生、周三益、周白毛,均重责发落。在逃之首要张兰亭,悬赏严拿,务获惩办。禀请督部堂批示遵行。

一、黄梅县滋事之首要陈长恩,业已拿获,严加重责,议定监禁六年之罪,又拿获胡先林、王鸿恩,亦系要犯,均议定监禁三年之罪。又拿获梅殿香、柳祖应、程三连、徐花子、卢树平、王茂元、于细狗、黄春荣、许金芳、胡本金、梅立传、王卓山、张连生、胡本志、胡本元、刑长江、童春彪、冯发之、王龙老、李丙勋,共二十一名,均闹教人犯,俱重责发落。在逃之要犯武生胡炳坤,先行斥革衣顶,与胡金喜、邓金喜、胡众儿，均严拿，务获惩办。禀请督部堂批示遵行。

一、被毁之蕲州五百寺天主教堂，议赔银五千五百两。广济县田庆二天主堂，议赔银一千五百两。黄梅县天主堂，议赔银一千两。并由蕲州、广济、黄梅三处本地保甲局绅士，联名出具担承切结，存案叙明，外洋在内地传教载在条约，钦奉谕旨饬令实力保护，教士、教堂、教民身家产业，毋得歧视，此后不敢再滋事端，并与教士互立和约，永杜后衅。

一、教士回蕲州，应派干员护送，先行札饬该州文武官员，五乡局绅等以礼相待。而在案受累局绅，亦要从众服礼，永泯嫌隙。

一、所定章程，均期教民相安。倘有藐法之徒，仍蹈前辙，责成地方官查办，严加治罪。

宣化府天主教案议给合同全文

立合同某等，今因宣化府属之宣化县、延庆州、怀安县、赤城县、龙门县、怀来县、蔚州、西宁县等八州县，于光绪二十六年拳匪作乱，所有被毁天主教堂及教民房屋、产业、教命，前经本道府教士委员等，公同议定赔偿抚恤，一切在内，宣郡统共认赔宣钱平宝银一百四十四万两，分期交兑各情，于本年三月十四日，先立草约声明，半月后另换详细合同在案。兹特遵照另立合同，并订善后章程，以保教民永远相安之处，各无烦言。为此缮立合同章程四分：一存道署，一存府署，一存京教堂，一存宣化教堂，各执为据。计开善后章程八条：

一、各处教堂，载在条约，应由地方官认真保护，不准稍有疏忽。平民、教民，同系中华赤子，地方官自应不分民教，一视同仁，一体约束。凡有词讼，责成地方官秉公判结，不准稍有偏袒。倘有恃强藐抗官长等情，无论平民，教民，俱从重惩办。总期保全睦谊，不致再启新嫌。

一、宣郡认赔银款：本年四月底交银二万两；五月底交银二十七万两；八月底交银二十九万两；十一月底交银二十九万两；二十八年三月底交银二十九万两；六月底交银二十八万两。以上统共一百四十四万两，至期交兑，决不迟延。

一、赔偿抚恤各款：其中教民瓦房每间作银五十两，土房每间作银二十五两；被杀教民大口每名恤银八十两，小口每名四十两。失物照瓦土房银数加倍计算，均在正款之内，理合登明。

一、以上银款如至交兑之期，现银不足，亦可通融交钱，每两以九八宜钱三千六百文合数，无论银价涨落，概不增减，以归划一。

一、各处拳匪，业经中国官军及各国联军痛加剿洗，并经地方官随时查拿，就地正法。所有赔偿教堂，抚恤教民诸大端，亦经本道府及委员会同教士详细议明结案。此后教民，自不准再指拳匪，控告旧案，株累良民。前此教民强抢讹索平民各案，凡在三月十五以前，亦一概从宽免究。此后倘有前项情事，即以乱民论，不稍宽宥。

一、宣郡赔偿抚恤等款，为数甚巨，万不能不按户摊捐。倘有托词抗捐户口，由地方官拘案追缴。此为筹款重务，力求裨益起见，任凭中国地方官设法办理，教堂并不干预。

一、前经本道抚恤被难教民两次，共银八千两，谷一万石。前与教士言定，于此次正款内划除归款。今于正款之内，并免扣抵，以示优待教民至意。

一、现在另立合同，并订妥善章程，永远遵守。前立草约，应即作为废纸，无庸查取销毁，合再声明。

襄阳教案议结合同全文

大清国兼理襄阳县周、大法国驻华襄郧主教南、大法国驻华襄郧副主教杨、大法国大司铎毕，议结襄阳教案合同如左：

一、襄阳黄龙垱武汛把总吴天浦，即速撤参，另委妥员保护教堂，黄家桥清凉寺等处，所有纵匪抢劫勒诈教民之滥绅朱广林、朱光元、石兆基、赵文源、黄必超、汪如澜、尹正芳、聂祥丰，革去顶戴。扒毁黄龙垱教堂首犯冯国士、周大任，永远监禁。窝匪分肥之李隆斋，务须交出逃犯方永秀，不然，终身代抵。黄必超亦须交出伊子黄安，行顶罪监禁十年。罗正堂监禁十年。要犯汪如澜，务须及早会拿，治以应得之罪。朱广海、朱元刚，监禁五年。逃犯张心尧、张心恺、张心顺、阮明举、汤富山，比差严拿，照要约惩办。打抢城内之首要逃犯阮三、王四，务须严行缉拿，永远监禁。

二、出示保护教士、教堂、教民，以后永不准借故勒诈。

三、李祖荫串通绅保，诬控教士教民字样，并勒令教民背教悔呈，一一抽出。再，李祖荫在任所押教民，请烦乘公讯结，以免拖累。

四、襄阳被害之教堂、教民，共同议赔纹银九千五百两，由地方官限定十月内催齐缴领。赔后，教民不准再索以前被抢之物，以免再生枝节。而传教士之祭服、圣爵、十字架等物，查出请官追回，庶免亵渎圣器。

五、当地绅士，须接待教士，在闹教之处会面赔礼。

六、教民被抢红约，当约请烦追回；如无从追回，则准其立新约以免用费。

七、闹教之处，附和痞匪之保甲，革黜永不复充。

八、前任襄阳县李祖荫，串匪纵差打抢城内教堂，黄龙垱天主堂相继扒毁，违旨藐约，罪不容宽，理应严行撤参，永不准复官。

襄郧此款应归督抚宪、法领事核定缮写。所有此项议约，各存一纸，盖用襄阳县印，仍加签华洋字画押，盖用图章为据。钦命安襄郧荆兵备道朱、特授襄阳府正堂邓，光绪二十七年四月廿五日议结。

英外务大臣蓝斯唐答斯宾赛伯爵词

西五月二十一号，英国上议院大会。

斯宾赛伯爵问于外务大臣蓝斯唐君云："贵大臣能将吾英与各国在东方举动，以及议和情形，遍告各员否？各员现所最欲闻者，乃赔款一事目下进步如何？盖因此事非泛泛可比，而与中国关涉尤巨。如各国索赔过巨，中国无力以偿，则中国政府受害实非浅鲜。将来设再有不测之事，如伤及洋人产业等款，再欲索赔而中国财力已尽，款将何出？盖此事毕后，岂真能永保华人安静，不再生事哉？至筹资以抵赔款，其款即由洋关所拨，则吾英及其他各国之商务尤不免均有关涉。故筹款一节，更须谨慎从事，切不可令中国一蹶不振也。各国现欲中国筹款赔偿，亦尝计及其政府暨各省常年经费足用否？各省督抚于此次之乱，亦有弹压百姓，不使闹教，而令属地安静如恒者，其间尤以东南各督抚办理为最善。闻该督抚中明达者颇有数人，有欲在本省举行新政之说。究竟实有此事否？果有之，各国能赞助之，以免被阻于顽固政府否？其能举办新政之督抚，不应强其亦出赔款，应即以此为助其行新政之用。此外，复欲知者，则铁路情形也。天津英俄争路一事，现将如何？据目下情形，吾政府能满意否？长城北面铁路又如何？该铁路应由中国政府自行办理，不应押与他国。闻俄政府为用兵起见，已将该路占据。其后如何？目下究有归宿否？牛庄一埠又如何？吾英于该埠商务利益，较他国为巨，而俄人已以兵力占之，政治之权悉在俄人掌握。俄人初时曾言占据牛庄，不过暂时之事。今俄人曾将该埠让出否？如未让出，吾英政府即将就不问乎？然东三省之情形与牛庄如一辙，吾政府不知将作何办理也？尚有一节，德国在天津河建搭浮桥，而德兵竟枪击悬挂英旗之船。今将作何办理？高丽政府欲将其税务司卜拉文辞退，此事又如何？"

蓝斯唐君云："各国与中国议和进步，虽云甚迟，然刻已将次了结。联军之所以久留在华者，因欲中国政府将和议十二大纲一一照办就绪，然后撤退耳。惩办罪魁一节，中国政府业将获罪大员，或明正典刑，或赐令自尽者已有六人，遣戍者亦有二三人。其余微员之获咎者亦有多名，名单业经各公使开交中国政府，大约定能照办。此外复另设一法以惩责之。其法维何？闻之者当为惊讶！盖即欲中国于滋事地方停试五年是也。各国之以停试为惩责之故，缘中国官吏均由考试而来，今停试五年，已绝其少年入仕之路。故此法尤较一切为重。人犹有以此次惩责中国为未足者，吾意初犹以为未足，然只将获罪者杀戮过多，于事亦何所济？故此法亦不可谓不满意也。至赔款一节，各国所开之数，统计有五百五十兆两之多，业经照会中国政府，得有中国政府照复。虽云此数过巨，然尚未言无力赔偿。如各国以各公使现开之数为公允，中国亦有力赔偿，则吾国亦不必照所开者减轻。盖吾国苟有意宽待中国政府，固不在赔款之减轻与否，而在劝各国不与中国另立私约，以索取专利耳。盖中国倘与他国私自立约，与中国大局实有关碍。此其故，吾亦不必明言，谅诸公定早明晰。所望者，各国政府于办理赔款事，仍同心同德，与前无异耳。中国能筹现款由各国领回，此固最善；惟中国现在情形，欲向他国借此巨款以赔各国，恐亦未易办到。故亦不必有此期望。虽某某等国曾创一议，谓中国如欲借款，只须各国公共担保，自易为力；然此实非吾英政府所愿！以赔款总数核之，吾英所得不过九分之一。如为牟利起见，而利益亦并不见厚也。况以往事观之，公共担保一节，于各国交涉更多所关碍。故吾英政府现特拟一赔款之法，请各国允从，其法乃由中国照各国所索之数，分出借据，并言明一定年限于限内归清本利，并将中国财政指明某某等项以为作抵；其款则交由专局代收，再由专局照数摊交各国；惟该专局只向中国政府收取赔款，所有抽税各事，则由中国自行办理，不得干预。吾英政府所以设立专局之意，系为中国。倘至中国无力赔偿之时，则其亏可以同受。如是则较之令中国借款赔偿，自觉无害而有益。至于指明某项财政筹款，吾于三月间曾经言及，吾政府于加税一节未能应允。缘以外洋在东方商务统核之，吾国所占若干，诸君谅已尽知，无俟余为赘言，苟允中国以加税，则其款实与出自吾英相同矣。吾英以保护商务起见，即不能应允加税，只能将值百抽五之数任中国抽足耳。倘必欲值百抽十，须中国能照和议大纲中第十一节办理，将商务章程改过，实与吾英商务有益，始可允准。今更将退兵一节略论之，因此事与赔款相连故也。吾英在华兵数如是之多，本有所未便，倘能早退，即当赶紧退回。故吾政府已命选将三千三百名撤回，其余各兵陆续再撤，只须由京至大沽一带沿途驻兵，于保护使馆足用，即可无虞矣。"

蓝斯唐君又云："英俄于天津争夺铁路隙地一节，缘俄人所称在天津占一英方里之地，声言系由兵力所得，后又改变前说，谓该地为中国所与，约章即由李相签押云云。惟其中有铁路公司之产业,且已购有多年,即果在俄人租界之内,而既在未立租界以前为公司所有,则俄人亦不能擅占。往日各国在华所立租界,无不如此办理者,俄人亦岂能擅改耶?英俄两国兵士在津驻扎处,适相距咫尺,因此几致用武,后经名将兵士撤退,言由两国政府和平办理,始已。乃此数日内,闻俄兵又在该处工作,直与己地无殊。是以吾英政府特行照会俄廷,刻尚未经接有复文。然彼此未经议妥,而俄兵竟贸然在该地工作,吾兵如法照行,亦何不可!惟究宜谨慎办理,不以卤莽从事为是。前者,俄外务大臣曼斯唐伯爵,曾言两国兵士宜各撤退,由两国政府查明办理。吾英政府亦以此说为然。惟须无偏无倚,斯肯心服耳。长城以内之铁路,业有俄人交与瓦德帅,而由瓦德帅交与吾英。长城以外,则尚在俄将掌握,以为征调兵士之用。吾意不久当可接有公文论及是事,以与诸公群阅也。至德兵在津河枪击英船一事,当时业有该军统领认罪,并言以后决不再犯。彼既如此,吾政府亦何必苛求?至满洲一事,闻俄人已允俟中国太平后,其中央政府力足以保护俄人,不再有与俄人为难如去年之事,即当仍以满洲还中国。中国东南各督抚,值此次事乱之后,其举动为我英政府所钦佩。其有向吾政府商恳者,吾政府亦酌从二三事,以慰其心,并允其倘所辖境内或有乱事,即当派兵保护。只以去年平安无事,故未照行。此后如所为果有益于国,吾英政府亦必相助也。"

论中国停试事 译《益新西报》

各国勒令中国政府将此次拳匪滋事之区一律停试五年,极合情理。中国若允照行,其获效似有可观。盖向来中国仇视洋人之事,由士林中人主谋者十居八九;及至事后所惩办者皆无知小民,而真正罪魁反得逍遥法外。此则殊可痛恨也。是故苟得一惩治之法,使受责者皆为士林中人,平民不致拖累,乃为最上之策。此次停试五年,此意似已寓于其中。

然自我侪观之,未见各国能如愿以偿也。何以言之?中国考试之事,自有次第。其法先由县官将应试之士考验,其佳者荐送至府,由府考其尤佳者荐至学院,以备选择。凡入选者称为秀才,凡得秀才者可赴省应乡试,以考取举人。既得举人,则往京都以应会试,入选者称为进士。此乃中国之大略情形也。此次凡谋与洋人为难者,非进士,即举人,非举人,即秀才。从未闻无功名之士,能煽动愚民,为其效力者。而今乃以各府州县滋事之区一律停试,于进士、举人、秀才,毫无关涉。骤而观之,此法似有成效可观;及缓思之,则不见其有裨于事也。吾故曰:各国未能如愿以偿也。

虽然,考试之事乃为中国大典,今停试之命既出洋人,则中国士林骄傲之心亦当为之稍挫矣。夫停试一事,名为警戒读书人起见,实则商贾亦均受其害也。盖凡考试之地,无论省城、县城,每届试期,士林云集,即有裨于商贾之生意非浅。故停试一事,不特士人欲设法阻之,即商贾等亦恐难免与士人同心也。中国现虽为势所迫,勉从各国之请,假令日后不肯照行,各国将以何法应之乎?吾料舍以兵力占据土地恫吓之外,恐无他法也!然此法仅一行之,已为各国所厌恶,若非不得已,必不再行也。倘停试各县或有读书之人设法径往他县投考,或在省城乡试,伪报为不停试之县而来,各国欲筹善策以杜之,不亦难乎?不特此也,各国所定之考试约章云:"凡滋事之区,须一律停试。"如此措词,甚属含糊。各国之意,盖欲考试之事,无论其为岁考、科考、乡试、会试,向在滋事之区举行者,从今以往均须停止五年也。然华人之解说则绝不相同,以为停试之事，专系指县府试而言，于乡会试毫无关涉。盖以乡试而言，应试者为全省之秀才；以会试而言，应试者为全国之举人。今若将乡会两试停止，则保护洋人之区，亦将与滋事之区同受惩责，而南省安分之士与北省庇匪之士有何区别乎？此断非各国之意也！其所见如此，而中国之当道则皆以停试之事为虑，故扬言谓："倘行之过刻，恐不免又酿祸端。"于是李中堂及东南各督抚拟将举国停试五年，以便将考取旧章更改一新，使举国之士得以专心致志，从事于有用之实学。揣其用意，不过欲全中国政府之体面耳！故各处传说，只称皇太后已允各督抚所请，举国停试五年。惟不提政府有意更改考试之旧章，使人人读有用之书，以为考试地步。则皇太后之用意，亦可想见矣。虽然，举国停试五年之信果确，各国宜允从之。惟须勒令中国政府将考试所用之书更改一新方可。此策既致益无穷，而中国少年之士，闻之又必欢悦也。是故此议欲行，虽有令华人不觉洋人以停试惩责滋事各处之势，然能将华人之愚暗除去，使华人好风水之癖变而入于格致，畏鬼神之心易而进于正直，则仇恨洋人之事，将不期除而自除矣！如此，岂不较诸专在滋事之区停试，为有益哉！

今华人之积习如此，欲将其心志荡涤一新，断非五年所能为。然各国若肯实心实力，赞助各明达之督抚，以成此美举，则此五年之内，亦可立实学之基础。将来获效，必能与日本前三十年内所获者相同也。

论各国向中国索取赔款之非　译《益新西报》

赔款一事，将定议矣。而在本馆之意，则以各国不应向中国索取兵费也。何则？查公法：若此国开罪彼国，此国之人皆心存主战者,彼国始可向此国索取兵费,否则索之为不公也。昔者普法之战,法人以兴师直捣德人都城而墟其国为快者,举国皆是。迩来英特之役亦然,特人中虽有主和议无斗志者,英人中亦有悯恤特人以不战为是者,然两国之人主战者过半。如此者,两国之争斗,乃百姓之事也,其兵费由百姓分任之,固其宜也。今者中国则不然。其开罪各国也,非华人之过也。当拳匪猖獗,使馆被攻时:广东客民在内河驾驶其小艇如故也,而北方之糜烂罔闻,即或闻之,亦漠不关心也;又四川省之种植罂粟者,操其常业而为糊口之计如故也,未尝闻洋人因鸦片入中国而招中国之仇恨也,倘围困使馆焚毁教堂之事传至其耳,彼将曰:"此事与我无涉!"亦置之而已。今各国所索之兵费,乃由此等无罪之人赔偿,岂理也哉? 假令于兵衅未起之日,向中国之人而问之曰"主战乎? 抑主和乎?"则其主和者,必不下百千万之多。总之中国之人,皆主和者也。间有愚民三五成群,为当道所惑,以致滋扰地方,亦意中之事;各国若借此为题,以律通国之人,竟向索取兵费,则不公莫甚于此矣! 以为公法,公于何有? 真不可为训者也! 西国之人,岂视此为文明之法而欲以开通中国之愚暗乎? 夫明知人之无罪而责罚之,虽野蛮之国犹不屑为,而今反由素号文明之国为之,殊不可解也! 中国之刑罚,或波及无辜,然此乃立法之不善,非司法者故意行恶也。今本馆见各国所为如此,不得不大声疾呼而告之曰:无罪者,不应波及也! 夫不波及无辜,中国已有行之者矣。

昔日本与西国通商伊始,仇杀西人之事时有所闻,然此非通国人民之本心也。原其闹事之故:一因民智未开,致疑西人;一因西人不能自重,虐待土人,间有西人故激祸变,欲借此为生财之路者。以故龃龉之事,日多一日。美人兴问罪之师,大败日本,索取兵费。

及后美人思之，乃扬言曰："以日人所行之事言之，理宜重索兵费以昭炯戒，然西人每称美人以启迪东方教化之国为己任，今若重索兵费，则此心何能自白乎？故愿将所索兵费还而不受。"日人至今犹称颂美人之德不置，谓西国口称善待东方之国者虽比比皆是，然究其言行相符，独美利坚一国能践其实耳。夫日本之开罪西国，在乎轰击西国战舰，凌侮西国使馆，然皆属政治之事，索取兵费，犹可言也，而美国尚置之；今中国开罪西国，全因杀戮教民，戕害教士起见，此乃教门之事，索取兵费，不可言也。况攻陷北京之联军，号称耶稣正教之义军来攻异教之国，而德皇亦谓中国此次之战系耶稣正教之义战，其余他国之人亦如此措词，则兵费之不应索取明矣！夫联军虽号称正教之义军，然其中攻战合法，举动出众者，实来自异教之日本国也！

总之，此次之战，既为耶稣正教之义战，则不应索取赔款。盖立教者为耶稣，今稽查"新约"圣书，不见耶稣曾出索取赔款之言。当日耶稣之衣被人剥夺，未闻其索赔较诸其衣价值多三分之一也！耶稣之门徒为人虐待，为人驱逐，为人戕害，亦未闻耶稣将赔偿数目开出，向冻馁之乡民索取也！教会房产被毁，亦未闻耶稣照价赔偿也！当日各教士虽无房产可毁，然苟有之，亦须遵依耶稣遗训办理，不容或异也！盖按"马可福音书"第六章："耶稣召十二门徒，赐以权柄，以制邪神，遣其出外传教，而训之曰：'勿携资斧，惟杖；勿袋，勿粮，勿金于囊，惟著履；勿二衣。'"又曰："凡入人室，则居彼，及去而后已；有不接尔，不听尔者，去之日拂去足尘，以为众证。"观此训言，明白如话，毫无疑义，并未有彼若不听尔言，尔即当用枪炮将福音轰入其耳之意也！亦未有彼若逐尔出城，尔当索取赔偿之意也！今中国之民，所犯何罪？不过为当道者之乱言所惑，又为我侪之欺凌所激,致滋事端耳。我侪乃要此无辜之华民摊任赔款,使其一蹶而不能复振,似与耶稣之道理大相违背也!夫耶稣之道理,虽包括甚广,可一言以蔽之曰:"父欤,赦彼!因彼不知而作也!"此乃耶稣临钉十字架时仰天而呼之词也!

由此言之,索取赔偿,实为耶稣所不取也!此次战争既为耶稣正教之义战,则赔款不应索。若索赔款,则不得称为耶稣之义战。而奉信耶稣正教各国,所言与所行大相矛盾,直欲令中国之人阻挠传教之事,较前为甚耳!吾非谓华人胆敢立例禁止传教之事,亦非谓华人胆敢勒令西国将和约更改,删除传教一节也;不过谓华人将以此为话柄以讥刺西人,使西人闻之痛心耳。六百年前英之名士葛书尔君,将空言与行事二者辨之甚明,其言曰:"凡人欲以道理教人,当先自行之。昔者救主耶稣所传授其十二门徒之道理,皆一一经耶稣先自行之者。"葛君所言若此,盖欲讽当时之传教者也。

三忠灵柩过沪记

去岁夏秋之交,政府王大臣庇拳匪攻使馆,京师诸臣非随声附和,即相戒不敢多言,惟秀水许公、桐庐袁公、海盐徐公先后以力谏论死,事状具见各日报。已而联军入京,开议和局,全权大臣徇西使之意,吁请中朝降旨昭雪。于是三公灵柩由其家属奉之南来,于四月初九日由公平船载运至沪。翌日,由救济善会备仪从,送至大王庙码头。在沪官员既先就舟,次祭奠。江海关道袁观察派兵队擎枪恭送,英、法二租界工部局又派巡捕立队弹压柩所经过之处。除江督刘制军委员奠醊外,其余官场、绅士、商民、同乡,于道左设牲醴、陈香烛致敬者,不下一十余起,其祭文挽联不下数十百通,盖自数十年来达官贵人之柩过沪,其哀荣之盛未有过于此者,而外人之观礼者，其赞叹崇敬尤为绝无仅有。吾意，今之达官贵人震惊于是，歆羡于是，不知彼意中人又作何等见解、作何等见想也。虽然彼当知三公者，临时不挠，知死不避，虽其平日行止识见大概不同，然内之皆有不忍汩没之天良，外之皆不能恝置之大局，其心目中不知有他，惟知有国家，故虽死而耀名姓于宇宙，获荣显于衢途。即外人之尊礼之，亦敬其忠爱之国家，非爱其能阿合外人之意者也。吾窃恐外官贵人漫不知省，见夫外人之意者，见惩治如彼合外人之意者，见尊礼如此，嗣后相戒，凡官居、行事、发言、出令，一皆以听外人之驱使；为事且以预揣外人之意旨；为事凡西人所好者，虽所意不欲，亦勉强行之，西人所恶者，虽义所当为，皆退缩而不敢为。由是上行下效，大官如是，小官奉令为谨，不特国体愈失，征讼偏颇，激怒良民，贻误大局，且恐西人称之本国之人则唾骂之，即西国之官场称之，而公论窃笑之。求荣反辱，求伸反屈，莫甚于此。用是敢正告之曰：罪魁诸人，得罪国家，即西人无之指索，亦在当死之列，非恶其得外人也。许、徐、袁三公，以忠爱国家而死，故外人亦尊之、敬之，非谓其有功于外人也。吾故不惮烦言而为之辨，愿有外交之责者、甚愿讲求外交之人明辨之。若夫死事诸公用意之浅深、行之当否，则自有公论，无俟赘述焉。

挽 三 忠 联

罗焕章
　　半壁障东南，赖诸公沥血陈词，我辈至今居乐土；
　　九重加雨露，看此日歌功颂德，大名终古震全球。
王德龄拜
　　直道在人间，合中外一家，同称古义；

文章遗海内,有后先两疏,不朽忠魂。

盛丞堂挽

方事之殷,得数子据理廷诤,始知吾国达官大有人在;

痛定而后,读几行诏书销案,可见朝衣东市非出天心。

盛丞堂又挽

灵兮归浙水,东西各有千秋,不泯丹心在遗疏;

名已震寰瀛,中外谁无一死,同拼碧血报君恩。

〔盛宣怀又挽〕

维大局于艰危,鼎镬不惊,东南保障;

矢公忠其坦白,旗常式焕,中外观瞻。

生荣死哀盛丞堂挽徐光禄轴

苌宏化碧盛丞堂挽许光禄轴

潮涌桐江盛京堂挽袁荣(光)禄轴

刘岘庄制军挽

国事正仓黄,事处万难,同拼一死;

臣心终大白,名垂千古,无愧三忠。

许应萃挽许竹篔光禄联

雷霆雨露尽天恩,一朝千古;

玉帛干戈特议卓,碧血丹心。

周□□①挽

为公忘私,为国忘家,溅血□三忠,不愧南疆节气;

遗爱在民,遗文在箧,从容赴菜市,长留万户馨香。

吴县罗甘棠挽

使馆断难攻,拳匪断难抚,幸诸公血疏力争,我辈至今居乐土;

---

① 原文难辨。

邦交犹可缔，时局犹可为，看此日金汤永固，大名终古震全球。
邵季刚部郎挽

拼死报君恩，浙西千古，浙东千古；

洒涕迎忠骨，海内同声，海外同声。
孙镜湖司马挽

事已如斯，一死竟成千古恨；

魂兮归去，全球翼仰大名传。

厦事本末纪

厦门自七月二十九日夜，山仔顶日本教堂焚毁后，日领事上野君即于次日派日兵舰名高千穗，船内水兵百余名，手持洋枪，沿街游行。厦民一时大惊。当经延道亲往日领事署问其派兵之故，答以专为保护日商财产起见。至初二日，又添派水兵二百数十名，搬运林格车仔大炮架于虎头山顶。声称将于初四日四点钟开炮。于是厦民益形惊慌，皆纷纷携眷挈物，逃避他处。继而后辅佐杂等员，亦纷纷弃职携眷附轮他往。厦民因此愈扰。阖厦旋即罢市，土匪乘机抢劫，银根一空。十室九空，厦之大局几不可问。幸延少山观察不为少动，一面电致上海李傅相暨两湖总督张制军、上海道余观察调停，一面又电致省垣许制军、善军帅，请兵请饷以备不虞。杨军门一面传令备战，延少山观察连日往晤各国领事，恳其居中寰转。各领事即会晤日本上野领事，问日本此举是否奉有政府密谕，抑已与各国外部商定；日领事亦以系为保护商务起见，并无他意为答。初五日申刻，延道接得上海盛京卿覆电，内开"在申晤小田切君，据云日兵登岸，意在保护商务，并无攻厦之意，业已请其撤兵回船"。旋又接上海道余观察及李傅相、鄂督张制军电，谓"已会商英、德、美各总领事,电致日本外部大使,请其撤兵另议,各领事亦愿为调停,惟该道务宜竭力弹压,万不可与日兵再起衅端,多生枝节"。延道接电后,当即出示安民,谕令不可迁避,自相惊扰。示出而人心为之稍安。初七早,日兵遂将山上大炮搬运回船。同日,英领事见本国兵船到厦后,当即商请延道派英兵五十名登岸驻太古洋行,保护中国商民。延道许之。英领事先出示晓谕厦民以派兵登岸之故。未几,英兵船续到一艘,美兵船亦到一艘。各国领事又均电致日本外部,谓"各国领事既与两江两湖两广各总督同立和约,各抚宪所保护各国商务财产性命,各国亦不攻南方各省,今贵国此举,似有不合,各国与各督抚所立和约已属不废而自废"。日本外部复以并无攻厦之意,并允电调上野领事回国。初九早,上野领事奉到该国之电,即遄返本国。一切后事,现由延道与其新领事名芳泽谦吉者另议。

附　电文一束

三十日厦门延观察年致福州洋务局电:

福州洋务局鉴:厦门山仔顶街日本教堂昨晚十二点半钟失火,适弟带兵查夜,巡至该处,当令扑灭,仅烧空房一间。询诸邻右,言此屋本系日人向英国教民张姓租赁,前数日因房主索租相争,搬往别处。屋内已空,只有管屋工人一名,疑系自行焚毁泄忿。兹得领事照会,借称匪徒开枪放火,并无人抢劫等语。其实焚烧之际,均弟目击,并无其事。现在虽将实情函告,恐其照会到省,有关宪屋。祈转禀督军宪,弗信讹言。年。晦。

三月朔日厦门道延观察年致福州洋务局第二电:

日本教堂失火情形,昨已电达。弟复与领事商明,力任保护,不许派兵登岸。彼此互允。讵今日忽有日兵百余名,沿街滋扰。

民皆惊惑，聚众为难。当亲诣弹压，反复开导，并请领事撤兵。倘立即依允，便可无事。但虑此次似出有意，恐执不从，容再相机婉商。如何情形，再行续电。请先转禀帅聪。年。东。

初二日厦门道延观察年厦门厅张同知东成会衔致福州洋务局电：

水部洋务局鉴：昨电谅已转禀。电后，闻日兵有过江之信。年比即会晤领事，果欲派兵登岸，当面再三拦阻，作罢。不料今午后未刻，仍派日兵二百数十名携车仔炮登岸，在海岸游行。百姓大为惊慌。查日商先日已搬空数家。年同张丞见税务局，据云："英美领事已函致上野，嘱日兵回船。"至生意，英美为多，由地方官保护。又经洋商保阻，顷日兵不在洋街，均向内河四散分走，其心叵测。又饬杨牧见上野，据云："你不必问我，亦不能管。"闻上野业得本国密电，故举动如此。厦地兵太单，兹仍会商各国领事。请速代禀帅聪。年。东成。

初三日厦门道延观察年提督杨军门歧珍会衔上许制军电：

宪台钧鉴：洋兵登岸，到处滋扰，索厦至急，万难挽回。而厦兵单饷缺，力难一战。年珍面商，事既如此，无法可施，惟有鞠躬尽瘁，与厦存亡，以报国恩耳。年珍会电。

初三日闽省当道复厦门宫场电：

各电均悉：厦事危迫，兵力太单，惟现在时局，无论各省如何，兵力均无利钝之可计。第大局艰难，职守之臣惟有各尽其心，竭力办事，以期上无负朝廷，下无愧兵士而已。麾下手绾符官，身膺专阃，部下健儿尽听指挥，非弟所能遥制。战守之事如何，相机应变，亦非弟所能遥度，正不必谦抑，计千里请命。以后之事，战守之机宜，均请相机自为酌夺，无庸请示。江复电。

三十日日本领事上野致厦门道延照会：

为照会事。顷厦门山仔顶街大谷派本愿寺布教使官尾境秀驰禀，称昨夜十二点半钟之候，突有匪徒开枪劫人，到寺放火，烧毁教堂并一切佛像器皿，看守之人仅以身死，等因。本领事据此，实深骇叹。现为保护帝国臣民起见，立即会商本国军舰管驾官妥议，饬派军舰水师兵队上岸，自行保护。除所有看守教堂人等受伤多寡，另俟分别查明照会外，合行备文照会贵道，请烦查照可也。须至照会者。

八月初一日厦门道延第一次示稿：

为示谕事。照得本道访闻日本兵现有登岸情事，当即确加密查，始知系为保护三井洋行，并非与地方百姓为难。但恐匪徒乘机鼓煽，借端捏造谣言，希图地方扰乱，彼即可以肆意抢掠。居民未悉情形，必致惊惶滋事。除函请日本领事立即撤兵回船，承认民心而免滋事外，合行示谕，为此仰阖厦军民诸色人等知悉。尔诸国各照常营生，毋得稍生惊疑。倘敢造谣，借端滋事，定即从严拿办。其各凛遵毋违。特示。

八月初一日厦门道延致日本领事上野照会：

为照会事。照得本道昨与贵领事商明，凡在厦门各国洋行身命财产，许为极力保护，惟不可派兵登岸。贵领事已允照办。本日忽闻日兵上岸，百姓各怀惊疑，纷纷聚观，辄欲相与为难之势。查此次既允保护，若或纵兵到岸，万一民间鼓惑，激成事端，本道势难实力保护。除再备函另行详达外，合先照会。为此，照请员领事迅即撤兵回船，以免有误大局。望切，望速。须至照会者。

八月初二日厦门道延致日本领事上野函：

敬启者：昨日趋请台端，畅聆雅教。山仔顶街教堂被毁，查系失火所致，业经协商，蒙贵领事面允不复派兵到埠。正喜一诺千金，彼此均得平安无事。何意今日忽闻贵领事复令各兵登岸，以致全厦居民莫不惊惶疑虑，汹汹欲与为难之势。查福建一省，前奉督宪军宪行知，已与各国领事会议，仿照两湖两广安徽等省办理，商订约章："互相保护中外人民商务产业，各无相扰；不论他处如何变乱，彼此均当遵守；寄寓福建各国官商以及传教洋人所有生命财产，中国地方官情愿极力保护，不使有损，厦门一体照办；所有各国兵船均不必进口，以免人民惊疑滋生事端。"等因。今厦门一岛，本道节次示谕居民，不准滋事，一面多方设法保护洋人，辛劳备至，不遗余力，始得地方安宁，不滋事端。若贵领事遽违定例，无故派兵登岸，是使通商最安之地转变而为乱也。本道昨与贵领事晤谈之际，曾言明在厦日本洋行所有生命财产，照约力任保护，以睦敦谊。倘因兵丁登岸，致令百姓因疑生事，本道则实不能任此保护之责。除先示谕，一面亲诣该处，剀切开导居民，不准滋事外，用特谆切函达，务祈贵领事迅即派兵回轮，便可相安无事，庶免贻误大局，则地方与华洋官商均幸甚矣。

八月初三日厦门道延致各道领事及厦门关税务司照会：

为照会事。照得闽省前蒙督宪军宪援照两江等省办法，与驻扎福州各国领事商订中外互相保护约章八条，厦门一律照办。会同签字定议，业由本道分别照会贵领事暨各国领事，一体遵守在案。兹日本突来兵舰，纵兵上岸，在虎头山等处各架大炮，并于通衢街路分驻日兵，手持枪铳。以致民心惊惶，纷纷迁徙。昨向上野领事再三相阻，既不肯允退兵，究不知其意何居？然彼既如此情形，万一土匪闻风起事，累及各国洋行，本道实属无此权力再行保护。惟有先行通知，将来尚望原谅也。合先照会，为此，照请贵领事税务司烦为查照,希即转商上野领事,立即撤兵回船,以保中外商民而安闾阎无事。望切,望速。须至照会者。

八月初三日日本领事上野致厦门道延照会:

为照复事。昨接贵道照会,内开"纵兵登岸,万一民间鼓感,激成事端,本道势难实力保护""迅即撤兵回船,以免有误大局"等因,前来。准此,本领事查厦门形势日趋不稳,帝国臣民正濒危殆叵测,本领事即派水兵自行保护。现撤兵回船之事,当俟时局稍定,自应照办。相应照复贵道查照可也。须至照会者。

八月初一日厦门道延第二次示稿:

为剀切示谕以安民心事。照得近因日本兵丁执持洋枪上岸,分驻各街,昼夜防守,并在虎头山等处安放大炮,实为保护日本洋行。厦地人民不知底细,以致各怀惊疑,纷纷搬避。本道上念君国,下恤民情,思之难安寝馈,连日邀订各国领事会同上野领事反复商确,并再三与之理论,竭力磋商。直至昨日始接领事照会,内开"昨接贵道照会,内开'纵兵到岸,万一民间鼓感,激成事端,本道势难实力保护。''迅即撤兵回船,以免有误大局'等因。前来准此,本领事查厦门形势日趋不稳,帝国臣民正危殆叵测,本领事即饬派水兵自行保护。现撤兵回船之事,当俟时局稍定,自应照办。相应照复贵道查照可也。"等因。准此,查此次日兵执持枪炮登岸,虽为保护洋行起见,而百姓见之亦无怪生疑。今上野领事既已允从撤兵,地方即可相安无事。合亟通行示谕,为此仰阖厦绅民人等知悉。尔等须知在岸日兵专为自行保护,自可消然冰解。自示之后,凡已搬避者务须仍行回家,未搬者毋庸再事迁移,当各照常营业,切勿轻信谣言,再生疑虑。倘有不逞之徒,造捏蜚语,诗张为幻,希图煽惑人心,别滋事端,一经本道访闻,定即从严拿办,决不宽贷。其各凛遵毋违。特示。

八月初四日厦门道延致日领事上野函：

谨启者：本道昨诣尊处，与贵领事畅谈之际，备叨盛情嘉纳，感荷良深。惟所请出示安民一节，最关紧要。既承惠允，谅必照办。今特泐函奉请贵领事另录示稿一纸，函送过署，俾本道亦仿此意一体出示晓谕，以安民心。祷甚，盼甚。

八月初五日领事上野致厦门道延函：

顷接教言，敬悉一是。日昨本国台湾民政官长后藤莅中莅厦，并非总督，其派兵上岸，系为保护帝国商民如常交易，经本领事日昨晤会贵道言明。至出示晓谕，系贵道之权，本领事似未便越俎而谋。

八月初五日厦门道延第三次示稿：

为晓谕事。照得日本兵勇登岸，民心惊惶，昨经本道分别电察李傅相及各衙门，转商日本外务大臣撤兵另议。兹于初五日申刻，接准上海道余来电，以"此事已蒙湖广总督张，商由李傅相暨两江总督刘，会电英美德总领事调停，一面电致日外部矣。允宜镇定，竭力弹压兵民，勿致开衅。"等因。查既蒙电致调停，当可消弭无事。合亟示谕，为此示仰阖厦绅民人等知悉。自示之后，务各照常安业，切勿轻听浮言，自相惊恐。其各凛遵毋违。特示。

八月初七日美领事巴复厦门道延函：

谨启者：顷准贵道函询上野领事因公回国，未识曾否知照敝处。本领事查上野领事仅发各国领事公信一件，内开"本领事离厦，篆务暂交副领事署理"。等因。惟本领事昨晚接奉敝政府来电："闻东京日政府已允将厦岛洋兵立即撤退，其鼓浪屿之兵俟平静安然无恙时亦退。"各等因。奉此，查本早厦岛日兵已退。本领事理应与贵道贺喜。仍希贵道设法安民,保护,是为至要。

八月初七日日本领事芳泽致厦门道延函:

谨启者:昨夜半东亚书院所有水兵已饬令撤回。特此知照,统乞察照为盼。

八月初七日厦门道延复日本署正领事芳泽函:

迳启者:昨接上海来电,知贵国总领事已奉外部电饬撤回保护书院之兵,其余相机撤回。正在达函间,兹接贵领事来函,以"东亚书院所有水兵饬令撤回"等因。查志信洋行及镇邦街港仔口一带尚有水兵在岸,究于何时撤回?务祈先为示知,以便函致英领事亦将水兵一体撤回,并严饬兵勇照前认真保护。

卷 六[①]

奥国弭兵社男爵苏德乃致驻俄杨公使书

去岁荷都幸瞻风采，心企莫名。近者中外兵衅，凡我同社，忧心如焚。鄙意各国如肯和商，不难持平议结。但各国办事之人，好兵喜事者居多，吾辈志在保和，人数不足以相持，为可惜耳。虽然，岂敢坐是气馁，遂作壁上观乎？惟有循名核实，我尽我心而已。奉询数事如下：一、公奉使欧美，遍历诸邦，于各国政府办事了如指掌，且公经济夙有本原，此次衅端，尊意究竟若何？一、现在中外究竟因何启衅？一、中外交谊如何可以复旧？卓见若何，统乞示覆。某现有拙著，内详保和之事，倘蒙惠玉，其为功保和，实非浅鲜。谨启。

驻俄杨公使覆奥男爵苏德乃书

客岁荷都快承雅教，欣幸奚如。阁下系弭兵社友，值此时事艰难，尤深向往。顷奉月之八号惠函，循诵再三，无任感佩。所称持和之人为数寥寥不足抵制，不知天下各国，端赖诸君子默化潜移。日者，易兵车以衣裳，化干戈为玉帛，和光普照，万国咸熙，岂非诸

---

① 本卷中外往来国书及部分禀文，较为常见，兹不录入。

君子宏议征言,有以致之耶?所望不惮烦劳,不遗余力,以救世而利民,何幸如之!承询各节,条答如下:一、仆奉使美、日、秘、俄、奥等国,并游历英、法、德、日本、荷兰,及南美诸邦,见其文化、武备、商政、农功之制不同,亦各臻其美善,心佩奚深。其中措施,视中国者互有异同,均一一默识,以期择善而从。惟是雄才远略,不无争竞之心,则美哉犹有憾矣。但愿各国器凌悉化,永固邦交,庶环球常享升平,是所厚望。一、此外中外启衅,实因彼此误会,均非真欲失和。盖中国官员办理不善,各国将帅好大喜功,以致成此局面。若不早释猜嫌,速敦和好,恐不独各国且因此互争,益滋谋国之忧,尤非全球之福。一、此次中国乱事,实因民教不和。奈教士来华,原欲劝人为善,其意甚佳。无如中国善良之辈,均不愿舍己从人。其不可强之奉西教,犹各国人民不可强之奉孔教也。大凡入教者多系无赖莠民,皆恃教为护符,争讼攘夺,欺压平民,积怨成仇,匪伊朝夕,一旦愤发,不可遏抑。鄙意商务不妨日事扩充,而奉教则宜各行其是,庶几两不相扰,永息争端。猥辱刍问,敢布鄙辞。

苏男爵再覆杨公使书

接准惠函,辱蒙示复周祥,曷胜感谢。见示各节,通达透彻,实为弭兵药石之言。亟登报端,以志钦佩。特此鸣谢。

西历八月二十三号

英使致西提督乞援电 五月十三日下午六点钟

西摩尔军门鉴:使署势已急,请遣援。

又同日七点钟西军门鉴:遣援至少须备二千,遇急即电告。

又同日八点钟西军门鉴：援兵请速来。刻下已恐大迟。

赫总税司德致天津西官电 十四日

使署仍无恙，惟危急。

鄂省某太史致溥侍郎电

拳匪为乱，公宗臣志士，亟宜疏陈拳匪是乱民，非义民，其力断不能敌各国，请亟下诏痛剿以定大计。能约宗室满洲诸君子尤佳。某君最忠愤，请面商一切。勿执成见，奏不可迟，迟必不及。

又致闽督许皖抚王陕抚端电

拳匪为乱，京师危甚，望速电奏请剿。

又致甘藩岑电

拳匪为乱，望速请魏制府电奏速速下诏痛剿。迟则不及。

又致某巨公电

拳匪为乱，密迩京师，恐惊圣驾。不剿拳匪不能阻洋兵，不劾刚相不能剿拳匪。公素忠直，敦请速电奏。迟恐不及。

江督刘致盛京卿电

保护中外人民产业，已电商香帅，得覆即办。顷接罗星使复电，称："遵告沙侯，据云：'英政府注意保全人民产业，绝无侵占之意，水师只在口外，不致分兵喧扰，承示竭力保护，殊心感。'云云。"

鄂督张致刘岘帅、盛京卿电

来电均悉。请即刻飞饬上海道与各领事订约：上海租界归各国保护，长江内地均归督抚保护，两不相扰，保全中外商民人命产业为重。并请声明敝处意见相同。杏翁思虑周密，敢恳帮同与议，指授沪道，必更妥速尤感。但恐各领事必须敝处派员，拟即派陶道森甲迅速赴沪与议。惟请告上海道及盛京堂，先与速议，不必候陶。

赫总税司乞援电函

驻津各领事，官兵鉴：京中情形已十分危急，请火速发兵援救。西历六月二十四号晨八点钟发。信到即付来人银五百两正。赫鹭宾启。

又同日天津各国统带官鉴：旅京西人俱受困于英使署内，势甚危急。火速！火速！西历六月二十四号下午四点钟发。赫鹭宾启。

荣相电复各督抚书

李钦差、刘制台、鹿制台、王抚台、松抚台、俞抚台均鉴：来电敬悉。以一弱国而抵十数强国，危亡立见。两国相战，不罪使臣，自古皆然。祖宗创业维艰，一旦为邪匪所感，轻于一掷可乎？此不待智者而后知也。上至九重，下至臣庶，均以受外欺凌至于极处，今既出此义团，皆以天之所使为词。区区力陈利害，竟不能挽回一二，因病不能动转，假内上奏片七次，无以免。力疾出陈，势尤难挽。至诸王贝勒群臣，内对皆众口一词，谅亦有所闻，不敢赘述也。

且两宫诸邸左右，半系拳会中人，满汉各营卒中亦皆大半，都中数万，来去如蝗，万难收拾。虽两宫圣明在上，亦难狃众。天实为之，谓之何哉！嗣再竭力设法转圜，以图万一之计，始定总署会晤，似可稍有转机，而是日又为神机营兵将德国使臣击毙，从此则事局又变。种种情形，千回万转，至难尽述。庆邸仁和，尚有同心，然亦无济于事。区区一死不足惜，是为万世罪人，此心惟天可表。恸恸！本朝深恩厚泽，惟有仰列圣在天之灵耳。时局至此，无可如何，沿江沿海势必戒严，尚希密为布置，各尽各心。禄泣电复。

袁中丞致烟台各领事电 西历七月二十号

各国领事官鉴：今晨十点钟接到总督十八号飞递公文，内有美公使密电一件，已为转递华盛顿。敢告。

袁中丞致江督刘电 华历六月十九日

刘制台鉴：闻各使及眷均无损害，惟各使馆合围甚急。消息隔绝，虽迭经口探，竟无十分确耗。

某省派驻保定坐探委员电 六月初九日

宪台钧鉴：都中兵丁已占踞兵部署西什库，闻英使署被攻甚急。月朔，天津制造局不守，外兵乘势修接铁路，我兵断陈家沟桥以止之。团匪纷纷携带炮火劫抢军械，头目王姓以无颜见人，吞烟自尽。静海团张德成有众二万，拟报效，非奏明不可。直督允其请，将择精壮者为十营。河东南门一带尽成灰烬，城内官商有向英缓颊之议，未识何如。省城附部教堂二日前均焚，洋人死十余。臬司近奉廷寄治兵。

又九月初十日宪台钧鉴：内趣合肥入觐,发国书于俄英日修好。董军已发津,初五日以后未战,留张春发、陈泽霖,会同直臬剿附省□□□□。① 廷藩司初九奉旨来京陛见,臬司兼署藩篆。

袁中丞致驻烟美领事电　西历六月二十号

贵领事鉴：顷接京信,知西历本月十一号各处依旧平安,惟乱兵意在杀教,故仍力攻东城。

某省派驻保定坐探委员电　华历六月十二日

初八日未接战,因两军兵士均劳苦之故。现在马军十三营驻河东,练军驻马家口,每夜彼此遥击,未分胜负。团民三万余,衙署庙宇公所悉被占据,询其何日出仗,佥称时未至,不轻举。寿州以谭文焕、徐国祥为心腹,良言难入。近闻有不肖巡道拜团首为师生。京城各宅大半为董军所劫,前门内外死人数万。英使馆环击两旬,坚不可破,现已深沟高垒以困之。

英公使致驻津英领事书　西历六月二十日

昨日下午四点钟,各公使接到总署公文,内开"北洋大臣接到驻申领袖领事官来文,称明晨二点钟之前如不将大沽炮台让出,洋兵定必攻取等因。据此显见各国果有瓜分中国之意,为此奉函,照请贵公使等限于二十四点钟内一律离京,逾期恐为匪徒所伤,敝政府实难保护"云云。细阅来文,华人之欲戕害外人,其意已在言外。但不知领袖领事究竟有无发此公文？如果属实,则责任甚重,各使

---

① 原书如此。

馆应宜早为预备。今日更决意先令妇稚等数百人来署避匿,并议定各使署如至万难支持之际,亦均来此躲避。随后,各公使公复总署云:"来文所称各节,本大臣等均无从索解。即开战一节,亦只据贵署所言,谅各领事万不能有此举动。一切务请端庆两邸面议为祷。"此文去后,并无回文。遂由德公使带同参赞前往,欲得一见,不意竟为华兵所戕,即经派兵五十人往寻尸骸,未获,德参赞亦受重伤。彼时逆料四点钟后华兵必来攻击,因此即将英国大旗高悬。刻尚不知有无救兵来京,即有,亦不知刻在何处。信到时,即望发给投书人洋一百元。

鄂督张致盛京堂电　七月初一日

鄂境一律平静,营勇均听约束,武汉并无猜忌洋人之事。前月汉口洋人曾有炮对汉口之谣,妄诞可笑,旋邀英领事过江面与解说,现在均已释然。祈告各领事,嘱将西报更正,并以后切弗刊刻无稽谣传为祷。

又七月初三日发近日洋人自汉回沪者,多系山陕河南教士矿师,路过此间,皆云一入鄂境深蒙地方官保护周妥。于帅自北方事起之时,以安靖地方,慎重保护,通饬属员。裕帅于过境洋人,皆派马队护送,可见并非不认真保护。近来南阳市教,或因边远,猝不及防,然各洋人早已由豫回汉,当不致伤损。至湘省初闻津郡讹传,人心不免摇动,致有衡澧之案,经敝处将京津确情及保使保商谕旨转知,俞帅亦极认真弹压。长江上游,断断不致有事。所可虑者,沪上造谣之人太多,中西各报辗转钞译,大半失实,甚至毫无影响,摇惑观听。惟望于见领事税司及中西官商时,告知此处实情,而勿轻信谣传为祷。

驻沪某西官致晋抚毓中丞电

太原有毕姓教士,与其妻若子,又友一人,共四人,如能送到汉口或上海者,其家属愿谢英金五千镑,合洋五万元。一经送到,即由本署照付。

又,山西全省教士共六十余人,如被戕害,当惟贵巡抚一人是问。

又致陕督魏制军电

兰州、秦州等处,共有教士三十余名,请速饬地方官护送至四川,再由四川派人护送至汉口,所需费用,本署均愿认还。

日本公使致驻津领事电　西历七月二十三号发

董军不时前来攻击,某等惟竭力死守,并由本处武随员统率水师兵暨民团等奋勇接战。至天津所派专差已至,得悉日本第五队兵月尽当可至京。此时某等虽可支持,然殊不易。华军自十七号起,未来攻击。今将所死伤之数列下:计死者武弁两人,义兵一人,水兵五人;受伤者参赞一人,学生一人,水兵六人,其余稍受微伤者甚多,则均不在此列。

江督刘致英水师提督西摩尔电

前因领事面言美拟调兵保护租界,英亦不得不调兵。当以美英或有成约,切嘱务宜从少。贵军门为保商务起见,本大臣为保地方起见,皆欲力求安静,是以遇事无不推诚相商,通融办理。今贵国调兵来沪,各国既均不欲,是美国并无先欲调兵之意可知。目下沪上民心甚为惊惶,各口亦复因此震动,若各国复援例而来,民间更不知若何骇异。不得不请免调以示镇静。务望设法妥筹,已行者若何折回,未动身者即行阻止。

美廷复李中堂电

所请停战一节,须俟敝国前者所请贵国各款切实遵行后,方能照办。

英政府致驻沪各领事电

此次京津开战,初非意料所及。本国派兵赴华,只为剿办团匪起见,并不欲瓜分土地。惟日后须索偿兵费而已。上海为中外互保之地,决不作为战地,务令中西官合力保护。其长江一带,如有匪徒扰乱,亦须会同华官剿办,并令各商民切勿轻信浮言。

英使臣致英政府密码电 西历八月三号发

使署台垒刻已加筑坚固,署内共有妇稚二百余人,自七月十六号以后,华兵不时前来放枪攻击。

法公使致驻沪法总领事电 八月九号发

如因李中堂为议和大臣之故,致联军不能直入北京,深恐在京西人生死之权,均在华人掌握。

鄂督张江督刘致驻沪英、德、法、俄、美、日六国领事电

顷接烟台来电,内开"联军十九据通州,拟攻东直门"等语。查现在并未得我两宫出京确信,如联军果攻京城,炮火所至,势必

震惊宫禁。万一有意外危险,则从此全国人心愤激,自此将不知祸之所止。况南方保护之局,各督抚均系奉旨办理,倘各国不顾两宫,则何以处南方之督抚？万望贵领事飞电联军各兵官,切实询明,将如何办法,万万不可震惊我皇太后、皇上,使南方各督抚及各省民心不致激成大变。务望二十四点钟内电复。万急,至盼。

鄂督张致英总领事电

北方匪乱以来,长江一带商务大坏,中西咸受其累。北京自联军入城以后,人心不安,各处哥老会匪纷纷起事,借保国为名,扰乱焚掠。虽经三江两湖各省派兵剿捕,然和局一日不定,即人心一日不靖。贵国通商数十年,沿江沿海各商埠始克有此繁盛,若贵国不早日联合各国倡议调处,匪乱日甚,扰及各埠,如天津情形,恐非数十年不能复原。甲午中东一役,英不肯早作调人,致让俄占先手。而今日俄势至盛,英若迟延观望,必致事变百出。长江虽经江鄂两省竭力支持,然久不停战,各处匪徒乘机而起,则大局将糜烂不可收拾,徒遂各国瓜分之计,知非英之所利也。以一中国当七八强大之国。停战数月何碍？英向重商务,无割我土地之心,且承外部厚意,询及江鄂两督意见。美与日本,与英意见相同。近见各国来电,语意尚觉和平,敢请迅速转电外部,趁此时首先倡议停战,邀商美日两国派全权使臣与李中堂即日开议和局,则大局幸甚。

直藩致东南督抚电　七月下旬某日

銮舆二十一日西幸,世变至此,愧悚忧愤,难安寝馈。收复京城,请还两宫,实为最先要着。请诸公亟图之。再以后奏报折件,宜探明行在投递,切勿递京。

荣相致东南督抚电　保定八月初四日发

北地驿都不靖，保定无险可守，各省京饷势难贮存，宜探明山陕沿途驻跸之所交割。

李中堂致某省疆臣电

查各国外部转复电语，及洋报所述驻京各使词意，与谕旨间有不符。此事殊难议结。昨已奏请派庆王，荣相，刘、张两制军会同筹办。应请我各国驻使委婉向外部解说，从中转圜。至上海各总领事，除某某并未来晤，似别有意见外，其已晤者，曾嘱其电商本国，均称无在此议事之权，俟稍有转机，当航海驰赴京津相机会同商议。

美外部海约翰致李中堂电　西七月三十号

李中堂鉴：如贵政府不使敝国与驻华公使通信，则护送公使赴津之事可毋庸议。再保护各使臣，乃中国政府之责。中国须先能保护各国使臣，并使之与各政府通信，然后可以论及出京一事。

美政府又电　西八月一号

贵大臣鉴：各使馆与其政府通信，乃使馆应有之权。中国不能以此求情。须俟各使臣能与其国家通信，中国能保各公使无险，然后可议他事。

上海德国总会致德亲王侯亨络熙电

王爷均鉴：旅沪德人闻俄人欲于未和之先将北京驻兵退回。

如吾国亦仿照办理,深恐此后吾国商务及民人产业等项将不得安静。乞王爷代奏朝廷,请为留意。旅沪德商谨电。

庆亲王致各督抚电

洋兵进京,两宫两狩,本爵奉便宜行事谕旨,会同李相议和,即须开议,宗社安危,关系重要。希严饬各属竭力保护在华洋人及教士教民。如有匪徒滋扰,立即尽法惩治,勿任再生枝节,致误大局。奕劻谨电。

东抚袁致各督抚电

有密旨,令庆邸回京,催李相北上,会同议款。初六日,驾仍在大同。世凯谨电。

李相致俄国外部大臣电

贵大臣鉴:本大臣能请皇上复辟,而不能保端,刚之必诛。再如德国在扬子江一带生事,敝国必请贵国设法以防。

俄外部大臣答复李相电

来电已悉。敝国大皇帝已电询德廷,有无欲在扬子江生事情形,据复,德政府实无此意。

美廷致德国政府电

此次中国拳匪之乱,吾各大国须合力逼请华政府严惩罪魁,庶免日后祸患。

德政府致各国电

贵国所请将中国唆使作乱之人置之重典以儆将来事，固甚善，然此等作乱之人究不若仍归中国自行惩办为妥。盖此时必须留一机会，俾中朝得以善自为谋也。惟订约时，则须议及此次作乱之人如何惩办耳。

美廷复德政府电

敝国不欲本国军队永驻中国，从事戎行，亦不能与贵国之军助战，以听总统瓦德西之指挥。

又复俄廷电

目下敝政府尚无迁移使馆出京之意。

又复中国政府电

贵国所派李相为议和大臣，与各国会议一切，敝政府甚为欣悦。刻已派敝国驻京康公使同各国共议和局，言归于好。

英沙侯致德政府电

与其旷日持久，为中国越俎谋内治，不如将来列入和约条款，使酿祸者永不得用事，则中国自尔太平矣。

刘、张两制军公致驻沪各事总领电

贵领事鉴：闻联军欲遣兵入山东内地。如果有此意，此举万不可行。况该处内地西人，业经东抚袁帅竭力保护，并无人遭害。

境内团匪,亦剿除净尽。联军此行,殊可不必。万望传电阻止是幸。

鄂督张致驻沪各领事电

各国领事鉴:前接陕抚密电云,毓确吞金自尽等语,是以奉闻。顷接得陕抚密电,谓毓事近无所闻,前信恐不确等语。然闻毓确已离晋,晋抚锡力任剿匪。兹特电达。祈电告贵国外部公使,将前说更正为妥。湖广总督张。

鄂督张致驻沪某西员电

新调鄂抚裕长已奉旨开缺,长江互保之约可以始终不渝。

驻沪英领事致浙抚恽电

单内所开之犯,与本领事指请拿办之犯无一符合。据敝国政府意,以为上自抚院,下及府县,既有主使纵庇情事,亟宜从严惩办。总之重在官犯,不在民犯。如前电所致各犯,内有拿获解省者,请即电告,以便详报外部。至前抚办理不善,亦未便使之轻易离杭。

瓦统帅致各国提督函

西正月二十六号,即十二月初七日,兹有致本国穆大臣两函,钞请贵提督查阅。该网函已烦穆大臣酌核转交各国钦差大臣查照。贵提督自可于函中各节见本帅按照和约大纲办理军务用意之所在矣。

德瓦帅致德使穆函

西正月二十二号，即十二月初二日，接准本月二十一号来函。兹照复如下：

（一）通海之畅道，惟有保护铁路之一法。是以铁路经过之处，宜设立兵卡为妥。太平时不必每卡驻兵，但相距宜近，由此卡至彼卡必须步行一日可达。黄村、郎坊、杨村、天津、军粮城、滦州、芦台、塘沽、唐山各军站，自应一律占据。其屯军火之处，则应永远有兵看守，至少以二百五十名至三百名为率，其中须有五十名骑中国马者。天津为人烟稠密之区，该处为预防不测事端起见，驻兵应增至极少五百名。

（二）各卡应如何各国分驻兵队之处，须俟第一款定议后，乃确知何国愿留兵队常驻直隶，方能计议。除天津不计外，每卡似宜指定一国之兵驻守为妥。但各卡均有守望相助之责，有事时通力合作，庶不忘驻兵自保之宗旨。遇有变端，且专为变端起见，必须事权归一，庶各外国人财产性命得保无恙。联军总统之任，非勇略兼优者不能胜之，宜于无事时预选人才，俾该员得以随时考查地方情形而胸有成竹，不致临时仓卒受任，贻误事机。惟应于何国选派何人，或有为难之处，不如各国按年轮派。应以天津为该总统驻扎之区。

（三）大沽及其他各处炮台，应行一律折毁，由各国派员细心踏看定夺。惟其中亦有各国可留为屯兵之用者，如天津炮台是也。即如天津应留英队，均可在现在占据之东局内。

德瓦帅致德穆使函

西正月二十一号，即十二月初一日，兹照中国全权大臣所请之意,特将鄙见声明各国联军队撤退之先,中国必须将和约条款各节动手举办方可。所谓举办之事,我以为各国大臣所索惩办祸首一节,如果业已照办,确有证据,而各国所索兵费,亦经如数付给,则北京保定两处兵队可以撤退,而该处全省兵队亦可同时酌减。惟京保两处撤兵以后,则天津自为驻兵首要之处。撤兵之期须俟各国运船租妥,调济能至大沽码头为准。而大沽码头与别处情形不同,如有大支兵队自该处启程,预计其期,非西三月初不可。至天津及其附近之区暨山海关与能通北京之畅道,暂时仍应由各国驻扎重兵,俟下开两条认真办妥后始可议及撤减。即:(一)中国政府必须表明其情愿及真能担保以后直隶全省太平守法,并须保护各教堂教民务有实效。(二)中国已允赔偿之各款,必须将如何付给之法议定章程。当上开两层尚未议妥之际,及议妥尚未举行之际,则下开各处应驻扎各国兵队:(一)北京保护使馆者二千人。(二)天津芦台大沽一带约六千人。(三)山海关一带约一千五百人。(四)铁路经过处所应分扎小队,每队约三二十人,如黄村、安定村、郎坊、落垡、杨村、唐山、滦州是也。(五)北河之河西务码头、通州,现有之兵卡仍应暂驻,俟直隶全省撤兵,再行一律撤退;暂行管理之天津都统衙门,于交还该处之先,仍应照旧管理该处地方。我以为现在开议之始,即应告知中国政府,如将所索直保撤兵以前之事照办,各国方能调集运船从京保两处陆续撤兵。中国应知照允所索各节,皆系于中国有益者也。

敬祈贵大臣详加查核,转商各国钦差大臣。

北京满汉大小官绅致敬尚书公函

大冢宰大人阁下:窃闻廷旨召公前赴行在,询问回銮事宜。

都下官民上念我皇太后、皇上西巡半载,始庆言旋,如婴儿之重逢慈母,莫不欢忻鼓舞。盖关中非久安之地,古所谓我能往,寇亦能往。京师则联军使馆互相牵制,莫敢先犯不韪,其地似危而实安。我皇太后、皇上固已洞悉情形,无庸过虑矣。我公以宗室大臣,膺兹大任,自必仍以京师危而实安之故,剀切敷陈,以慰慈廑而孚众望。惟念我公到秦之日已届三月中旬,似宜于初次召对时即请宣示启銮日期,昭布中外,并仰体皇太后皇上恤民至意,所有跸路经过之地,屏去一切浮文,自不致多延时日。以四月初旬銮辂首途,天气既极清和,道路亦无水潦,庶慈舆安而皇上之心亦安。若迟至端节以后始抵都门,则计时已逾夏至,炎蒸暑雨,皆非所以保卫皇太后、皇上圣躬。如欲待至秋凉,则大局关系非轻,圣明亦决不出此。某等私心过计,所愿早定回銮日期者,此也。惟望我公竭智尽忠,无疑无二,以慰臣民等思慕皇太后皇上之心,即以体皇太后、皇上思慕祖宗陵庙之心。某等孺慕微忱,私相筹虑,意见皆同。用敢合词上言,伏祈钧鉴不宜。

北京商民公递敬止斋尚书呈请奏恳回銮禀

为呈请据情奏恳回銮事窃商民等,皆在北京经商。近闻行在谕令大人前往,询问回銮一切事务,并派充稽查跸路大臣。欢忻微忱,匪言可喻。窃商等食毛践土二百余年,感戴皇太后皇上深恩,各安生业,自两宫西巡以后,瞻望之忱,无时或释。虽洋人入城,尚未十分扰害,全权王大臣及留京大臣办理交涉,彼此亦无扞格,畿辅数百里内行旅渐可通行,农民亦思耕作;然水无源则其涸立待,民非后则生业难安。加以目下官粮似有而实无,匪患此消而彼起,欲事戁迁而忧疑不定,欲力南亩而不敢还乡。且也,南漕不到则八旗之生计日艰,京饷不来则市面之银根将匮。都下情形,实有两宫一日不回銮,则四民一日不安枕者。伏思皇太后皇上平日恫瘝在抱,方且视民如伤,岂当兵燹之余,乃置数百万生灵于不顾哉?特以洋兵未退,不易登程,商民等亦何敢善自为计,而不审慎以处朝廷?惟默视时局,遍采风声,闻各国公使兵头等人,亦深愿两宫及早回銮,尚无他意。此时大人到陕,当在三月望后。两宫若能于四月初间启跸,则途次炎天暑雨尚可无虞,此尤商民蚁忱所为私心窃祷者也。以上情形,大人必早鉴及。但商民等依恋微忱,众口如一,街谈巷议,处处皆然。惟有仰恳大人奏对时将商民等下情奏闻,务恳我皇太皇后上俯顺舆情,早定回銮日期,商民等毋任瞻天仰圣,迫切恳祷之至。理合具陈,伏乞大人恩准。谨呈。

直藩周方伯奉传相谕传知荫副都统昌往谒瓦帅商酌三事

一、联军未退以前,即现占地方为界限,勿令他出,以免百姓惊扰,有误春耕。

二、联军与官军营寨相距甚远,其中如有土匪扰民,准仍由官军请联军往剿,务必带同官绅前去,一则易于踩缉,获匪亦易讯问,不致误伤良民;二则远近闻之,皆谓联军为我捕匪而来,非有他故,百姓且感激而不致惊逃矣。

三、各处官绅现在商议赔恤教民之款,除教款赔偿款归官绅商酌,有数可计外,惟教民抚款多有格外需索,至今赔数十倍,数百倍者,并言如不照付,即请洋兵剿灭云云。此等恐吓之词,原不可据,但小民多有因此破家者。如蒙出一谕,谓联军断不能听教士教民一言,转出兵队,攻打百姓;则官民闻之,不受若辈恐吓矣。抚恤教民,本地方官绅应办之事,若听其教民讹索太多,又使民心不服,是有心者之隐忧之。

华历正月十一日德国参谋处总办兼任总兵厦慈阔夫复荫副都统函

敬复者,奉瓦师谕,答复尊函,逐条例下:

一、无论如何,从此定不出队一节,万难照办。必须审查情形,以定行止。

二、倘大局不生枝节,或无团匪土匪扰害地方,或无华军前来滋事,则必不再出队,以符李相之所愿。

三、华军驻扎若干处,每处计若干人,应请李傅相迳达瓦帅。惟无论如何,不可令华军越过所占之界限,虽小枝队伍,甚至标兵,均不可使之过境,以免误事。所有华军,皆可于联军界外用以弹压土匪。

四、联军在界内倘须出队剿匪,应随时察核,如果有所需要,则邀同地方官,俾为寻认匪徒。

五、赔偿一节,业与教士议定,凡教堂或教民应索赔偿各款,或由两造秉公商办,或由出使人员办理,以昭公允。嵩此敬复。

正月二十三日直藩周方伯致瓦大帅函

一、联军现驻扎之各村镇,颇称安静,然不能不派兵时出巡弋。惟在派兵巡探之时,须派一官弁率领前往,切勿听兵丁或三或五随便游历各村,使百姓惊疑,致兵官有难于察查之处。

二、京津粮价渐贵,亟应招商往上海等处贩粮来卖,而各商唯恐进大沽口之时有所需索,或不能保护,是以畏缩不前。拟请麾下行知天津联军各官,凡遇华商运粮之船进大沽口时勿收厘税,其由津贩至京者亦同。庶中外军民同沾利益矣。向来天津道收进口米税,每石收铜钱三十文之谱,遇年荒则免征。今自去年五月以来,粮米百货俱不进口,似应从宽体恤,以广招徕。

三、京城西至保定、正定,东至山海关,不通商电,诸多不便。拟派我商电局到保定,正定一路,并山海关一路,设立电局以通商报。万一不能即允,或准我派人附在联军电房内通报。此事如蒙准行,我当告知总管电务盛大臣派人来京商酌办法。

四、地方州县官,系管理百姓最亲之官;地方绅士,系百姓为首董事之人。现在调和民教,供应联军,弹压匪类,全仗地方官绅之力切实办理。如有过犯,自可达知中堂及两司道府,查实,或计过;或撤任,彼自无词。惟请联军各官与各州官绅体面,勿自行派兵拘拿关禁。看官太轻,则百姓亦不怕,地方事不可问矣。

瓦帅复周方伯函

昨接西三月二十一日函,敬悉一切。内所称第一第二与第四条各事,均已达知联军各统带,查度情势,尽力施行。至安设电线一节,容斟酌从缓商办。倘刻下有明文而非暗码电报,自山海关至保定府,均可交德国军电局代办。若用保定府与正定之电线,须径与法国提督倭阿隆互商办理。

二月初二日周方伯又致瓦大帅函

兹有琐事奉渎,胪列于后,务求酌定示复,不胜盼企。

一、近日为山西军相遇,触犯联军,中堂已饬山西军退扎。惟前送地图,以红线为界而无地名。愚见,联军所扎之卡,如能指出地名为界更好,否则或以直隶境地为界。其紧接直隶境之山西地方，可饬山西军相离数十里驻扎，即巡哨亦饬其勿入直境，庶免彼此相犯。务求明示，当即回明中堂，转告直隶西边一带州县知之，并嘱各州县转告山西领境文武遵办。缘国家急盼望和议早定，决无遣军东犯之理。唯恐彼此不知设卡地段，两军巡哨或致相遇，此时损伤士卒，诚属不值也。

一、我中堂奉旨来京议和，所有各州县，凡联军巡察所到，务须以礼相待，量力供应。惟近山西一带州县，山多地瘠，每苦供应不周，如阜平县令所禀为难情形，务求体谅。或少驻兵队，或明定章程，此非愚所敢拟也。

东抚袁中丞复法国驻天津领事运盐公文

为照会事。光绪二十七年正月初三日，准贵领事来牍开："照得去年夏间中国拳匪滋事，直隶天津之紫竹林租界被围，联军北上，华军及拳匪以长芦盐码为战壕，本国军队被害甚巨。经本国提督将此项积盐充公，案奉本国国家谕令招商发卖。拟俟明年开河后，运往豫东一带销售。所有经过地方，船只国栈及分设行店悬有法国旗帜，经本总领事盖印签字者，务请贵部院妥为派兵保护，料理一切。仍望通饬各府厅州县一体遵照办理，并出示晓谕各属村镇均须购用此项盐斤。所有商贩，但持本总领事发给运盐引照，或本国各处招商店盖用本国发给法文钤印发票者，沿途关卡军民人等及旧日盐商巡勿得留难阻扰。倘敢故犯，即须从重治罪。如贵部院有不能约束之处，本总领事不免禀请驻京大臣转电本国外部。想贵部院鉴及直隶之事，必不致忽略细微，至失两国和好也。其此项盐斤运到贵治各处，所需囤栈行店，请照另单所开地方，预先代为指定，并悬牌附上法旗。所有各囤栈行店应用物件，本总领事早有所闻,请饬勿得移挪一物。租价俟事竣后,再行酌量筹给。所有直省现用引照,及法国招商盐店经本国国家发给钤印执照各五十张,请即通饬一体遵照,望勿迟延,致使盐斤到境之时,各属未奉谕,殊多未便也。"等因。准此,查本部院与各国官商往来交涉,向按彼此两国议订约章办理。贵总领事拟发给旗照,运盐赴内地售销,查各国各项约章均无此条,本部院又未接准本国全权大臣行文知照,碍难转饬照办。且东省本系产盐之区,向非长芦引盐应销之处。沿海一带,贫民恃熬煮为生业者不下数十万人,岁出之盐运销全省,各州县,各村镇,均派定行销额数,尚恒有积滞之虞。况近年永阜,水利各场池灶一律整顿;西繇、富国、王家冈等场又各增开滩池;是以所出之盐较前更旺。各商认运之引销不足数,欠课甚多,正苦无从设法。若照贵总领事来牍,附送囤栈行店清单所开各处,均须强售芦盐。从此东省之皂户盐商,势必因而失业。上则于国课有关,下则于民生有损,种种为难,实多窒碍。谨将旗照各件,备文奉缴,相应照会贵总领事,烦请查照,诸希涵谅为荷。须至照会者。

联军统帅致东抚袁中丞电

贵省辖境拳匪绝少,具见办理认真。敝国人民在东省境内尤能始终保护,毫无危险,实为感佩。以故敝国军队决不赴境剿办,毋庸系念。

北京全权大臣致于荫帅电

顷接法毕使函,称:"现接河南教士信,内称河北岑道、滑县吕令、安阳石令,煽惑居民,地方大乱,拳匪各区游行,凡教士教民所余财产复行焚毁，洋人性命深为可虑。应请按照前次所开各官赶紧惩治。内中所最要者，惟岑、吕、石等，并求严饬河南抚台立即设法认真保护教士教民，并恳于该教案赔款内先给五万两以便修整各处，望为照准"等因。查毕使此次函内指请惩治三员，内岑道、石令，虽已改调，但另委别缺，仍难甘服；滑县吕令并未撤换，更啧有烦言。当此和议开办之时，未便使有借口，再生枝节，应由尊处从速严办。至拨银五万两一节，除已付交办结算各款外，实在尚须赔给若干，应用尊处会商主教，迅速查明，赔还了结。庆李庚电。

于中丞复电

庚电祇悉。法使函开岑道、吕令、石令三员，刻即分别奏参。滑县早经委邱令缙往署。河北教案武安一起，现复经印委各员会同司主教议结。俟主教文到，即当奉达。其余未了之处，已拨银由冯道带往即缴。遵谕于前已付交算结外，冯道会同主教查明应我赔若干，迅速赔偿，总期一律完结。并通饬设法认真保护。用慰荩怀。敬祈转致法使。荫佳。

黄仲苏大令上江督刘制军书

敬禀者，窃卑职恭读光绪二十六年十二月初六日上谕，凡朝章、国政、吏治、民生、学校、科举、军政、财政等，当因革条议具奏，实力施行。率土臣民，莫不鼓舞振兴，感激奋发。溯自乙未岁中东定约以后，中外臣工，纷纷陈奏，条分缕析，几于阐发无遗。特由卑职愚见论之，所议虽极周详，而胪列多端，于标本之先后缓急，似尚有未及区别者。

窃谓举行新政，必以开民智为先。民智不开，虽意美法良，究竟信之者一,疑之者十,甚且坚执旧习,阴私阻挠。中国四十年来所设方言格致各馆,中西武备各学堂,竭力维持而收效无几,岂中人之才力竟不及西人哉？民智未开,风气不变,欲恃此生徒数百人成材效用,驯致富强,此必不可得之数也！泰西言地之家,皆谓"善政如草木,民智如土田"。民智既开,则下令如流水之源,善政不期举而自举。且一举而莫能废。否则民未开悟,勉强遵行,貌合神离,终为具文,如英国明计学者力持平税之说,而商民阻挠,久不能行。盖其理太深,而国人抵死不悟故也。后编纂其说为"理财启蒙"等书,遍颁学堂习之。至道光中,人人皆知此意,遂阻力去而其令得行,通国蒙其利矣。斯非欲行善政,先明民智之明验哉？

至于开民智之方,其目有四：一、设学堂,二、变科举,三、译西书,四、开报馆。学堂之设,二十四年业已议有章程：县设小学,府设中学,省设大学,循序递进,给照为凭；大学卒业学成,乃咨送京师国学,复加课试,量才授官。所学皆实用,所取皆通才,而国家收得人之效矣。且民间识论,恒随士子为转移。士子既通中外情形,则转相告语而民风亦变。举凡民教之龃龉,中西之畛域,皆可消弭于无形,此尤安内和外之长策也。故学堂不可不先设也。

然学堂设立而取士仍用时文小楷,所教在此,所重在彼,则志不定响,必不能专。是宜改用时文。念四年新订乡会试章程：首场试以史学,政事；次场以西史,财政；或能兼专门之学者听三场,试以四书五经义,随场去取,俾空疏者不能滥竽。都中各种考试,亦宜尽去诗赋小楷而专取实学,庶天下士民闻风兴起,虽穷乡僻壤皆将实力讲求,风气之开,可以拭目俟矣。故科举不能不急变也。

欲通西法,当阅西书。近数十年所译行,惟兵、算二门略备；化、声、光、电、矿、汽、机等学,虽各有数种,皆非最新之书；而最要之政治法律书译本绝少，加以中西文义悬绝，翻译较难，甚或二三年而成一种，未免缓不济急。惟日本所译，于泰西各种要籍大略已全，其书汉文居其十七，和文不过十三，译为华文，费日少而成功速。若必习西文西语乃能多读西书，则幼童尚可有成，弱冠以后之人何从周观博览以期淹贯？此西书之不能不速译也。

中国户口最繁，号称四百兆，实数尚不止此。学堂虽设，岂能遍教无遗？惟报纸广行。则未入学堂之人，亦可不出户而知天下。且已登士版者势不能伏案读书，得新报时时阅之，聊可通知中外情势，遇有交涉，可不至茫无把握，酿成事端。惟近今报馆主笔之人，间或褒贬恣情，抑扬任意，荒唐谬戾，淆惑人心。是必先取西人报律翻译成书，令各报馆凛遵办理。如敢妄言违律，地方官立将主笔提究，报馆查封。果系正论危词，亦毋得吹求文致。如此，则下情易达，公论大明。报馆难繁，有益无损，试观泰西各国最富强者报馆最多，其明效已。此报馆不能不广设也。

凡此四端，乃民智所由开，为变法自强之根柢。更佐以农、工、商、矿诸学，则利源辟而殷富可期。然非各设学堂，则愚民墨守旧法，用力多而成功少，安能与各国竞胜，以挽回利权？若事事仰赖洋人，无论糜费太多，并不能广及；况厚币聘请，未必果为上等工师。则何如自教其民，俾学成后，展转相传，不待假手外人之为愈耶？日本变法维新，未及十年，一切皆由本国主之。以华人之聪明才智，何至远逊东洋？是在一转移间而已。若陆军、海军虽不可无，而今日之急务尚不在此。盖陆军训练必数年而后成；海军费重事繁，十年尚未必可用。究之一铁甲船之费可作通省设学之资，一大炮之值可供数县设学之用。果其财力足以兼顾，原不妨以海陆军与学堂并行；无如府库空虚，间阎凋敝，任举一事，皆苦乏财，则两利相形,势不得不先其所急,与其费巨资以购待人而灵之呆物,何如移此财以造随处有用之人才?先后缓急之分,一对勘而昭然若揭矣。

中国办理洋务五十余年,一误再误,以至屡误。去年贸然开衅,大局糜烂,几至无可挽回。借非宫保力保东南全局,殆不堪设想!推原祸始,皆由不学无术,昧于中外情势,以致上行下效,贻祸无穷。假令十余年前早设学堂,得数十百通才散布中外,尚可从旁调剂,设法转圜,何至一唱百和,昏聩无知,以酿此非常之大变哉!或疑方今事势危迫,甫谋遍设学堂,收效至速亦必逾三五年,未免迂缓不切。不知往不可谏,来犹可追。及今兴办学堂,犹可得力于异日;今犹不办,并将绝望于后来。况中国士民之众,念二行省,何地无才?变科目以冀广收,行特科以期精择,加以刻意搜罗,破格录用,后先奔凑,目前尚未至无人。持之数年,奇尤渐出,日新月异,继起多才,国富兵强,固可跂踵待矣。

卑职望浅秩卑,才疏德薄,朝廷大政,何敢妄干?惟夙蒙宫保格外青垂,不以寻常俗吏见待,用敢忘其愚拙,冒昧渎陈。《传》曰:"狂夫之言,圣人择焉。"尚希鉴宥而载择之,聊为土壤细流之助,又非但卑职一人之私幸也!

又,敬再禀者,近日传闻各国和约将有定局,其于教堂一事,必有专条。此后教士、教民,自应力为保护。惟是教堂神甫往往偏护教民,不论人之良莠,事之是非,概挟全力以相袒助。地方官受其劫制,不免抑平民以徇教民。乡民积怨日深,遂致酿成巨祸。据卑职愚见,宜乘此立约之由,照会各国公使,请其通饬各教士,凡中国民教争讼,均由地方官持平办理,不得从中干预把持。在中国于平民教民本无歧视,秉公讯办,断不因其入教,面稍有低昂。在教士亦宜确守教规，不得偏袒教民，致激众怒。凡莠民地棍不得一律滥收。若业经犯罪之人投入彼教借为护符，尤应拒绝不受。此乃泰西之教规，万国之公法，无论何洲何国，莫不如斯。即中西所订约章，亦不许敏士干预词讼。若敏士越分把持，激成事变，则咎由自取，不能归罪于地方官。此实为民教水火之根源，如及是时反复申明，商定两全之善策，庶后患可杜，民教自能相安。否则民教之势焰日横，平民之怨毒逾甚，激面横决，两败俱伤，不特非中国之利，亦并非西人之利也。为此仰恳官保大人，可否电咨全权大臣，妥为商定，以弭衅端之处，伏候宪裁。

江督刘批

据禀，举行新政，必以开民智为最先，此诚至当不易之论。所陈设立学堂各节，均与本部堂之意相符。另禀教务一层，尤不为无见，候采择酌办可也。此缴。

英教士李提摩太上李傅相书

伏见近六十年内中国有二难：一、不懂西事之人，劝政府与外国开战，绝断来往，每战中国必败，败状一次甚于一次；二、外国人见中国不通西事，渐将中国要害土地占据，于是黑龙江、台湾、安南、缅甸，均归外国管领。今因愚人主见，欲尽杀外国人，政府被其迷惑，反杀中国人无数，朝廷因而受大难，皇太后皇上仅以身免，实可惜之大者。至于外国人有不愿中国自强者，恐中国至能自强时有能杀害人之心：此诸人往往称美中国法本善以媚中国，其实乃不欲中国变强。又有人实欲中国自强：因此等人知中国究竟是善人多，能体上天好生之德，与西国善人略等。现有外国之善人劝各国勿瓜分中国,费多少唇舌,各国始经应允。此是上天再佑中国复兴之机会。中国若图复兴,有必不可少者二事:其一,安内;其一,安外。

安内之法,皇太后皇上必应母子相和。大清国历代先皇帝家法有旧章,能遵家法则治,不遵则乱。此一也。士大夫守旧与维新,亦当相和,不可彼此相陇,各不相容;守旧维新,各用其长;现在维新诸臣多有革职回籍或斥逐者,应起废复用。此二也。凡此皆安内之大纲也。安外之法:必应斟酌时宜。古时无轮船、铁路、电报,彼此不相往来可也;现在五洲地球如同一大城,朝出一事,夕已大地尽知,居东城者不欲与西城往来,乃万不能行之事,明者皆能知之。若不能讲和,彼此必且力争,有欲夺中国土地者,有欲夺中国利源者,有欲夺中国权力者。倘再失和,以前事考之,中国祸不可胜言矣。查失和之由,大抵因不用外人,所有一切议章交涉章程多不妥帖。现今外国联军在直隶办理多不安静,因不用中国人,所以办不妥帖。考满洲数万人,如何能治中国四万万人?二百五十年之久不生事变,皆由各州县全用中国人,深明本国情形,所以事皆办妥。再考近六十年中外交涉,何以时时失和?缘京城自军机处总理衙门以及六部各官从未用一外国人,亦无一中国王大臣游历各国能知各国情形者,所以欲其妥善章程而未能也。现时多有外国人能知中国情形者,中国若不用之自助,恐外国各欲请其襄助外国办理铁路矿务工作,则中国大利尽为外国所笼取矣,中国岂不难之又难乎?所以欲图振兴,必应请外国明晓中国情形之人并从各外国招延有大才之人相助为理。此安外之大纲也。

内外皆有人安定,京城必应增加专任责成之权。愚见当今应用五等外国人:首先应请外国能办学务者助礼部尚书办理学校,将外国一切有用之学全传授中国。但学校收效必俟廿年后,所以不得不更请一人会同中国明晓交涉之能臣遍游各国,本近时各国弭兵会之意,参以此次和约宗旨,使中国列入万国保护之国班内,能保中国二十年内可以平安无事。所谓万国保护之国者,欧洲近有诸国无力自保,亦不自养兵,由万国为之保护,不令他国侵侮。若中国能列入此等国班内,亦交邻之大利也。此是危乱后自立根基之法。根基既立,又必请一外国人助中国外部大臣循用此法,并照各国外部大臣常例办理一切交涉,使中国不受亏损。既有保中国平安无事之章程,即须更请一人出助中国总理铁路矿务工作诸大政,使中国国民皆富。欲办此等大政,若无巨款,万不能成。又必请一明于财政之外国人参用各国理财法。

有此五等外国人襄助中国,不但能使中国各省推行善法,并能借外国各等新法权利以补益中国。如此则土地不为人侵害,利源不为人把持,权力不为人劫制。以上诸政,皆相维系,办则同办,不能但办一事,不办他事:譬如钟表,各轮相推而运行,若缺一轮,便运行不动。

能如鄙说兴办,必有大益;不办,必有大损。中国办事旧病,遇难办之事,往往推诿缓办。此最害事,一缓则兴办无期。仆在中国年久,见国家兴办大事,不能勇往则云暂缓,所以数十年未办成一要事。此时危急存亡,若欲再缓,恐上天不再与中国以复兴之好机会也。

译英国蓝皮书所载各种信函

驻华英公使萨托于西十一月五号致电沙侯云:"李中堂于本月四号照会各公使,言联军占夺保定及杀华官之事,殊属不合,该处华教民举动肆横,作为亦多不妥云云。英、法、德、意四公使以其该照会措词不恭,立印交还。他国公使亦多不以该照会为然。"

又,十一月七号鄂督张曾请华伦君电致沙侯,言:"各国以毓贤未死为疑,事亦有因,然敝国政府定将毓与董福祥一同严办。"

又,十一月八号英君主亦电达华廷云:"大皇帝所发西七月三号及八月十四号两次电文,已由贵国驻敝国公使交到矣。朕闻贵国出有惨事,已深为悲悼。继闻敝国教士及他国教士在山西被戕及所受诸苦,尤觉更为伤怀。惟被杀外尚有妇稚若干在彼,正不知将来能否可保无虞?朕惟望大皇帝早日能复回实权,将不法者无论其官职大小一律置之重典,并另设善后之法以杜后患。朕深望贵国复见太平。至敝国派兵来华,亦无非为欲复太平起见,和议倘能早了,此后不独中国复有升平之庆,且令外人之旅居贵国者身命财产亦可永保无虞。"

又,十月六号汉口总领事福利士君致书沙侯,备述鄂督张香帅之言,据云:"香帅颇望和议速成,余问香帅云:'贵国政府颁惩办端王及各罪魁谕旨,外人均疑无用,信否?'香帅力辨云:'太后已有悔悟之心,定将罪魁惩办。凡洋人以此谕为无用者,乃不悉中国情形者也。中国政府亦并不以此谕为准,日后尚可更改。缘两宫现在守旧诸大臣掌握,作事正宜谨慎,而尚能作此谕旨,亦可称大有胆量矣。'香帅又言:'洋兵一日在京,两宫即一日不能回銮。缘皇太后深恐一经回銮,其权或为联军所削夺也。'香帅又多方为太后辨别云:'太后于一千八百六十年所为以及屡次削平大难,华人莫不倾心,即洋人亦多有称之者。况听政三十年,从无仇视洋人及憎厌西法之意,故宫殿中所用之物亦皆以洋式者为多,且颇欲与外国妇女为友。观于一千八百八十九年归政于光绪皇上,出于心之所愿，是可知其非揽权之人矣。后因康有为与其党借保今上为名，欲图谋害，太后不得已，复出训政。嗣是太后乃深恨新党，以致并及洋人。且以洋人保护康党，各国报馆又从而和之，上海西报尤甚。各西报尝言中国将次瓜分，断难幸免。致太后因是生惧。旋见胶州、旅顺、威海、广州湾等处，果为洋人所夺，三门湾又为意大利所索，致更深信洋人有瓜分中国之意，故不得已而入于顽固一路，而听信端王、徐桐、刚毅也。端王与徐桐，除京中事外，余均无一知者；刚则与皇上本有宿恨，故劝太后拒绝外人，深谋诡计。太后亦无从觉察，直至拳匪及董兵云集京师，太后始知事危。'"

又，十一月二十号英外务大臣蓝斯唐函致驻华公使萨托云："驻华公使于今日来署拜谒，将十一月十三号华廷所颁惩办罪魁谕旨给阅，并询余意见如何。余答：'以此谕颇不妥洽，敝国既断难允从，恐他国亦未必能应允也。'华使回答：'予意亦早料此说，故已将谕中不妥之处电告中国政府矣。'该公使谓：'请君详察中外情形不同，中国实有无数为难之处。惟江鄂两督或能力请两宫回銮。缘该两督势力颇巨，于各省所解饷银均可截留。'由此观之，则罗公使亦以惩办罪魁之法为未然矣。又言两督可以截饷以要挟两宫回銮，何以各国不从其言？"

李中丞通饬各府州县设立教务公所札

照得今日外患凭陵，大抵多由民教不能相安而起。上年夏秋间义和团之变，乃震惊宫阙，乘舆播迁，尤为亘古所未有。凡属中国臣民，皆当疾首痛心，惩前毖后，断不容狃于故习，逞匹夫一朝之忿，而贻君国无穷之忧。本部院剿历各省，所见教案，凡地方官能于起事之初，婉谕教士，约束顽民，坚持条约，秉公判断，无有不可立时息事者。若一味因循玩忽,不急为平心论断,则教士必以领事出头,彼此相持久而愈多纠葛,驯至经年累月而不相下,势必激成祸变,地方官既不能免于严谴,绅民亦复牵连赔累,莫可如何。试问历年各省闹教之案,能有一二裨益国计民生,少收安内攘外之效者否? 现在和议垂成,所有从前未结教案,固应及早设法清厘,此后遇有民教交涉之事,应随时妥速了结,庶不致牵一发而全身俱动,贻误大局,再生变端。迩者迭次钦奉上谕,责成地方官绅保护教堂。和约内并有闹教地方停止文武考试之条,尤不能不格外慎重。各该地方官再有仍前玩忽,不将教案速行办结,或致别酿衅端,本部院惟有据实奏参,执法严惩,决不稍从宽贷。除另札善后局会同洋务局查明各属未结教案分别严催汇报查考外,合行札饬。札到,该司即便遵照通饬各属一体凛遵札内事理妥办。将来遇有民教控争事件,似应严定章程,勒限速结,分记功过,用示劝惩。本部院之意,各州县地方似均可分立教务公所,由地方官选派众所悦服绅士专驻公所,遇有应行弹压之事,即责成该绅约束子弟以免群起而争。其教士教民中如有中国素著名望之人,即不妨延入公所,俾各相习而无相妨,自更易于就我范围,地方官遇事传入讯问,亦不致毫无头绪。向来各属均有团练保甲公局,派绅坐局办事而官责其成,公所之设即可略师其意。惟公所应办之事,仍须定明限制,声明只为调和教务而设,一切地方事件均不得干预,以防流弊。本部院系为安辑民教起见,其余地方情形能否协洽,有无窒碍,仍应详查核定。或公所可设,而绅士难得其人,亦不必拘泥滥派。总以事有实济为主。该司道等并即通饬各属因时制宜,通盘筹议,禀复。由省局妥定章程,详办施行,切勿视为具文,是为至要。切切特札。

董福祥上荣中堂

中堂阁下：谨禀者，祥负罪无状，仅获免官，承手书慰问，感愧交并。然私怀无诉，不能不愤极仰天而痛哭也！祥辱隶麾旄，忝总戎任，一切举动，皆仰奉中堂指挥，无一敢专擅者，此固部将之分而亦敬中堂舍身体国，故敢竭驽力，犯众怒，冒不韪而效驰驱。戊戌八月时，中堂为非常之举，七月二十九日电饬祥统兵入京，祥立即奉行。去年拳民之事，累奉钧谕，嘱抚李来中，嘱攻使馆。祥以事关重大，犹尚迟疑，承中堂驱策，故不敢不奉命。后又承钧谕及面嘱，累次围攻使馆，不妨开炮。祥始尚虑得罪各国，杀戮其使，恐兵力不敌，祥任此重咎，又承中堂谕谓勠力攘夷，祸福同之。祥是武夫，无所知识，但恃中堂而为犬马之奔走耳。今中堂巍然执政，而祥被罪，祥虽愚驽，窃不解其故。夫祥于中堂，其效力不可谓不尽矣！中堂命行非常之事，则祥冒险从之；中堂欲抚拳民，则祥荐李来中；中堂欲攻外国，则祥拼命死斗，而今独归罪于祥！麾下士卒解散，咸不甘心，且有议中堂之反复者。祥以报国为心，自拼一死。将士咸怨，祥不能弹压！惟中堂图之。

长安宫词

(清)胡 延 著

行在内庭支应局督办署陕西凤邠盐法道授江安粮储道，臣胡延恭纪①：

镜里八流萦紫甸，云中双阙拥黄图。汉唐王气今销歇，又迓銮舆作帝都。光绪庚子八月，两宫在太原下诏巡幸西安。抚臣端方奏明设局，恭备供奉事宜。饰南北两院为行宫，北院巡抚所居，南院则总督行馆也。圣驾莅止居于北院，取其屋舍较多，然草草修葺，仅蔽风雨而已。

榜水千庐似客寮，六飞停处雨飘萧。王公个个如杨柳，泪眼愁眉过灞桥。圣驾于九月初四日幸西安，午前到灞桥。百官跪迎道周，传膳后入城。是日微雨。

南院高寒北院低，御厨东设炭房西。日中殿上呼宽达，零落貂珰总不齐。行宫极狭隘，膳房在东，炭房在西。内监惟御前供奉者在宫中，余俱在宫门外东街箭道，谓之大坦坦。两宫太监数千人，其奏事首领称为"宽尔达"，余亦各有品秩。此次随扈者不及百人，在御前给事者数人而已。

新立屏风对寝宫，朱笺戬谷字当中。圣人初试霜毫笔，宝砚烘残墨晕红。皇上寝宫门外新立屏风，上以朱笺亲书"戬谷"二字，粘于上。时砚冰久冱，命炽炭炙之，委员汤志尹等侍于侧。

多难尤应惜寸阴，卑宫菲食圣人心。土圭五寸台三尺，但觉长安日易沉。寝宫无晷漏，慈圣命于院东置小土台，上设木晷，以测日景。

---

① 以中国国家图书馆藏光绪壬寅夏五月刻本（ID：312001144220）为底本整理点校而成。

不因苦谏伏青蒲,崩角都教内监扶。只为月宫门户小,团圆不便老臣趋。两宫初莅长安,在行宫二重殿东室召见臣工,门作圆月式,垂棉布帘。王相国趋入,辄为门限所阻,仆于室内,赵尚书继之又颠。两宫亟命内监扶起。次日即斫圆为方,宽绰无碍矣。

圣寿都教罢御筵,每逢佳节泪潸然。从臣漫点梨园籍,更有何心奏管弦。圣驾幸陕,未久即值皇太后万寿。当事者欲选梨园乐部以进,两圣闻之严斥,不许。嗣后每遇佳节,一切典礼筵宴均先期降诏停止。

雨里青螺路百盘,秦云西望怯长安。三城才得芜亭粥,信有人间行路难。延拜西安知府之命,十一月初二日谢恩召对,两圣为述七月二十一日出都情状,及道上所遭,泪随声下,延亦痛哭失声。慈圣云曩在宫廷,即闻谶纬有西幸长安之说,故出都后一言幸陕,心辄悸之。两圣过怀来县,始得进膳。三城,怀来地名。

拾橡空山茧足行,麻鞋谒帝不胜情。重劳天语询儿女,知在长安望月明。慈圣询延出都月日,并问过宣、大时家小曾否受惊,延详陈以对。圣恩高厚,举家感激涕零。

减税蠲租恤嘆灾,兴元重下诏书哀。二千石要知民隐,取汝曾为县尹来。两圣深以秦中灾荒为念,问延官山西时曾否从事赈抚。延奏山西壬辰年,北路被灾,曾随护抚臣胡聘之筹办急赈。慈圣云,胡聘之为京卿时派办畿辅赈务,甚为尽心。谕延到任后务以赈事为重。且云:"汝历官剧县,必能周知民隐,所以特简首郡者,正以此耳。"

百万哀鸿泣路歧,九重连日沛恩施。炊烟浓处朝曦上,正是城中饭熟时。秦中苦饥,远近饥民聚于长安。两圣命于城关增设粥厂二十余所,就食者日恒十数万人。苟非圣驾在此,邻省赴籴者多,断乎无此财力。

朝来积雪正柴门,鹑结争趋祇树园。共喜万间开广厦,寺名真合号慈恩。慈圣又命抚臣于城关创设暖厂十余所。城外雁塔寺斋舍较多,饥民就抚者倍于他厂。

供奉何人进画图，行宫亦有恽清于。日长频唤先生人，伏地闲谈当说书。云南嫠妇缪素筠，以画供奉慈宁久矣，太后西幸随驾。至长安，仍居宫中。太后几暇无事，辄召入寝宫赐坐地上，闲论今古。内监皆称为缪先生。

藁砧远隔雁门关，禁院深深锁玉颜。不是内家有拘束，出门早化望夫山。缪素筠有侄留滞北都，侄妇年二十余，素筠随驾至秦，携以入宫，居于太后寝宫东偏小室中，终日不得出户。

绣函远自故宫来，料得威姑忍泪开。献袜正逢长至日，北风吹老一阳回。十一月冬至前二日，北京人至行在，留京王大臣各有贡献，皆食物常品。惟穆宗某妃遣人赍献慈圣履袜数事，为适用之物。

栗烈何人耐岁寒，尚方犹自御绒冠。敝貂浅托红丝结，多少从臣带泪看。长安诸工皆劣，貂皮又远，莫能致，皇上冬日犹御绒檐秋帽。秦抚岑春煊请易貂檐，亲手捧出，遍觅丰貂不得，仅以敝貂幂之。

凤池春暖衍恩波，玉纽朱丝字不讹。竹契鱼符遗制在，不愁少府费钱多。慈圣防弊极严，虑粮台支应局或不免中人求取，特召主者：宫中支一钱一米，必以朱泥小印为信。以故两局月费不及万金，始终无求索之弊。印文曰"凤沼恩波"，慈圣所常佩者也。

祀罢勾芒送却冬，土牛溅溅鼓逢逢。小臣自捧新图进，画笔居然有戴嵩。庚子十二月立春先一日，迎春祀勾芒神，因念都城是日应由顺天府进春牛及春山宝座。延守郡行京，与顺天无异，特选画工，依钦天监颁式写春牛图进呈。而顺天府亦写图，由驿驰至，同于是日呈进。

半臂轻笼绣蟒衣，中官三五立金扉。圣人新御黄绒帽，长穗垂肩看赐绯。除夕前数日，召行在官员有内廷差使者，各赐绸缎数端。是日午后，同诣前殿谢恩。皇上御便服小冠，冠顶缀红绒结，垂肩黄丝穗长尺有咫。内监皆服蟒袍，外罩青色半臂，而以蓝布裹头，如营兵。

镂玉堆盘菜甲鲜，咬春遗制至今传。小臣不作承明梦，也傍尧厨撰御联。立春日,宫中以大盘二,各盛生萝卜二条,镂字为联,分呈两宫,谓之"咬春"。延应命撰二联,语内监有善镂字者,刻画甚精,此沿前明之遗制也。

忽传五福隆中天,荚带莲徘拜殿前。天语温和褒政美,臣心不二主恩偏。十月二十八日,两圣赐臣延及内务府郎中增崇、河南布政使端方、署陕西布政使胡湘林、按察使冯光通、署督粮道李绍芬,御书福字各一方,诸臣同诣前殿谢恩。慈圣数目延,端布政奏曰:"此西安知府胡延也。"慈圣颔之。时委员汤志尹立门前,司启闭,闻慈圣谓左右曰:"胡延较前清瘦,首郡政繁,劳苦可知也。"

门锁金蟾夜漏长,中官吹烛倚回廊。碧兰干畔施茵褥,直把珉阶当玉床。两圣寝宫窗外,每夜有内监数人更番坐守,卧者即在阶上陈茵褥焉。

金貂簇簇紫茸翻,鹓鹭分行静不喧。平日宫廷能造膝,朝班却在二重门。辛丑元日,百官诣行宫朝贺。皇上御前殿正坐,王公班在阶上,枢臣及各部院秩一品者在阶下,侍郎以下各官皆在二门外。延等平日供奉在寝宫阶上跪安,此日序班则远在大门内宫门外矣。

奉宸久作禁臣看,干办勾当事几端。宫监不分中外秩,传宣犹自唤都官。延守西安之日,即充行在内廷支应局提调,每日辰初入内,午初散。值日晡入内,阖门散值。俄权粮盐道篆充督办,仍兼提调如故。听差委员汤志尹、马荫梧、舒鉴、陈官韶等八人,则朝夕在宫门应候。遇有传办之事,内监辄语委员曰:"有旨传尔堂官胡延来。"盖不知中外官秩之分,竟以堂司为长官属吏之通称也。

亦有材官似虎罴,迎銮为说出关时。播迁倍觉君王重,翼蔽方知圣母慈。京师七月之变,两圣乘车至沙河,岑春煊帅师迎之,遂随扈以西。材官林泰清者短小精悍,膂力过人,步行扈驾,跬步不离。溃兵乱民有来犯者,辄手刃之。日恒杀十数人。在长安行宫,为延言:"圣驾出居庸关时,匪党四出,枪弹如雨。两圣共乘一车,皇上在车内,慈圣坐于辕上蔽之。皇上固请易位,泰清亦跪请之,慈圣泣然曰:'皇帝关系重何,可使临锋镝?予老矣,殆无妨也!'呜呼!患难之际,慈孝益彰。"泰清言至此,涕泗交下,须髯奋张。延辈闻之,几于痛哭失声矣。

八扇金扉向晓开,凌寒奉帚暂徘徊。当阶仰见天颜乐,笑汝秋风折桂来。圣驾初至,宫门委员陈官韶每晨入内视洒扫。一日,慈圣见之,顾谓陈曰:"汝何官?"陈跪奏曰:"臣大挑知县也。"慈圣展然曰:"汝举人耶?"

独驾柴车出建章,黄云陇首望新疆。可怜十万横磨剑,只胜临歧泪两行。两圣至长安后,谴责肇祸诸臣,命下之日,延诣澜公英年、赵舒翘行馆宣诏,亲率缇骑逮英、赵二人入狱。次日,复以官车遣澜公就道。澜公以宗室近支,得从议亲之条,发遣新疆。

那有鳌山画采缯,帝城元夜冷如冰。中宵好是团圆月,满照宫庭当试灯。长安元夜灯火最盛,两圣以年岁荒歉,宵旰忧劳,不许民间放灯。宫中惟以纸糊数灯,悬于门楣,十六夜后即命撤去。

蠡窗高敞试严妆,八扇门开透晓光。禁院无人花露湿,当阶新燕一炉香。太后寝宫,每晨当院设案置炉,烧藏香一枝,太后妆罢传膳,香亦烬矣。

压线宫闱久被恩,何年重返苎萝村。昨宵新作还乡梦,春水如云绿到门。慈圣在京,召选浙中妇女能纺绩工针绣者数人,纳于宫中,以教宫人。圣驾至秦,随扈者一人而已。

长养宫中似日䃅,五年绕膝爱婴婗。北风骤紧兰芽折,内侍人人哭弄儿。织妇挈一子,居宫中历五龄矣,能言能笑,请安跪拜如仪。慈圣剧爱怜之,每膳投以果饵,必跪谢然后食。冬月在行宫,骤感寒疾,一夕而夭。慈圣不怿者累日。

半开鸾镜浅匀妆,来往珉阶姊妹行。问罢早安垂手立,数珠新染布衫香。庆邸三女皆年少,居于行宫,极为俭朴。平日皆着布衣,其少者但施朱粉,入寝宫问安恒持香珠串长尺许。

莫唱回波栲栳歌,风霜老却镜新磨。挑灯为说当年事,曾奉湘君走热河。内监有高四者,年六十八矣,自言昔隶官中乐部,为生脚,旋改隶后宫给事。庚申京师之变,曾侍慈安皇太后,幸热河,后复隶乾清宫。每夕挑灯至直庐,叩以旧事,颇能道其始末。又自言历事三朝,两随播迁,衰病侵寻,思归至切;回忆五十年前圆明园红氍毹上绿髾簪花,不知是真是梦。言次凄惋欲绝,无异上阳宫人说天宝遗事也。

览奏临窗耐晓寒,暂移日影上花兰。监奴长跪从臣立,仿佛仪鸾殿里看。两圣晨间览奏章,俱在寝宫窗下。奏事太监呈折讫,即跪于案前。延等有事入内,辄立于窗外。

撤馔频闻步履声,挑灯夜夜绕廊行。重门听下黄金钥,傔直归来恰二更。慈圣晚膳后,必在寝宫前后巡行一周,然后阖门。宫监谓之"绕弯"。延等闻下筦钥,即归休矣。

出纳丝纶仗老身,手擎黄匣往来频。六曹三院诸司吏,都作奎章阁下人。旧制:内廷设内外奏事官,外奏事以满部员充之,内奏事则太监也。行宫无外奏事,惟内奏事辛太监一人,递折宣旨,往来两宫间。各部院司员领批折者,悉集前殿东室,而军机大臣内直庐亦假此室。延辈直内廷者,俟枢臣去后,亦憩息于兹。辛丑夏间,都中外奏事官始至行在。

镜镊经旬整御容,侍香昨夜返金童。近臣逸乐天颜喜,不复殷勤觅剃工。圣驾出巡十日,剃发官监执此役者均未从行。届日,特命侍郎溥兴觅工,出入由侍郎带领,每请发一次,赏工银四两。幸西安半年后,内监擅此艺者始自都来行在。

草草穿成百八珠,朝冠一样伴珊瑚。探囊幸有辛家料,未必千金值一壶。扈从诸臣,平日俱行装,惟万寿、元日着蟒龙补服。瓜佳相国以数金买一朝珠,两圣见而问之,相国具以实对。君臣感喟之余,转以为笑。皇上言,出宫时竟未携有烟壶。适相国囊中贮有二壶,系自都携出者,立以进御。近年辛家皮料壶价极昂,都中豪贵争购之,有以千余金买一壶者。

鱼贯何人永巷迎,一星长傍月边明。临窗夜夜呵鸾镜,画烛高擎过五更。圣驾西巡,后宫从者唯皇后、瑾妃二人。同居皇上寝宫后小屋三楹,每晨皇上梳栉,皇后必亲往侍奉。

无人深夜抱衾裯,那见新诗出御沟。只有垂髫三五辈,簪花捧帨不知愁。两宫侍女不及十人,年皆在二十岁内,月钱在前路粮台支给,谓之"女子口分"。

慈宁俭德几人传,夹布帘开践破毡。最是寝宫门扇小,玻璃断处缀连钱。两宫力崇节俭,宫中布地用极薄旧毡。延等入内,欲易以新者,慈圣不许。寝宫门槅玻璃破,命以红纸剪如钱式,连缀粘之。

翠鼎浓煎上药宜,太原回首下车时。行宫日午蓺行散,别遣中官召御医。两宫西巡以来,虽极忧劳,而圣躬宁豫,慈圣小有违和。在太原时,巡抚荐县丞叶嗣高请脉,立和胃舒肝之方煎膏以进。幸西安后,大臣复荐知府吴观乐、知县徐本麟与太医庄守和等,于视朝后入内请脉,以为常。

月头不费买花钱,那要官家粥米田。信是周南风俗好,王姬先咏柏舟篇。庆邸有女三人,随驾至长安,其一少寡,宫中呼为"元大奶奶"。葛帔练衣,不施朱粉,居于太后寝宫西偏。

微闻戚里走香车,隔弄遥看内苑花。面药口脂新赐与,拜恩曾不过三家。王公福晋及外戚夫人随扈者,只庆邸二侧福晋及桂公夫人。每逢令节,颁赐入宫谢恩,平常未尝召入。

局布无嫌吉贝粗,缭绫虽细亦模糊。江南进得千番锦,得似成都贡彩无。湖北贡局织布匹数百束,苏州贡绸缎而无纱罗。延等分购纱罗数十匹进呈,两宫夏衣始得无缺。惟江宁织造增崇赍呈绸缎袍褂料数十箱,以备赏需。

不闻卫署报严更,那听城头警夜声。只有羽林兵四五,殿头兀坐到天明。行宫禁卫虽严,夜无传筹报更者。两重门内,逻者各二十人,皆岑抚部下甘军;殿上惟虎神营兵四五人,秉烛守夜而已。

涤盏传杯早暮趋,玉阶簇簇拥宫奴。有人昨夜新承宠,缀上冠头一颗珠。两宫传膳内监十数人,来往传递杯盘,极为严肃。供此役者,冠皆无珠,盖新进无秩者也。间有供奉勤慎者,超出侪辈,冠始有珠矣。

强扶愁病走天涯,回马并州泪旋揩。同伴相逢还絮语,来时曾荐入关斋。两圣在太原启銮时,有内侍二人病不能从,遂留于太原。无何,死其一,冀宁道许涵度为营棺殓,寄榇兰若,作佛事三日;其一带病行,间关至于长安。两圣以涵度能恤旅客也,颁江绸数卷赏之。

行宫无地奏笙簧,频遣中官赐筐筥。一样被恩宽礼数,殿前惟拜左贤王。圣驾在长安,各直省贡方物,无贵贱,悉以分赉臣工。从扈人多,虽王公不能遍及。而延与抚藩每赏必预,一年之中先后得二十余次,恩至渥矣。故事,凡内廷赏赉由奏事处颁发者,必诣阙谢恩;由中官颁发者,往往谕免。延与各官必赐宸翰殊珍,方入内叩谢,余俱由中官颁到,传旨免其谢恩。惟蒙古亲王那彦图,但被赏,必诣殿跪拜,盖皆由奏事处颁赉也。

天中谁复佩灵符,处处朱门缀艾蒲。惟有寝宫循旧俗,当楣倒贴纸葫芦。端午日,行宫内外门各缀蒲艾数茎,两圣寝宫门楣倒贴红纸葫芦,盖北都旧俗也。

云窗高敞幂轻罗,奈此炎曦返照何。十丈竹帘新挂稳,珉阶风细縠微波。慈圣寝宫阶仄长,夏日光辐射,殊苦炎热,特命制竹帘数挂,垂于檐际。

为想琳琅梦石渠,小窗暖䎸午晴初。坊门觅得新翻本,不遣陈农访异书。两圣在行宫无书可观时,遣人在坊间购石印《三通》《九朝圣训》《御批通鉴》《辑览》《渊鉴类函》诸书。当事者欲求善本以进,竟不可得。

曲榭层楼宛转通,圣人居处百花浓。赭黄袍映朱兰立,正对终南第一峰。行宫惟终南仙馆植有花木,皇上寝宫在焉。东有楼,颜曰:"悠然见南山。"巡抚毕沅笔也。上于视朝之暇,时往登眺。

玉龙汩汩引泉源,水暖应知土脉温。新种荷花三百本,小红桥外绿云翻。终南山馆池水久涸,上命汲井水灌之。新种芙蕖因水性过暖,不能开花,惟翠叶翩翩而已。

行宫无地筑金龛,妙相空来丽跋蓝。赢得从官三奉使,香林深处学和南。西藏、蒙古屡贡佛相至行在,两圣以宫中无地供奉,先后命胡湘林、李绍芬及臣延赘至省城卧龙寺,设龛以祀。

画棚高揭紫绳拖,碾靴森森倚翠娥。日午忽惊花影暗,夜来新觉雨声多。行宫夏日搭盖凉棚,延与巡抚升允、布政使李绍芬逐日入内带匠。棚凡四处,只召见殿及太后、皇上、皇后寝宫耳。

赐茶小憩曲房限,抵得金茎露几杯。铃索无声花院寂,揭帘忽报圣人来。五月某日,延与升巡抚、李布政三人同入内带匠。时太后初起,知延等早至,特命在东院小房内憩息,各赐茶一杯。忽皇上揭帘入,延三人亟长跪,请安。上劳问数语而出。上盖闲步偶入,初不知延三人在内也。

玉食何曾备万方,黄绦轻幂试羹汤。大官选得雏盈握,别有金钱出便房。圣驾在长安,力崇节俭,两圣每月茶膳两房所需不过三四千金,大坦坦厨房百余人茶饭皆在此数。每晨支应局进生菜,悉依传单购备,鸡三四只、猪肉十余斤而已。如膳房添进时鲜,或多用鸡肉,则在内司房领价,不得于支应局常供有所增益。

几日南薰满汉宫,御床茵褥一重重。桃笙象簟浑难得,聊剪轻黄葛布蒙。长安四月已苦暍矣,行宫卑隘尤甚,两圣寝宫及召见殿御床茵褥仍用棉布。慈圣召延入内,谕买黄葛布蒙之,秋后撤去,仍可施设。其节俭如此。

日暮陈宫失应刘,淮南鸡犬亦荒陬。翩翩凤翩延鸿阁,此是天潢第一流。近支王公随扈者惟贝子溥伦,每晨必至行宫。贝子凝重清淑,性尤好文,宗室令器也。行宫前殿西室为王公及禁卫武员直庐,东室则军机大臣及延等待诏处,贝子喜近文士,恒自西而东。尝见其所书小楷,极似天瓶，又见所作《胡蝶诗》四律，亦清隽可诵。贝子自号"延鸿阁主人"。

日午槐阴转玉除，御妆移傍小方壶。昼长人静浑无事，一盏清茶一卷书。皇上寝宫搭盖凉棚，延与升巡抚、李市政入内带匠，上避于东园小方壶，内监捧书卷、茶铫以随。小方壶者，池上堂名，巡抚毕沅所题也。

覆盎城头报五更，四来堂上候鸡鸣。宫奴双举黄罗伞，碧瓦如波晓晕生。皇上旰食宵衣，每日寅初必起，盥栉后天犹未明。俟太后兴，即入寝宫问安，同览章奏。少选，出御便殿召见臣工，日以为常，不爽寸晷。所居东院北室本名"四来堂"，今改"四喜"。两圣每出，凡遇晴雨，两内监擎黄伞荫之，天阴则否。

不听冲冲纳凌阴，豳风古咏竟难凭。宫中新购青瓷甑，满注寒泉当贮冰。长安苦热倍京师，当事者欲求冰以进，遣人至南山深处求之，竟不可得。于是升巡抚购青瓷大缸二，分进两宫，日注清泉，以充冰桶。

长陵何处望松楸，湘瑟无声泪暗流。说到华胥虹降日，人间天上一时愁。六月初九日，延署陕西凤邠盐法道篆，入内谢恩，见前殿烧烛蒸香，诸近侍屏息以待。顷间，太后率皇上出，诣案前行礼，内侍皆匐伏，延在门外亦随之以跪。礼毕，两圣行至门前，延始免冠谢恩。见慈圣泪犹在睫，出问近臣，始知是日为文宗显皇帝诞辰也。

挏酒如泉不易求，大官乳酪费寻搜。木栏新树长楸侧，下直归来学饭牛。御膳房制乳酪，买牛最难，盖秦中年荒牛少故也。数月之间仅购得七八头，圣驾将行，慈圣不忍弃之，特命西安府豢养。刍秣取给公家府署，于马厩侧树木栅以养之。

隔墙施杖听呼号，家法严防秦赵高。强项令逢骢马使，鸡鹅冠入狴犴牢。两圣御内监极严，但有过犯，辄施鞭箠。六月中，大坦坦夜间有细民阑入，肷筐失衣物数事。太监郭姓年十四五，竟至朝房诘长安知县，责令捕贼赔赃，谯诃谩詈，极无状。知县白于巡抚，升允据以上闻。两圣召升允问状，立将郭太监斥革，鞭以千数。鞭讫，命发咸宁县监禁，盖恶其侮辱官吏也。

按乾隆时，内廷太监首领专用秦赵高三姓，以示警戒，圣意至深远矣。见《纪昀笔记》。

汉滨桂树复园芳，金粟如沙用斗量。记得当时充贡品，尚衣曾蓄隔年香。汉中丹桂最盛，某家复园所产尤馥郁。秋间初结蕊时，即采撷之曝干，致于四方熏衣，久而不散。慈圣偶忆在京时曾有贡者，与枢臣闲话及之，适延新有所得，闻之，函拣数两敬呈，仰蒙赏收。

软谷如波色正黄，含风易惹御炉香。近臣都赐雷州葛，抵得丝袍蜀锦骦。广东贡雷州葛，质细而色黄，两圣以为佳，特颁内廷行走诸臣，延与抚藩皆得与焉。

书扇淋漓凤藻翔，朱泥宝篆耀奎章。拜恩亲入猗兰殿，捧出人间第一香。四月二十二日，慈圣特召升巡抚、李布政及延三人入内，面赐御笔画兰折扇各一柄，背面题七绝五首，延所得有"愿作人间第一香"句，南书房张尚书百熙笔也。三人跪领之，各免冠叩头谢恩。闻慈圣亲画折扇八柄，四军机外惟延等三人与赏，盖异数云。附张尚书题诗：空谷无言孰见知，何当披采到华枝。深宫欲写求贤意，独向瑶阶寄睿思。丛蕤缀紫气含芬，妙绘新颁下五云。殿阁风微香不断，只疑中有御炉薰。谢览才华竟体芳，清时何用拟萧梁。幽姿不与群花伍，愿作人间第一香。鹤禁深深不染埃，托根新喜得滋培。风微复道轻香动，帘外尚书进御来。汉苑移来小草荣，九重宸赏惬琼英。看花好向猗兰殿，玉辇春风入上京。

轻点唇朱淡染眉，飞花砖子特相宜。珠签玉盝都零落，聊遣中官购土瓷。皇后出都仓皇，未携奁具，莅太原日始稍稍增置。冬月在长安，命中官出购瓷盒、木箧，以盛脂粉，皆民间常用至粗之品。

汉宫忽报柏梁灾，属玉楼倾长草莱。谁向北风问消息，尚书新自故都来。吏部尚书敬信自北京至行，在召对移时，面奏仪鸾殿被焚及都中近事。两圣惨然不悦。

金泥漉漉洒长街，伏地争传少妇佳。斜射云鬟红晕颊，漫抬纤手接银牌。慈圣入长安时,听民间妇女瞻仰。某家妇年二十许,在宅门内,銮舆倏至,少妇慑于尊严,辄出跪门外。太后见其补服,知为命妇,嘉其有礼,命以银牌赏之。回銮时,跸路左右有老小废疾跪送,悉赏银牌,命桂公、芬车等按名发给牌,由前路粮台先期铸进。

　　同州瓜与渭南桃,日盼车声过灞桥。竹筼盛来冰碗荐,深宫和泪试并刀。长安果品少,无可进御,惟同州瓜、渭南桃较佳。延与抚藩届时各购数百枚以进,两圣转增凄感,再三慰劳,并止后毋进呈,虑费财力。其实每贡一次,不过费十数千钱而已。

　　不撰青词奏九天,宫中日夜衮炉烟。火云如伞辒车疾,乞得龙湫太白泉。秦中久旱,两宫轸念灾黎,发帑拨漕,恩诏叠下,特于五月初吉,命侍郎桂春诣太白山乞水。水至,供于宫中,日夜祷祀。不数日,大沛甘霖,农田沾足,居然转歉为丰。

　　丰碑兀兀起山冈,宝篆双针御墨香。只有杜迁能市石,撰文应让蔡中郎。长安既降甘澍,两圣发帑千金,修太白山神祠,召翰林院撰碑文颂扬神功,而以延董市石立碑之役。

　　金顶黄绦镂玉函,鸾舆新试启朱帘。圣躬罄折慈颜喜,始信天家礼数严。回銮有日,上命将新制二轿,舁入内庭演试。延与升巡抚、李布政督夫舁入,皇上奉皇太后出,命内监八人举之。皇太后先坐,以为适,乃命皇上坐试。上因太后立于地,不敢辄坐,太后笑谓曰:"汝略坐无妨。"上乃作半跪式略坐即下,一时融融泄泄。太后之慈爱,皇上之孝敬,于兹可见矣。是日,各官蒙赏赉有差。

　　东西卫尉两边分,门里材官萃若云。禁旅新添程不识,燕行忽有上将军。行宫大门内外、二门内宿卫皆岑抚部下甘军,以金造、林泰清、马福祥三人分统之。圣驾将行,特命固原提督邓增率所部随扈。邓遂日至殿上,与延辈同进退焉。

　　黄卷新添翠墨辉,琳琅满箧载将归。石经字爱开成好,不数江南蒋布衣。两圣知长安碑林多古刻，命抚臣各拓一本呈览。拓本百余种，惟命将唐开成石经精拓数十本，车载以归。余选阁帖数种而已。鸿都兴学之意，于兹可见。按鸾舆出巡，行李谓之"黄卷"。

金殿留身日正中，安危重论徙薪功。退朝高敞蓬莱馆，旄节花开一品红。陕西护抚臣端方，当拳焰方张之际，懔遵谕旨，保护教堂最力，偶有乱民蠢动，立置重典。羽书下州县，责令谨守条约，保教安民。幕府草檄，手腕欲脱，虽指摘交乘，卒赖镇定之力，全境乂安。圣驾得以晏然临幸者，端方之力也。两圣莅止，深契其能，擢任湖北巡抚，旋加头品顶戴尚书衔。陛辞之日，召对奖勉，时逾六刻之久。濒行，复赉宸翰殊珍以宠异之。按陕抚所居南院因曾饰为行宫，非奉命不敢辄住，岑、端、升三任，均奉旨赏住者，然只由箭道出入，正门仍扃鐍如故。

扰象驯犀事万端，又传过警到长安。北门坐镇须平仲，扈驾何如安土难。二月中，山西警谍至长安，云洋兵将自直境来侵，已逾晋境。抚臣岑春煊立请召对，面陈款守事宜，而以艰巨自任。两圣深倚畀之，虽不欲令离行在，然晋边事急，非春煊莫办。即日下诏移镇，春煊衔命驰往，抚恤被戕教民，严劾酿祸官吏，一面缮治边备。洋兵竟不犯边，秦晋安堵如故。

五柞长杨何处求，盆花点缀汉宫秋。朱薇翠叶愁相向，偏爱临阶安石榴。慈圣寝宫最窄，院中亦无花木，局中月进盆花数种，修莳皆不如法。惟端方进石榴数盆，老根蟠结如石。慈圣爱之，常临阶赏玩。

床床屋漏万家同，生恐油衣损汉宫。将作有人新入匠，报名声在雨声中。六月长安大雨，延等恐行宫屋漏，时带匠入内补葺。一日，同新署西安府知府傅世炜在寝宫门外相视，两圣遽出，因并跪请安。慈圣不识世炜，指问臣延曰："彼何人也？"延未及对，世炜即跪奏衔名；慈圣复详问籍贯、仕履，世炜奏对如仪，圣意甚为忻悦。

轻揭珠帘敞画屏，宝光煜煜透疏棂。朱衣三寸慈宁笔，玉女窗中现寿星。四月中，命将寝宫窗格改糊冷布。东西配殿三，格格所居，延等带匠入时，格格避于他所，见壁上黏一小幅，画寿星小像，纯用朱笔钩勒，笔意超妙。问之近侍，云是慈圣御笔以赐格格者。

尚食无多翠釜虚，三河不复贡龙鱼。青苴昨自潼关入，小店秋灯访蟹胥。两圣在行在，膳房极为简率。又以生鱼难求，传单不用此品。八月中，闻有贩活蟹自津门来者，延于市店访之，购得八头进呈。秦晋朴陋，有鱼龙鸭凤之谣。

世变都繇政教乖，救时医国正需才。嘉谟已入宗臣告，立盼鸿都太学开。七月二十二日，延授江安粮储道。翌晨召见，两圣问救时之策，延对以拳匪之变，皆由教化不行、士夫不学所致，今非广兴学校不可。昨见江鄂督臣会奏变法疏稿，言学堂章程甚为详尽，请即下诏兴办，以育人才。慈圣谕曰："汝有建白，可与政务处商之；但有裨于时政，予与皇帝无不虚衷采纳，立见施行。"延退后，枢臣继入，两圣即命下诏，开大小学堂。

又向宫廷论将才，府兵犷骑尽凡材。王朝虨虎彬彬士，都自胶庠肄业来。两圣又问武备，延言："古昔文武不分，学校羽、籥、诗、书与射、御并习，泰西各国兵士莫不自学堂中来。今宜仿其制度，开武备学堂，以储将才。庶几有勇知，方可备干城之选。若今之绿、练各营将弁，皆不知书，非疲弱即犷悍，断不可用。"两圣曰："俞。"不数日，降整顿武备之诏。

岂有人人张释之，明光执戟听输赀。从今别定停年格，着意清源正本时。延又言："捐纳买官，最有妨于新政，斁乱吏治，阻阂人才，莫此为甚。江鄂督臣会奏疏内亦曾言之，今欲整顿变法，请即下诏永远停止，庶几人人向学。"两圣深以为然，立命枢臣拟旨，遂于二十八日降诏，永远停捐买官。

斑髾婆娑进御劳，开门轻拂凤凰毛。晴窗对整盘龙髻，玉案铿然落剪刀。慈圣寝宫有老妇二人侍奉，皆自北都随至者，宫中呼为"妈妈"，月钱在粮台支给。延等一日入内，时慈圣出御外殿听政，见二妇在窗整理髻子，飞梳抛篦，意甚整暇。寝宫风门幔上并画凤凰一只。

宝髻双分尺半长，佩环摇曳出昭阳。平时不著云霞帔，只罩攒花绣裲裆。皇后晨诣慈圣寝宫问安，恒立于殿后拱候。平日但梳平髻，御便服长袍，外罩绣花半臂。

今年八骏东归日，去岁六龙西幸时。圣主还京天下乐，老臣谋国几人知。两圣以庚子七月出都，以辛丑八月回銮，岁适一周。三秦父老固乐圣驾久居，臣工亦意见不一，有请就长安建陪都者，有请迁襄阳、开封者。两圣眷怀宗社，日思远都，而危言庞陈，亦渎圣虑。惟枢臣瓜佳相国力排群议，坚请回銮，并乞先期降诏，以靖人心。故降诏之后，款局大定，中外欢忻。

豹节鸾旗满近郊，安排车驾过函崤。前驱莫漫愁风雨，行幄新添蒙古包。圣驾将行，有人进蒙古包十余座。制如行帐，以布为之，有窗，有门，可容十许人。敛之一马可驮，至为轻便。两宫今在行宫东院张之，亲临验视。

石铫砖铲听煮茶，行厨唯恐食单奢。鸾浆麟脯都无用，只载城西水一车。延七月杪奉命勘视东路行宫跸路。慈圣谕饬各州县官，不得妄事供张，一切务从俭约，早晚两膳仍依传单备进，由膳房烹饪。惟去秋西幸，沿途井水味劣，此次命汲本地山泉，以供御茗。临潼无山泉，特自长安载西关井水一车，足一日之用，渭南以下皆有山泉，不复用西关水矣。

荒园白日走魑魅，狭径难停顿使车。谁信六龙能驻跸，丛篁深处置行厨。东路五州县，行宫皆极简陋，仅蔽风雨。华阴尖营，假道旁李氏废园，尤为草率。延复命时面陈此园湫隘状，慈圣喟然曰："尖营但一寸室传膳，足矣。予上年在直隶道中，求如此园尚不可得，而奚歉欤耶？"按《唐书》，天子巡幸食宿处谓之"顿"。玄宗西巡，特召御史大夫魏方进为置顿使。

缁流望幸付空谈，荐福慈恩久不堪。只有黄杨沾雨露，片时思降八仙庵。长安汉唐古迹久湮，伽蓝、名园百无一存，存者亦不堪临览。缁流羽士虽人人望幸，而圣驾不肯轻出。惟启銮时道经东城八仙庵，两圣从内务府大臣继禄之请，暂憩片刻而去。庵较他庙略净，院植黄杨二株，蟠郁苍秀,数百年物也。

　　银绢特颁殷令名,黄罗云牓一朝成。琳宫绀字都生色,更遣毗卢鼓吹迎。銮舆将启行,秦中祠宇悉颁匾额共四十余所。是时,南斋供奉惟尚书陆润庠一人奉召。一日毕书,上以银绢赉之。

　　莫上莲花玉女峰,天梯如线路才通。一言又使山灵怨,不得开云迓六龙。两圣因来时未登华山,深以为歉,此次回銮,拟登山游幸。枢臣不知险夷,未敢谏阻。适延奉使东路回,复命之日,面奏华山险巇逼仄状,两圣为之动容,游幸之意始辍。考《华山志》,载仁皇帝西巡过此,本欲登山,为风雨所阻,山灵何不幸也。然山险特甚,实非宸游所宜。次日,延进《华山志》一部。

　　绣岭云开驻彩旄,行厨日午断炊烟。去时饥渴来时饱,信是温凉两样泉。回銮前一月,东路五州县各发帑金万数千有差。行宫跸路,及随扈王公大臣供张,悉取给于公,不以累县官。临潼一尖两宿,领帑较多。去年圣驾经此,知县舒绍样仓卒供应,极为整齐,从官亦皆果腹。本年八月二十四日,圣驾还驻华清宫,翌日驻跸零口。署知县夏良材竟不为从官设食,王公以下莫不枵腹,以致人人怨怒。巡抚升允劾之,两圣不欲以供张之故重谴州县,加恩交吏部议处。良材借口于兵丁攫食,其实署内仅设一厨,即无攫夺之事,亦断不足供千人之食也。骊山温泉别有一源极寒,浴之已疾。

　　前旌不用载飞鸢,雨里何妨降玉泉。此是唐虞巡狩地,明堂高对华峰巅。圣驾过华阴,驻跸二日。华山下玉泉院,县官略加修饰,以备宸游,两圣于召见臣工后亲往临览。是日微雨,大臣骑马秉盖以从。院距县城八里,对院道观《志》称即古时明堂,地正对三峰。

　　赐金增秩剧怀惭,别主情怀益不堪。魂梦依然随风节,只余身向大江南。圣驾九月初五日驻潼关,延仰蒙召见。谕以职守为重,直赴新任,不必随扈远行。延以供奉日久,受恩至深,叩别天颜,无任依恋,奏对哽咽不能成声,两圣亦凄然。复再三温言谕勉,延益不禁涕泣。是日蒙恩赏黄金四十两,以为之官路费。初赏银千两,慈圣恐取携不便,改赏黄金。天恩厚渥如此,宜何如感激图报也。次日,同地方官在关外跪送,并叩头谢恩。仰望天颜,谁不凄怆?嗟乎!河梁送别,今古销魂,况君臣之际乎?况供奉最久、受恩至重之小臣乎!

　　不待中官频致辞,九重慈孝尽人知。新声若比香山乐,此是元和圣德诗。延供奉行在内廷,将及一年,宫中纤悉之事,莫不周知,故所述圣德悉是实事。昔王建作宫词,全得自传闻,故有"不是中官频向说,九重争遣外人知"之句。

西巡大事记

(清)王彦威 著　王　亮 整理

西巡大事记序

《西巡大事记》都十二卷,为黄岩王彀夫先生所手辑。先生在前清光绪时,儤直枢廷垂二十年,于军国大事悉有记札,既纂《清光绪朝外交史料》百数十册,由希隐哲嗣增删编校,付诸剞劂。其《西巡大事记》别为一书,为扈跸秦晋时所记述,视各私家著录尤为翔实。首卷历叙拳祸始末;二卷至十一卷则排日记事,自庚子七月二十一日西狩之日起,至辛丑十一月回銮抵京之日止,以日月为经,以事实为纬,读此而知清社之屋已肇于此矣。

辛丑和议,国人多归功合肥。今读是书,知合肥当日颇有不为中外所共谅者,则关于《中俄密约》一事是也。当八国和议之未定也,合肥先与俄廷议收东三省,单订密约,约中颇失东三省主权、利权。合肥秘不告人,亟于签定。事为日本所探知,力予破坏,耸动江、鄂两督出而争议。清廷因亦不以是约为然,促驻俄杨使废约,而俄亦鉴于国际形势,不敢坚持,遂付延宕。盖使是约果成,各国必群起效尤,瓜分立召,影响所及,公约或至不能成立。江、鄂之争虽不免受日本之先入,然亦确有见地。迨公约成后,合肥又力请恢复俄约,卒以格于廷议,合肥愤慨至呕血而薨。当日朝士咸不解于合肥谋国之忠,何独对于俄丧权之约坚持至此。况曩者德占胶澳,法占九广,英占威海,皆以二十二年《中俄密约》为借口,乃江、鄂两督之所深戒者也。合肥当日果何意而必持斯议哉？抑知合肥固有其既定之政策也。

当甲午之败也，合肥备受日本胁辱，归而誓有以报之。念诸国能抗日者唯俄，于是借贺俄皇加冕之名，自请充使，亲往联俄。既密许以三省铁路特权与俄以战事上之便利。复于辛丑议约之际，欲资俄以三省，使为与日本作战之根据地。且使日、俄利害日益冲突，永远相仇，中国可以稍息。故不惜为此饮鸩止渴之谋，坐致两雄互斗之局。虽对于其他各国之意向及今后国家之利害未暇熟计，而其极端亲俄政策、急欲报仇日本之方针固不容稍变者也。惟日本知之，不欲与俄正面冲突，故怂恿江、鄂，使中国自弃俄约，以中伤中、俄之感情。而合肥则苦于不能以己之政策明告清廷及江、鄂，求其谅解，而坐受日本之破坏，所由赍志而不能瞑目者也。迨合肥殁不两年，日俄之战果起，此固合肥之主动。不幸俄败，初非合肥之所及料，然不能谓其谋国之无策也。兹特表而出之，以谂读是书者，且为今日对东三省事件进一策焉。

中华民国二十一年八月，绍县后学寿鹏飞谨志。[1]

---

[1] 寿鹏飞（1873—1961），字洙邻，浙江省会稽县（今绍兴市）人，是近代著名方志学者。清末曾以优贡身份被清政府委任为吉林省农安县知县，后被熊希龄荐任东三省屯垦局科长，兼屯垦养成所所长、东三省盐运司科长。民初又历任热河行政公署秘书长兼总务厅长、热河普通文官考试和普通法官考试委员会委员长、山东盐运使。1914—1928 年间担任北洋政府平政院记录科主任兼文牍办事书记，之后脱离政界，居家著述，著有《方志通义》《方志本义管窥》《历代长城考》《红楼梦本事辨证》等，此序便作于这一时期。1949 年后，以 86 岁高龄被中央人民政府聘为中央文史研究馆馆员。

西巡大事记例言

一、是编为先严随扈时所记载，自清光绪二十六年七月两宫由北京启銮之日起，迄二十七年十一月回京之日止。

一、是书采集行在所办之政务及外交文件，其有遗漏者，业经择要补入。无关军国大事者，概不备载。至名称、体裁，悉照原稿，不稍损益，以存其真。

一、日记体裁本无标题，惟《清季外交史料》悉有索引，是编与史料本属连贯，未便中断，因将重要折电之目录列于上端，俾便检查。凡谕旨暨不甚紧要文件则不列题，因其事实大半见于折电也。至官衔已详奏稿，亦未另列。

一、是编与《清季外交史料》完全衔接，所有当日臣工条奏及议和、关税等事，前书已载者不再赘录。

一、拳匪之变，情形复杂，仅凭文电尚难窥其全豹，是以先严另辑《庚子拳祸始末》列于卷首。

一、先严于途次辑录是书，或限于寸晷，或记忆未周，是以各篇本末详略不一，均按原稿列入，未敢任意更张。惟其中谬误诚恐不免，大雅贤达幸赐纠绳。

中华民国二十二年一月，黄岩希隐王亮谨识。

西巡大事记卷首

黄岩弢夫王彦威辑，男　希隐亮编，孙　孝章敬立校

藜盦老人家书

余宦京师，瞬经卅载，前岁五月，惨遭拳变，随扈长安，奔驰驿路，红羊肆劫，青犊兴妖，六国叩关，两宫就道。牛车夜走于北邙，觳卵晨探于废屋。谁实为之，吁其烈矣！于是言和遣使，不惜城下之盟；纳款请成，遂据榻旁而睡。棋输一局，错铸九州。凡此绎络电音，敢作烟云之过眼；惟冀笃生勇士，共洗铁戟之沉沙。戎马倥偬，濡笔不无舛错；河山奠定，回车想望升平。纪巡狩之遗书，我已老矣；任校雠之薄役，汝其勉旃。

光绪二十九年孟春，藜盦老人寄儿子亮于南美洲秘鲁国利马都城。

亮案：庚子之变，先严儤值枢垣，扈跸京陕，以主忧臣辱之时，抱捐顶糜身之志，有役皆随，无班不缀。慨万方之多难，触目惊心；竭两载之辛劬，纪言述事。虽仓皇车马，橐笔无闲，须臾即湫溢门庐，记注不辞劳瘁。有闻必录，原非漫兴之词；据事直书，绝少凭虚之论。而一路之行行止止，当年之见见闻闻，有不能不另刊纪事，附载篇首，俾阅者了然于变乱之后先、议和之颠末，斯则先公之微

意所宜表而出之者也。亮于其时奉职异邦，未遑校订。近岁退闲祖国，始获编摩，盖距先君之殁已二十余年矣。捧读椷书，曷胜怆痛。

拳匪纪事

　　义和团起事于山东之曹州府，初名大刀会，虔奉关壮缪，立坛聚众，横行乡里，积久势渐张。知国人方痛心于教祸之蔓延与外患侵陵也，乃以"扶清灭洋"为号召，胁徒日众。时袁世凯方巡抚山东，严禁之，乃阑入直隶界，浸及畿疆，尚未敢公然入国门也。

　　庄王府长史某者与团首某习，言之庄亲王载勋，目为义民。王以告刚协揆毅，协揆据以入奏，请借团民之力以驱逐洋人，雪累朝积恨，尤应先除灭各国驻京使馆。慈禧太后为所惑，顾重于发难，乃集大学士以下会议。军机大臣王文韶等谓不可，抗声言曰："按公法，如杀使臣，各国即可兵临其境，万一战败，恐无噍类，此事断不可行。"侍讲学士朱祖谋亦以为言。太后不谓然。徐相国桐、内阁学士联元请先照会各使馆，遣令出京，如不从令，乃以兵临之。太后韪其说，众推许侍郎景澄主稿，限以二十四时辰内出京，召军机章京二人前往仪鸾殿门外直房楷录照会进呈。余与张郎中嘉猷橐笔以往，顾视王公、贝勒、大学士、尚书咸坐，贝勒等跳踉，意甚得，几有灭此朝食之慨。因邀许侍郎出，私语之曰："欧亚之不敌，公所知也。今乃我先开衅，脱彼召外兵以入京师，殆矣。公明白晓事，宜力阻此谋，勿令铸错也。"侍郎以圣意甚坚，不能挽回为辞。奏入，命封交总署驰递，赵尚书舒翘于封面批曰：速即发，勿留滞。舒郎中文知必不可行，而不敢上违诏旨，遂命供事送交使馆。各使臣得照会哗然，起谓："民教相仇，于吾属无与；且限期甚迫，万难从命。"具照复请宽期限。

翌日,德使克林德乘四人肩舆诣总署面商前事,行至东单牌楼,适京兵以会操归,由崇文门入,猝遇之,以为义和团也,于轿内发手枪,京兵遂一拥而上,杀克使,而势成骑虎,祸兆于此矣。

拳匪于五月十六日先烧西城某处教堂,杀其人,火其居,以小试其端,朝廷置不问。十九日,烧宣武门大教堂,盖康熙时敕建以赐南怀仁,堂宇闳敞,系明季邹元标等所创首善故址也。是日,余适退值,经此,见彼辈所谓大师兄者,红布帕首,手持长刀,于屋之四周以刀划之,若分界限然者。划毕,告左右邻居无惊恐,所烧只教堂,火不出界外。已而两手持香,向拳民喃喃诵咒,少顷,一缕青烟自其堂中起,火势腾上,不旋踵全屋煨烬,邻居无一被焚者。盖彼族名为有邪术,然习之者不过二三人,乡愚无知乃笃信之。比二十日,烧东月城根马思远茶食铺子,以马为教民也。店主人跳而免。民信其前说,全未搬移。忽大风起,火势趋西南,于是西河沿廊房、头条、二条胡同、大栅栏、观音寺等处,凡都门菁华所聚,铺户、民居千余家悉付灰烬,复返风而北,烧正阳门城楼。楼占地百十寻,都门之望也。火光烛天,烟焰侵三殿,朝廷不敢问,于是逐日烧杀,凡素所不快者即诬为"二毛子",指为通洋人。刀光所至,老弱无噍类,每杀一人,人剁一刀,谓为送之超升天界。遂下令附城百十里内民家,限若干日到京注册点名,有不到者全家处斩,老弱不许充数。既至,则驱之攻使馆,临前敌,军前则一刀之外无他物,敌炮一轰,排墙倒地。闻都人悉其事者云,因战而死者约万余人,而联军入城时轰毙及所杀又数万人,是役也,合京外计之,死者约十万余人。迨联军入城,所谓大师兄、二师兄者皆潜匿无踪,洋人亦不拿究。先是两江总督刘坤一条陈时政有云:拳民为逆,恐难遍诛，而独所谓拳师者，宜令统兵大员尽捕，以绝后患。奏上不报，致此辈造此弥天之祸，朝廷于是乎失政刑矣。

五月望后，拳民红布帕首已满外城，内城尚寥寥也。十八日，予与甘郎中大璋值班上堂，为荣相国力陈之，谓此时拳势未盛，如调大兵入城，诛其渠魁，散其党羽，祸或可不至燎原。荣相韪其说，奏请调武卫中军入城弹压。旨意一下，都人欢然，拳民咸闭户瑟缩不敢逞。翌日，载澜上封事，谓朝廷受洋人欺侮，送命四十余人，今拳民肯为国家报仇雪耻，不宜摧抑之，以长敌焰。于是，事机遂中变矣。

五月二十三日，拳匪攻西什库，盖为各教堂议事之所，教首樊国樑居之。其堂向在西苑门内，同治十年与樊国樑议用其地入禁苑，而以西什库之地易之，屋宇崇闳，俯临大内，攻之不克，燔其旁民居数十家，烟焰枪弹入西苑内。是日天津炮台失守，急奏至，太后召董福祥入独对，谕旨如何，外间无从知也。董出，悉召内监入，授以洋枪一，严守西苑门。是日予与张弥余值班，堂上礼亲王、王中堂、赵、启两尚书，以杜门紧严，不能具藁。余与弥余上堂白事，谓各军环攻，贼氛渐退，现在俄人既与我订密约，或派大臣与俄使关说，请其从中排解，第令联军不入京城，一面使合肥议和，或可纾祸。礼王曰："俄望甚奢，即畀以东三省，犹恐不能满其欲，奈何？"予曰："划地与人，章京何敢轻言，顾坐以待毙，终当出此下策，或可稍纾目前之祸耳。"王默不应。王中堂独呼余前，曰："此事尚复何言，当随两宫出走耳，京师万不能守也。"余乃不敢言。

本日直督裕禄报拳民与洋兵战，连获大胜，毁敌船数只，于是内旨令沿江、沿海督抚调集义和团，以与洋人从事。江督刘坤一、鄂督张之洞联名上疏谏阻，其大略云："此次之患在与各强国同时开衅,现探闻某国调某处兵约计九万余人,联合南北,决非董、宋、聂诸军所能抵御。如欲借拳民以御敌,则拳民无纪律,无军火,可胜亦可败,岂有长胜而不一败之理,败则如鸟兽散矣。识者谓:论兵,则一国焉能敌众国,不败不止;论大势,各国焉肯让一国,不胜不止。且从前法越之战、辽阳之役皆与一国为敌,枪炮器械尚可向他国购运,故能日久支持。今乃与各国宣战,誓复一时之仇,各国对我海口鏖战两月,子药必不继,更何能以血肉之躯与炮火相持。一旦兵败团散,洋人咸抵京城,宗社乘舆何堪设想。此臣等所为痛哭流涕,不敢言而又不忍不言、万死以求朝廷变计者也。"疏入寝不报,于是知内意坚不可夺,而势已烈烈。刘、张乃倡保东南之策,联名电达各国政府,商议派兵保护东南各行省,联军不得入长江窥伺,中国派兵保护教民与一切商务,事乃稍定。已而天津破,联军麇集。直督、端王、刚相奏,谓东南各省不遵诏旨,不联合义和团以分洋兵之势,致令洋兵以全力注天津,使都城势成孤注,非重惩东南各督抚不可。上知事不可行而止。厥后和议告成,仍赖东南扶持之力,而乘舆播迁,接济粮饷亦惟东南是赖,然内意亦释然也。

二十六日九时,各街巷闻枪声忽作,叫嚣哭喊之声无异雷震,是为兵匪劫掠之始。是日各京官住宅及殷实富户无不被掠一空,其先至者蜂拥入室,以刀破箱出衣物于庭中,拣佳者取以去。甫去,而他匪又至,则取其次者,约数起而衣物告罄矣。其银票等物亦必搜攫净尽。其或闭门不纳者,匪即逾垣而入,放枪以恐吓之,然后饱掠以去。设与争论,即被击毙,如所掠尚不满意,即火其居,一时满街塞巷,无非抢物之匪徒。而儿啼女哭之声尤使人闻而心碎,街市间尸骸横卧,亦难数计。顾各处虽多被抢,尚不及住居附近东交民巷一带之甚。盖与使馆为邻,故受祸尤惨也。孙尚书家鼐住宅被抢更烈,其公子所存仅一短衫,余物已被括一空。而兵匪等犹未满意,因复以枪拟尚书,勒令将黄白物交出,否则将以枪弹相饷。尚书无奈,遂告其所藏之处,始释手而去。是时尚书已神魂失措,恐有再至,即乘明轿往徐颂阁中堂处暂避。所谓明轿者,即入朝所乘之轿也。

二十七日晨,事为荣相所知,大为骇异,急亲赴各处查看,并往尚书处道惊。查点一切,不独家俱什物荡焉无存,即墙壁间亦多有损坏之处。是晚台基厂及交民巷东首火光又起,一路延长如龙。

二十八日,枪声四起,御河桥一带尤甚。盖因翰林院后面为英国使馆,各国洋兵皆聚于此。正攻击间,忽有教民无数从使馆中突出,逢人便杀。各兵放枪逐之,捉获无算,即置于灯市口纵火燃之,尸臭之气闻之欲呕。越数日,翰林院复被焚烧,所有古书典籍亦皆片片作蝴蝶飞去,诚浩劫也。

端王邸有教读,山东某孝廉,盖义和团之党羽也。一日,王偶与言及西使无礼之故,孝廉谓京兵不可用,曹州府团民素以扶清灭洋为志。王急问,孝廉因举其乡人之习拳教者能以法烧数里外轮船,快刀斫臂不能入。王召而试之,试令诵咒烧某处,即喃喃诵咒,比即火起。唤仆人入,令以刀猛斫之,如中铁石,遂信之。言于太后,不信,因召人面试,于是太后亦信矣。此二十五年冬间事,祸端兆于此矣。

团民之攻东交民巷使馆,董军实阴助之。巷中使馆栉比,而英馆墙垣最坚厚,各使臣及教民皆麋聚马厩,固墙垣,集煤米,据险以守。团民、董军不审地形,枪炮乱轰,弹力皆不及。洋兵但遇危急时,接应排击不妄发也。攻月余,仅毁附近民居及隔河比国使馆而已。我兵固无用,然正幸其无用,未破使馆,未戮使臣,犹足为后来议和地步。借令当日志在破敌,猛力攻击,斩斫无余,恐朝廷之祸更烈矣。

义和团之攻西什库也,火光震西苑。太后遣英年往喻之,令勿震惊宫寝。团民不听,攻如故。翌日,遣刚毅往,督队力攻之。教民即发排枪,蜂拥而出。拳民拥挤相倒地,互相践踏。教民排枪一发,即后退如潮涌。刚在后为冲倒,以是缓攻。事定后,教主樊国樑偶与合肥谈曰:"吾教堂本不备军火,仅存洋枪四十枝、弹子五百颗而已。拳匪猝变来猛攻,吾等但死守,不敢轻于开枪接应,防药弹也。事急乃发十余枪,以抵缓急。幸联军入城,祸乃得解。再迟二日,子药俱罄,吾辈死无葬身之地矣。"又言曰:"登西什库之最高处,遥望西苑,一览无余。一日,拳匪攻库急,吾以千里镜照之,见太后携一宫监在苑中高处眺望。吾仆中有精于准头者,请发枪狙击,吾力止之曰:'此番之事,各国咸知非中朝意,终须议和。若出此策,则冤债太深,他日难于收束矣。宁彼不仁,我不可不义。'仆乃止。此事无人见证,然天日在上,我无谎言。盖吾在中国有年,所以为报也。"

拳事之烈,不惟兵戎机密大事不由枢密制,并不由中制,荣相调护其间,亦不见用,屡次入对,极陈拳匪之不足信,几冒不测。一日,旨令派武卫军攻使馆,荣召统兵官到军机处,命之曰:"奉旨攻东交民巷,诚不敢违旨,但攻破使馆之后,万万不可杀戮洋人,违我令者,军法从事。"盖调护之心甚苦,各使臣亦略闻之。合肥复为之辟诬甚力,幸不在被议之列,否则武卫军为荣相所统,各国咸知之,岂能免于祸乎。

义和团之外又有所谓红灯罩者,每夜黑无月,则有一灯高悬空际,谓为神灯,令入会各家妇女持香膜拜,以祈天佑,人亦信之。即俗所谓"鹞灯"，盖以长线放纸鹞，复以一灯缘线随风而上，夜黑则人但见灯而不见线，如月明之夜则不难窥见线端矣。

大臣祸国

联军之祸，载勋倡之，载漪主之，刚毅成之，人人皆以是为三人罪，而不知酿而成之者皆徐桐一人之罪也。徐以汉军起家翰林，为三朝元老，自上书房行走以至总师傅，先后垂三十年，近支王公半其弟子，即未经授读者亦皆奉为楷模。徐素负理学名，平日持论，嫉洋人如仇雠，然不知为国家安内攘外之策，与夫民教相安之计。自团民起事，首先赞为忠义，目为良民。王公、贝勒咸奉其言为圭臬。五月间，有编修吴纬炳简放甘肃主考，诣徐处辞行。徐语之曰："汝此行良好，明年复命，京中洋人无噍类，重见清平世界矣。"编修曰："如师言，京师诚清平，彼外省洋人当如何？"徐瞠目叱之曰："不逊。"其于总署在职诸人，辄目之为汉奸，叱之为异类，徐用仪、许景澄、袁昶、联元、立山诸人之死，皆徐速之。迨至匪势鸱张，危及宗社，始知铸错，自缢以殉，年已八十余矣。名德不昌，乃复有期颐之寿，不能不叹息痛恨于徐桐也。

自中日战事定后，翁相国同龢凡所措施，太后颇不喜。二十五年春间，召恭王入对，议蹴（褫）翁相国职，王力白其无他，太后曰："吾终不放心，必如汝言，汝于满人中择可任事者奏保一人，令在军机行走，以分其势，始可耳。"王出，但向相国述内旨添军机大臣一人，且举荣总督禄、刚侍郎毅二人商可否，相国谓："侍郎木讷，可任。"刚遂入直，顾其人不学无术，而高自期许，好发议论。每朝廷大计，王独就相国商榷，刚甚慊焉。自王死，遂于太后前日媒孽其短，相国遂奉旨罢斥去位，而召荣督部入枢密，拔一钉乃得一刺，刚毅尤不快也。自以入直在荣相之先，入对辄妄发议论不让人。皇上尝目之曰："此土匪也。"侍郎知之亦无怍容。一日于太后前论将才，力保江苏副将龙殿扬可用，太后曰："汝何信龙殿扬之深耶？"刚毅曰："臣在江苏巡抚任上已任用之，极可靠。龙殿扬，臣之黄天霸也。"诸臣皆相顾哂之。拳民之祸，太后命往近畿斟酌办理，归而力陈拳民之可用，请交步军统领编队入伍以卫宗社，且为之请饷、请械，凡有所求无不极力承顺，冀得其欢心。既而事大破坏，乃大言告于人曰："拳民之起，吾极言其不可用，曾为太后陈三策，卒不见听，奈何！"闻者皆痛恨之。自两宫西巡，荣禄驻扎保定，刚毅言于太后，召端王入军机，冀以撼王文韶。不两旬，洋人请惩处祸首，端、庄而外，首及刚毅，自知不免，体素健忽患水泻，乃日啖西瓜、饮凉水以求速死，行至平遥而殁。如此人者，创此非常之祸，竟免骈首之诛，幸也。

赵尚书舒翘由江苏巡抚召为刑部侍郎，旋升尚书，入枢密兼译署，骎骎日上。其任封疆时颇有廉洁之名，顾踟蹰自喜，无干济才。其入军机，则徐桐密疏荐之，故于徐桐持论不敢异同。刚毅时沐慈眷，附之尤力。载漪、刚毅之请编集义和团民，内旨命赵先往体察情形，俟复奏到再议。时拳势已张，拳首某拥众入见，不肯受约束，赵闻朝廷再派刚毅出京，遂折回。人问之，答曰："天主教无君无父，义和拳无法无天，此何可用耶！"随员某因说赵曰："公既知拳民万不可用，何不具折畅言，使两宫明白，勿为一二金壬所惑。此绝大机栝，且若辈拳众必无成功，有此疏上陈，脱他日事情反复，即为公一身计，亦免祸之道也。"赵曰："吾当入对极陈之，无庸具折也。"比奏对，乃作两可之说。而刚毅迟五日回京复命，乃力言义民之可用。于是降旨令入城，诣庄王府挂号编伍，由载澜与刚毅分统之,而势遂不可制矣。袁、许奉旨正法,赵舒翘身为刑曹,不敢有所匡谏。诏旨甫下,迫促诣署,高坐堂皇,呼囚点名。许侍郎闭目无一言,袁太常瞠目叱之曰:"君受国厚恩,荧惑圣听,令国事败坏至此。若洋兵不破京城,国之幸也。否则,吾与公九原相见,亦不远耳。"赵面发赤,俯首作叩头状,但促速绑赴市曹行刑而已。团民之欲攻使馆,内召诸臣入问计略,知情势者咸谓不宜,开衅速祸。独端、庄与刚、启、赵力主战议。其时近畿一带有所谓圣贤道者,特乡愚无知,私自立会,敛守入保,无谋逆之事也。会首张天锡与义和团首两不相能,诬以谋逆,言之载澜,命往剿洗,六月二十日掩执五十八人,二十四日掩执三十二人,传旨即日正法。二十五日复获二十一人,司员段书云请于赵曰:"此案正法者已八十余人,老弱妇女殆什之七,既未刑讯,亦无供状,临死且瞠目不知所犯何罪。今日所获者情形与前二案同,情殊可悯。公为大司寇,何不入言之,请交刑部严讯,分别治罪,则全活多矣。"赵亦深然其说,而终恐得罪拳民以自速祸,良久乃言:"此气数也。"于是二十一人咸正法。自大沽炮台被毁,东交民巷久攻不可破,上下怔怀,靡所为计。一日入对,赵乃力言团民之不可恃,谓:"臣向者已言之。"上怒曰:"朕命汝往视团民可用与否,汝三日即回京复命,此何等大事,乃草率如此。且主战之说非汝昌言乎?"赵噤不敢发声,乃请假,已而请退出军机,寝不报。联军请办祸首及赵名,中外合力为之请命,不可得。十二月二十五日,传旨拿交陕西按察司监禁,军机大臣咸相顾叹息。军机章京段书云上堂白事,而全权电奏至,谓联军必欲诛赵,势难挽回。王协揆叹曰:"此气数也。"相国固未闻赵前语,而其言前后若合符节,又皆令段章京闻之,先后半年,时日不爽,令人憭然。迨廿七年正月初六日,赐自尽。初七日,得全权电,已与联军竭力调停，启、徐皆不免，赵允免，口外遣戍。然已无及矣。

端邸以近支王公骄暴乐祸，盖天性使然。使掌虎神营，而拳祸自此始。

庆邸之进也，由太后之胞弟桂祥，初为贝勒，与桂联姻后，始袭封庆王。其子载振颇有非分望，以属疏而止。

荣禄、刚毅并以贪缘贵显得至大官。荣给事内廷，恭亲王尤重之，任步军统领多年；刚浮沉部署，远不能及，及得政后，立意反抗皇上，故太后因而用之，宠任遂亦与荣相埒。大抵荣险而巧，刚悍而愎；每欲举大事，荣阴谋于室，刚公言于朝；荣起于但贪富贵，刚出于有所憾恨。此其显殊也。

启秀、赵舒翘同以政变后入军机。启荐自徐桐，赵引自刚毅，凶德交会，至斯可知。赵起自寒贱，既贵，乃背其师。任苏抚时，夙好清刻，及入政府，亦多预阴谋。启之进虽由徐桐，然刚毅方贵，启尤附之。其弟彦秀任苏州知府时，欲死翁同龢，因兴东南大狱。今岁杀袁、许上谕，即出自启手，启所最得意者。及袁、许既死，启尤自负手笔。以此观之，罪浮于赵远矣。

崇礼任步军统领，实典禁军。自归政后，此任唯授太后亲人。荣禄始任而福锟继之，福锟殁而荣禄又继之。自荣禄外任，乃以属崇礼。年前训政命下，逮捕朝士，缇骑四出，崇之力居多。

裕禄以葭莩之至亲，久封圻之重任，当戊戌夏，曾一入军机。寻以荣禄内用，而北门锁钥不能不另置腹心，乃以裕禄为之。然袁、聂、宋、马诸军向皆隶直督，自改隶武卫军后，北洋一任权势盖大不如前矣。今夏义和团之起，始自京津，其时荣、刚二相心醉于朝，而裕禄与其弟河南巡抚裕长附和于外，至虚报战胜，取悦奸党，以误朝局，杀身亡宗非不幸也，然比廷雍犹属差强。

李秉衡本无大才,尚知清廉。胶州之役,李以教案罢职,归家教授,自谓不求复进。乃政变后,东山再起,渭城重唱,至入彼党,甘为效力。北仓既败,杨村继之,生平以灭洋仇教自任,及亲率戎行,身临前敌,竟不堪一战。兵溃之日,无颜复入京师,至仰药以殉,哀哉!

毓贤以外任知府起家。张曜之抚山东也,固尝用毓贤,不甚纵之。及李秉衡继任,毓在属官,始得大志。初义和团之萌蘖于山东也,李秉衡实使之,及毓代李为巡抚,以旧德布新恩,而匪势乃盛。其开缺入京也,力陈荐于政府诸公前,言可用。适荣、刚方以废禅事被阻,谋所以去西人,闻毓言则大喜。故义和团之乱起于李秉衡,而成于政府,而为之媒者毓也,倘所谓乱人者非欤?

董福祥本甘凉匪首,其所居近金积堡,曾劫掠居民回户。左文襄爱其勇,以计诱收其家属,招之降。董情急自归,数立功,跻贵显,任喀什噶尔提督。多年后,改任甘肃提督。荣禄与董有旧,乃进言恭亲王,召董入京师。戊戌九月,董部兵殴辱铁路工师,荣力袒之,自是董益骄横,事事图与西人为难。武人得志,如无制裁之方,害不胜言,良可浩叹。

使恭亲王迟二年即世,当不令端、庄二王等猖獗至此,盖老成谋国,遇事足以慑之也。使李高阳不早死,亦足折徐相国之焰,盖李素不喜相国,目为伪学,洞见其肺肝也。使李合肥仍督直隶,亦不令义和团蔓延至此。李老于兵事,此等顺逆,固了然也。考耇不遗,凶德参会,夫复何言。

杀 戮 忠 良

拳匪倡乱之始以扶清灭洋为名,教民被其祸者固多。其素所不快者即目之曰"二毛子",斩斫无遗,并及老少,喋血禁城,莫敢顾问;而目总署诸大臣为汉奸,欲杀之以立威。其中有二三人为端、庄二王所不快者,团民从而构之,于是徐尚书用仪、立尚书山、许侍郎景澄、袁太常昶、联阁学元皆先后矫旨正法。庆亲王奕劻因管理译署,于近支王公中年辈最高,且握重权,二王惮其势不敢劾。其幸免于难者,王协揆一人而已。许侍郎奉使俄国,为张荫桓所厄,十载始还朝,其于外国情形尤所熟悉。袁太常留心时务。徐尚书为译署老辈,娴习政事。三人者同心协志,每议交涉事务,赖其力者居多。三人为译署眉目,而亦以此为团党所深恶。袁、许之被逮为六月初三日,端王面奏以离间,请诛之,发朱谕,复请皇上添诏旨,坐以大不敬。临刑之日,朝旨派景侍郎沣、徐侍郎承煜监视,景愤愕无人色,徐则扬扬甚自得。金谓袁、许之狱,徐构成之,非臆说也。徐尚书闻两公之死,终日愤懑,极口呼冤,卒亦不免于祸。立尚书所居第在西什库之北,团民攻西什库久之不克,乃诬尚书与教首樊国樑通,接济粮食、药弹,以通敌被杀。联阁学则以会议时极口称义和团不可信,使臣不可杀,且云:"按公法,凡杀驻京使臣,敌国必以兵报复,若战而胜,当屠城。此事万不可行。"因以被诛。

袁、许之被逮也,朝旨召刑部满、汉尚书入受命,即日正法。赵舒翘出,而军机大臣适入,遇于门,告之,故荣相与同事约请力争之。比入对,助荣极谏者惟王协揆一人,余皆默默不发,太后不许,令退班。荣请独对,复力争之。太后曰:"荣禄,汝敢违诏旨乎?"荣乃不敢复言,退曰:"吾负两公矣。"徐尚书之被逮,荣相欲往约徐桐,请入谏,徐曰:"此等背国向外之人,杀一人少一汉奸。吾不惟不能偕同入谏,并劝公不必为请命也。"荣与王协揆力争之,亦不能得。后数日,相国入值,途遇载澜于西苑门内,载澜疾走呼告相国曰:"王文韶亦汉奸,吾已奏闻请正法。公入对时,请太后速断可也。"相国曰:"是何言?汝辈不应无忌惮至此。"遂入奏曰:"匝月以来,杀大臣者屡矣,诸人尚在疑似之间,王文韶则太后平日以为可靠之人,幸勿听载澜言。"太后曰:"吾亦知之。"荣叩首曰:"太后既知之,圣恩良厚,但求太后勿将此折发交军机,勿令王文韶知之,庶老臣之心安耳。"皤皤黄发,硕果仅存,九死一生,幸也。

两宫西巡

七月二十日,皇太后召见军机大臣三次,会议城守,咸相顾愕眙,无敢出一语。次日凌晨仓卒启行时,惟近支王公、御前大臣四五人候旨乾清门外。太后御蓝葛衫出宫,御镇国公载澜车;皇上御白绢单衣,御左翼总兵英年车;皇后、大阿哥御民车随扈。瑾妃闻警迟,徒步出宫门,遇刚毅为赁一车,送之庄王府,王遣一车送之,追及两宫于颐和园。两宫于园内少坐片刻,即启銮。随扈者自载澜、英年外,仅溥伦、那彦图、定昌、志钧,并宫监十余人及画苑缪女供奉而已。日晌午,太监于村民家觅鸡卵数十枚以进,未刻天雨,申刻抵贯市民人李光裕家宿。光裕具大车三辆以进,于是瑾妃以下始有车。二十二日抵怀来,县令吴永具供馔,太后食之而喜曰:"吾今日始得一饱耳。"二十三日抵宣化府,口北道钟培、知府李肇南、知县陈本备黄轿二乘、蓝轿两乘以进,而扈从大小官员及各勤王之师乃稍稍集。太后留驻一日而行,汉官威仪乃略具矣。

联军闻两宫西巡之信,欲遣兵追之,日本领队官力阻而止。而道路讹传不已,时董军马、步队追扈至正定,太后乃令分其半驻扎韩侯岭,复寄信荣禄派武卫军沿途驻防。其时荣方驻军保定,以扼联军来路也。先是联军未入京师,庆亲王入奏谓时事日亟,请仍与各使相见一面,令李相国鸿章入京议和。各使允之,定期七月十七日会晤。届期而总署大臣相顾瑟缩不敢往,遂罢议。至是乃重理前说,由六百里驰寄李鸿章于上海,促令借乘俄舰入京,与各使妥议和约。时李鸿章奉朝命由两广总督任进京陛见,行抵江南,闻京师危急,密奏请勿迁都、勿攻使馆,则事或可转。比奏至而京城已破,太后、皇上已西巡,乃遍告沪上各国领事,属其电告联军及驻京使臣勿进兵西犯,领事不奉命。赫德左右其间,各使乃许开议,请派庆王、李中堂为全权大臣,专议和约,两江总督刘坤一、两湖总督张之洞为会办大臣,于是国事始有转机。

两宫至山西驻扎旬日,顾其地俭啬,甚且电报不通,军情瞬息千变,若罔闻知。凡有紧急军务,皆驿递陕西以达东南各省,甚不便。乃议巡幸陕西,命护理陕抚端方修葺行宫。遂于闰八月初八日启銮,九月初四日抵西安驻跸,至二十七年八月二十四日启跸还京。

端王追及乘舆于居庸关,请入见,皇上叱之曰:"汝轻信拳匪,令国事败坏至此,寸磔不足以惩汝辜,尚有何面目来见我乎?"王但叩头称该死而已。刚毅追及于怀来,皇上曰:"吾命汝留京办事,汝不遵旨而来,何耶?且汝纵拳匪扰乱至此,自问当得何罪?"太后曰:"既已西来,仍令随扈可耳,此人即留京亦无用处。"刚趋而出,太后顾皇上言曰:"刚毅诚有罪,然吾母子若不从其请,亦不至有今日之事,吾与汝亦当分任其咎。彼既已来,姑令随扈可耳。"王文韶追及于榆林驿,太后曰:"汝年老,跋涉良苦,我甚不安,汝且休息几日。"皇上曰:"现在国家方赖汝办事,汝休息一日即入直,吾与太后心始安耳。"庆亲王追扈至固关,而李相国电奏至,谓:驻沪各领事奉其国命,谓如必欲议和,贵大臣前奉全权之命不能作准。庆王办事和平，各国钦服，如请朝命派王与贵大臣全权议约乃可开办云云。应请旨照派，并添派荣禄、刘坤一、张之洞为会办大臣。于是拟诏旨一一如所请，派载澜乘驿告庆王，令入都。王至，各使臣派队郊迎，已而李相国亦至，先发照会询相见期。各使要以三事：一请两宫回，一请惩办祸首，一请昭雪克林德，能如约方开议。全权入告，重违其请。磋磨四阅月，乃始开议。

两宫西巡，荣相驻军保定，未及随扈，探闻圣驾已安抵山西，乃请赶赴行在。朝旨令驻军燕晋之交，毋庸前来。继奉朝旨，派令入京与议和约。而联军以其统领董军且驻军保定不退让，有怨言。李相国电荣令赴行在，并电奏太后言其故，太后乃召其在军机处办事。

津沽及东省失守

自克使之死，使馆驰电报，各请其外部发兵。于是，停泊南省之兵舰咸集天津大沽口外，总督裕禄计无所出，一切兵事皆诿之提督聂士成。提臣素忠勇，勤训练，所部兵皆善战。联军既麇集，而义和团复布满保定一带，以诛教民为辞，谓聂军所统皆教民，不可信。裕帅为所惑，请兵、请饷咸掣其肘。军门外御洋兵，内剿拳匪，往返奔驰，力扼天津，苦战洋人，被伤甚多。而内旨尚切责之，谓旷日持久无功，令革职带罪自效。军门愤甚曰："大丈夫终当一死耳。"迨大沽炮台被据，知事不可为，遂赴敌以死，军无所属。直督裕禄又不派人接统，遂各星散，联军遂长驱直入。前四川总督会办武卫军务大臣李秉衡率张春发、陈泽霖两军，自京出御之于蔡村，一战而溃，而京师成孤注矣。

大沽炮台在白河口之南北，盐田之东，其北岸曰北炮台，南岸曰南炮台;聚于南部者曰新炮台,筑以泥土,围以石墙,坚韧处虽金城汤池亦莫以过;距京四百八十余里,距天津二百余里,为水道入京之咽喉,内港、外港险阻可守,港外有洲,水极浅,故离台尤远,即潮涨时,水亦不过六七尺。轮船入口颇非易易,兵轮尤不易驶近,洵为天然要隘。倘布置得宜,防范有法,虽日以大炮环攻,亦无所惧,乃转瞬之间即已失守,则当此任者不得辞其责矣。

先是,各国以得其使臣急电,遂纷调其水师舰队陆续前来,以便相机北上。时在五月中旬,大沽口外已泊有兵舰三十余艘之多,每欲入据炮台而无其名;遂互相聚议于二十日由各统带偕同译人,往见炮台守将罗军门荣光,请于是晚戌刻将炮台让与各国屯兵,如至十二时不让,即当于二时开炮轰击云云。军门答以此事未便作主,须由北洋大臣再为奉复。各统带乃仍退回,旋于傍晚六时传令:凡在大沽之各西人,限一点钟内均赴停泊于铁路码头旁之美兵舰名莫诺开赛者船上躲避,以免为炮火所伤。各兵舰亦各整备一切,以俟届时开战。时美兵舰统带某君以一经启衅,天津租界必有不堪设想之处,雅不愿与闻其事,只以各统带意见相同,碍难拦阻,遂先期开出口外,以观动静。届时炮声忽起,无异霹雳震空,满江烟雾迷漫,对面几不相见。故两面谁先开炮均无从察其实在,惟觉满江炮弹飞舞,半空隆隆之声与波涛之滚滚者相鼓荡而已。英国兵舰名奥尔求林者所泊处适当炮台之冲,有一炮几被击中,以在夜间炮台上未能瞄准开放,故得幸免。其鱼雷船威鼎则所中之弹子堕于锅炉之内,故亦未曾炸发。惟德兵舰意尔的斯则受伤稍重,统带官亦几不保,幸闪避捷速,始获无恙。彼此相持之际,各兵舰以由下仰击颇形费力,拟派某国兵由间道抄入台后,以为前后夹击之计。天将明时,炮台旁之火药库竟为炮弹所中,致忽炸发,一时间烈焰飞空,浓烟匝地,兵丁之死者至不可以数计,而炮台遂以不守。其极北第一座炮台为日兵最先占据,方悬挂国旗间,北边外面之炮台亦为英军所得,各兵舰即乘势驶至港口,未几,德、俄两国旗号又高悬于南面炮台。此二十一日晨六点钟之情形也。至天明后,中国海容兵舰及鱼雷船四艘亦俱为英船所获,盖即未开战时泊于口内者,以未知开战故均未预备,致被垂手而得,亦以英旗悬上,系之于威鼎及斐蒙两船之尾。时台上逃遁兵丁及华人等或被枪炮击堕于河,或自投入水者随水飘流,几于触目皆是。事后,闻为美兵船所救得以不死者甚多。至十时左右,各兵舰统带见事已大定,遂即派弁登岸查看,所有各炮台业已半成焦土,无头折足之尸更难缕计,各弁乃命兵丁等将尸舁诸一处,以火焚之。其附近炮台各处所有中国房屋为炮火所伤者亦不知凡几。大沽本有中国船坞,其中更有一捉鱼雷船,至是亦均悬以俄旗,为俄人所有矣。是役华兵伤亡者为数甚众。洋兵则仅英兵舰奥尔求林死、伤武弁各一,兵士死者三人。又,芝腊克兵舰亦一武弁受伤,复因船中火药房爆烈,焚毙七十人。德舰意尔的斯统带官受伤甚重,亦因船上汽锅爆烈,致毙数人。俄兵舰仆勃尔则一无伤损,惟高丽支兵舰则武弁二人受伤,兵士死八人,伤十二人。法兵舰名雷安者死、伤武弁各一。因是战后各兵舰上均下半旗,以志哀悼。此实为中外开战之始也。

自古至今启衅之微,失地之速,盖未有如东省之事者,尤以祸端所起之黑省为最奇。先是六月十一、二等日,海兰泡有俄兵数千,欲假道爱珲、卜奎即齐齐哈尔城至哈尔滨保护铁路。俄海兰泡将军固毕乃脱尔先以公文告黑龙江将军寿山,寿不允,其言曰:"江省铁道当由敝国自行保护,倘贵国必欲发兵前来,则本将军惟有以军火从事。"旋得俄将复文云:"江省铁道贵国代为保护,敝国实不能信。然中俄两国久敦睦谊,二百余年从未轻启边衅。今贵将军定欲与敝国军火从事,足见贵将军英雄勇武,实为中国不可多得之员。敝国亦惟命是听,惟贵将军图之。"十五日,寿山发电信至爱珲副都统凤翔,令戒备,且曰:"如俄兵过境,宜迎头痛击,勿令下驶。"而凤翔自度爱珲兵备空虚,强弱不敌,不足以一战,乃电致寿山谏阻衅端,寿置不省。十七日清晨,有俄国兵船五艘拖带炮船十三号,载俄兵一千数百名,从黑龙江下驶。凤翔发电以告寿山,即晚得寿电复,力申开战之议。于是,爱珲所练靖边各军即开赴沿江各沟驻防。

十八日晨,又有俄兵舰一艘装运军火下驶,其护送者为边界官廊米萨尔阔利士密德。当驶至爱珲上江二十里三道沟时,有我国统兵官恒统领出而阻止,曰奉有军帅电饬,不许俄国兵船往来江上。廊米萨尔即舍舟登陆与之辩论,恒坚执不允。廊含愤回舟,命军士放排枪相恐吓,继将开炮,而我军之炮已发,俄兵官二人殒焉,廊亦中炮,急裹创,乘舢舨回海兰泡。事后凤翔以两军互击情形电告寿山,寿即发电致俄将军固毕乃脱尔,责其轻易开仗,启衅之咎惟俄实尸之。其电由凤翔派武弁送至廊米萨尔处时,廊已受重伤,仅存一息,而犹能张目与此弁言:誓必剪灭黑龙江而后已。自十八日开仗后,黑河统兵官崇统领即连日开炮向海兰泡攻击,俄兵亦以开花炮还击。十九日,我黑河电报局被开花弹击毁。二十及二十一日,俄派马队数旅至爱珲城东,驱二十八屯居民聚之一大屋中,焚毙无算,逸去者不及半。其在海兰泡贸易之华商约六千余人,先于十九日被俄兵驱之江边,许以派船护送归国,商民闻言即在江边忍饥露立待候一日夜之久。二十日下午,忽有俄马队持枪兵三十名、持斧兵二十名向商民击砍,枪斧交下,商民出不意,惶遽奔逃，均随黑河而死，其泅水得免者仅百数十人，盖亦惨矣。二十二日，凤翔见俄在江东恣行焚戮，意良不忍，遂派统领王仲良、营官张某率马队三百渡江驱逐俄兵，并以保护屯民。过江即与俄兵遇，两军鏖战一时之久，我军阵亡者弁兵三十名、受伤者五十余人。前队枪弹将尽，军心惶惧，王统领及张营官已先逃遁，幸后路抬枪队奋勇直前，始将俄兵击败。俄兵死伤不下百余人，均向江边窜逸，适有俄国轮船行经是处，即将败兵及死伤者载归。二十三日，前敌营务处来部郎鹤鉴于江东之败，恐孤军虚悬为敌所乘，且三百马队之渡江非其本意，实由凤翔主谋。故来鹤忮之，即乘此时遽传令过江之兵尽数撤回。

俄军见我军兵势怯，果萌窥伺爱珲之意，即于二十四日排炮江边，日向我军轰击，爱珲之失实基于此。论者咸谓来鹤逞私愤，误大局，撤藩篱之备，失犄角之势，实为罪魁祸首焉。二十五日，有俄兵五十名从五道沟过江，我军驻守彼处者仅有二哨，即将俄兵击回江东。二十六日，又有俄马、步兵六千名从黑河上游五道河偷渡黑河，崇统领营中曾登高望见之，而以其衣华军号衣，疑为漠河金矿护矿之兵遇乱逃回，故未敢开炮轰击。迨其登岸始知为俄军，已措手不及，崇所部各兵即时逃散，退到爱珲，崇亦阵亡。二十七日，俄兵即由西山陆路直扑爱珲，其时凤副都统已奉将军电饬赴前敌督队，率驻防各沟之靖边军退至兜沟子，无与俄军迎战者。二十九日，俄军遂入爱珲城，我军即退守兜沟子，其地距爱珲七十余里。俄军旋于七月初四日率兵进攻，仍用开花弹遥击，凤翔以战为守，相持累日。顾以兜沟子地势平衍，虽有高冈，不足以资扼守，且枪炮都锈涩不足用，较俄军之命中及远兼用铜弹者有利钝之殊。故我军累战失利，死亡相属，兼以黑龙江行军素无棚帐，军士昼则忍饥苦战,夜则露宿,咸出怨言,有离心。凤翔知难抵御,又恐将士哗溃,因以兜沟子难守情形电告寿山,于初十日结阵徐退,十二日至距兜沟子一百六十里之北大岭按即内兴安岭。其地为爱珲之后路,齐齐哈尔之门户,最为险要。而二百年来讲求边防者从未于其地筑一炮台,设一重镇,故仓卒不能阻敌兵前进。维时俄兵见我军退守,即亦跟踪而入,十六日全军进逼北大岭。凤翔急率队迎击,交战一时许,我军有洋枪无短刀,俄兵兼而有之,其利百倍于我,故我军之当前敌者非战亡即奔溃,后队亦几为牵动。凤翔见势不支,恐全军尽覆,因即传令各军暂为退守,徐图后计。十七日晨,俄军在山下按即北大岭架开花炮向我军猛攻,凤翔传令全军出队迎敌,徇师而誓曰:"有退后者,斩。"两军既相接,凤自统前队督战。前军童统领稍退却,传令将斩首示众。童惧,奋勇直前,后军乘势继进,我军勇气百倍,大败俄军,俄之将士死伤者无算。我军恒统领炮伤一臂阵亡,营官瑞某一员、武备学堂瞄炮学生亦受重伤,军士阵亡亦不少。而凤副都统率队督战,自辰至酉,亲放枪四百余响,力竭不少休,左腿、右臂受枪子,两伤甚重,堕马者三,遂由左右扶之回营,至晚呕血数升而死,士气熸焉。凤既亡,遂由寿将军之第七子代统其军,即夕以凤副都统力战阵亡情形电告寿将军。寿闻信失声痛哭,曰:"天乎!何夺我左右手耶!"即传电令第七子为治后事,视之如父。又亲赴北关设位而哭,欲即将将军印信交副都统萨保护理,而自赴前敌督战。萨不允,乃派程雪楼太守为总统,饬令前赴北大岭迎战。

程至军即照会俄国统兵官停战议和,又亲入俄军以情告。俄将领设盛筵款之,一如平日,并允程太守停战议和、勿伤百姓之请,所过有门悬白旗者可免祸。于是程率队先行为俄军前驱,商民均安堵如常，颂太守之功不置。经墨尔根、百尔多两城时，遍插白旗以迎。两城中各有副都统一员，皆先期逃避，或有言其降敌者，未之详也。

是时卜奎城中所有练军半在北大岭迎战，半调防哈尔滨，故城中兵备空虚，不足备缓急。寿将军平日办事勇敢，颇为人所称许，顾以尔时各路军情迭变，警报沓至，方寸遂乱，不暇简练士卒，惟日操练义和团百余人恃为长城。尝于初一、十五等日传谕城中军民不得炊爨作食，人咸非之。有部曹王焕臣者，将军旧友也，尝上书将军，微讽其开衅之非，将军怒，遽于二十二日与临阵脱逃之张营官同时请令正法，于是众皆解体。二十八日，城中传言在哈尔滨之俄军已越东大岭，即日进逼卜奎。于是，将军传令开城二日，纵商民逃逸。八月初二日，程太守先至卜奎，即入见寿将军，面陈与俄军停战议和事宜，且言俄统兵官已率师前来，必欲亲见将军。寿将军闻之，自度终不能亲见俄将与议和事，又不欲使城中居民无端罹祸，又自念世受国恩，宜阖门殉节，遂决计誓死报国以谢江省之民。乃先令其妻及妇子速自裁，又亲提其幼女纳诸储水器中，几至淹毙，幸经人救起得不死，将军时已仰药图自尽，亦经人解救得不死。

初三日，俄军前队陆续抵卜奎城，程太守出为照料，供张颇具，其军均屯扎关外，民间若不知有敌至。午后忽闻枪炮声大作，将军即传令闭城，令程太守出侦其故。旋知是时适有奉天仁字军到卜奎，与俄军遇，即开枪相击。俄军亦还炮御之，鏖战良久，仁字军力不支，阵亡将士二百余人，余均逃窜。初四日晨，俄军后队亦到，俄将必欲入城见将军。将军闻之，即作遗书致俄将，请勿杀居民。书毕呼从者舁柩入，朝衣朝冠，从容卧柩中，取金器吞入腹中，骤不得死。命其子开枪击之，其子手战不忍发，误中左胁，不死；又命其家将继之一枪,中小腹,犹不死;呼声愈厉,家将顾曰:"如此宜令速死,免受痛苦。"乃再开一枪,洞胸而亡。时俄军已将入城,乃急掩柩,以亲军二百人仓皇护送出城,途中数被俄军拦截,均由亲军力拒得夺路而出。俄将犹疑将军未死,时副都统萨保已降俄将,令率军追之,期得将军之尸,卒不及而返。是日俄军遂入卜奎城,卜奎者,黑龙江之省会也。黑省既失,奉、吉两省亦相继沦陷,余因未得其详,不便有所论列。

联 军 入 京

十三国联军推德国带兵官瓦德西为帅,抵蔡村后,佥谓:"勤王之兵云集京师,且城垣坚厚,攻之若稽时日,恐促使臣之死。拟驻兵以待中国遣使议和,策乃万全。"众皆韪其说,惟日本帅谓:"此行有进无退,勤王之兵虽多,特乌合耳,联军到即奔避,谁复敢抗颜行。我请以兵先进,诸军继进可耳。"乃率数百人兼程而北,十八日夜自东便门、左安门进,使馆闻信以兵迎之,伏使馆不动者两日。二十日,英国印度之兵自东便门整队入,守者急闭门,敌以大炮轰之,城门洞开,各国兵复爬城以上,顷刻遍满街市。入扎天坛,安营毕,散诣市肆购衣物。印兵皆虬须绕颊,状类回回,佥谓董军调回兵至矣。间有一二知者,亦不敢上闻。二十日午后,联军始率大队北来,以格林炮连环轰击,如墙而进,而勤王之师及董军团勇已奔逃不知踪迹。于是两宫始闻警,遂于二十一日凌晨出西便门,巡幸山西。

联军入城,惟美国兵最有纪律,日本次之,德、法最横暴,其帅瓦德西擅居西苑之仪鸾殿。十月间,殿焚,亦不知火之何自至也。焚毙一人,瓦德西跳而免。入城之后,各国之师分段据守。两宫西幸，日本先以兵入守宫，各国皆派兵驻扎他处，他国之兵非奉日帅号令不得入，故宫中累代珍异皆为日人捆载以去。又，日兵守后门向北一带，旗人故家大族皆萃此间，专事搜罗，损失甚巨。盖日人通中，饮食言语仿佛相近，汉奸均为所用，凡累世宝藏皆为日人发掘而入囊橐。然日人方散赈以活难民，义声仁闻，咸颂东师，日人亦狡矣哉。

两宫西狩，东华门扃钥不开，日兵首先越墙而入，抵乾清门，门亦扃钥，时闻哭声，盖贵妃等闻变出避不及，闭门以待死也。日兵闻之遂不攻门，事定之后乃日致薪米蔬菜等品。迨八月初四日，各国知会留京办事大臣，请入宫瞻阅，由内务府大臣世续陪以入，亦相顾不敢抢掠焉。

联军晋京，推瓦德西为主，会议和约则推日斯巴尼亚葛洛干为主，盖外交团惯例以出使资深者为各使之首也。然一切可否仍由英国萨使主之，葛特拥虚名而已。其照会仍以葛使领首，中国照复遵例行文葛使，往往葛使以为可，各使亦以为可，而英使不可，则议仍中梗。和约拖延时日不易就范者以此。

正阳门城楼二重。一外城城楼，义和团烧毁之。八月初三日，洋人毁内城城楼。英人取正阳门城门二扇载归本国，仿佛古人京观之意，以耀武也。而端门之楼所藏历代御用宝刀，为日人捆载以去。

联军初入京师，除俄、德两军外，余尚恪遵将令，未敢过于恣肆，而民间之被掠者已十室九空矣。洋兵既据京师，复派兵四出剿匪，并由各统帅带兵至宫巡阅一周，加以封锁。复以京师地面辽阔，遂公议划界分段而治，广设巡卡，严定通行章程，以为暂安闾阎之计。其章程列下：

第一条，凡外国人不论兵民，如有在境内犯规者，即应拿获送巡捕卡管押。由捕头缮函送交本国兵官，并将所犯之事及一干人证一并交案。

第二条，每总巡捕卡应设号簿，开具被告洋人案件并人证名色，以备查考。

第三条，凡兵士及营役除有护照外，不得擅离各所管辖之境，惟城墙上及下开各公共之街道准其随便行走。

计开公共街道：

城内：一、由安定门至煤山、鼓楼到后门；二、由安定门至崇文门；三、由海岱门至雍和宫；四、由宣武门至北城根；五、由西直门至宣武门大街；六、由阜成门过西马市街至煤山；七、由东直门至鼓楼；八、由朝阳门至东四牌楼大街；九、由东长街至西长安街；十、东交民巷；十一、由煤山至东华门。

城外：十二、由右安门至彰义门；十三、由正阳门至永定门；十四、由宣武门至菜市口；十五、由左安门至蒜市口；十六、由东便门至西便门。

第四条，按第三条所开，护照由英、日提督会商，印发各国公用护照。

第五条，凡华人在路上所开公共街道行走者，各国不得勒充苦工。

第六条，凡公共街道，准华人开市贸易无阻。

第七条，各国辖境内如有处置华人，赏罚由各国自行立章。

第八条，凡巡捕不论华、洋，于左肘缠白色袖箍，上书华文"巡捕"二字。

第九条，每巡捕卡应用红、白二色大灯书明华文"巡捕"二字，悬于高明之处。

第十条，按第三条所开，公共街道及各处所设巡捕卡，应由英工程队赶紧绘成地图。

山东毗连直隶，亦有拳匪，所以未肇事者，巡抚袁世凯之力也。袁以佐杂起家，充出使高丽随员，擢升参赞，留心交涉，李相国极赏识之。日本因高丽事与中朝开衅，我使臣内渡，袁公独留，为高丽区画应付之方。日本又生忌，乃回华。嗣康梁之乱，袁方练兵小站，康、梁约袁以兵入，欲以胁制太后。袁首发其端，且为之备。事定后，内升工部侍郎，出为山东巡抚，居官半载，无赫赫名。拳匪乱起，袁悉心镇抚，驱乱民，拯贫民，安教民，井井有法。联军由直隶阑入山东，袁严饬边吏，整阵以待，并照会各国兵官谓："教民之在东者已设法调护，早为乱民所畏惧；洋人之在山东开矿、修路者现皆一一整顿工作，相待有加。东省百姓亦无助清攻洋人之事，请守疆界，幸勿侵越。"各国兵官接其札，悉听命退兵，不入东境，致声以去，谁谓御外侮无良策哉！

惩办祸首

联军请办祸首，首端王载漪，次庄王载澜，次刚毅、英年、赵舒翘、山西巡抚毓贤。初未及尚书启秀、侍郎徐承煜也，最后照会乃始及之。

朝议电全权大臣为之请，各使臣不许，谓启为尚书兼枢译，助教民以张团民之帜，且左道惑众，请内旨召山西妖僧为国师，七月间，时事急。启入奏谓："山西少林寺僧某者有道术，请密旨召其为团军谋主。"太后许之。尚书退命章京拟稿，郭光禄春畦谓："此等文字向未办过，不请体例，不能奉命。"启乃自拟旨，召该僧人至，馆之庄王府。王入见,膜拜惟谨,僧不为动,呼庄王名曰:"予奉天帝旨,助清灭洋,不日可荡平矣。"迨联军入城,该僧不知去向。此岂大臣所为耶?徐嫉视洋人,及以无罪杀许、袁诸公,皆彼赞成之,罪不可赦云云。盖必有人向联军构会成之,要所指目皆实录也。

启之被拘于顺天府公署,以日兵守之。其时联军分段内外城,地安门以外为日兵分守地。其母遂以忧死,日人为之请,释归成服。阅数日,遂并徐承煜系之。一日,日本警察官柴五郎持药酒二瓶揖而言曰:"闻各使臣会议,两公必无生理。日本与大清同文之国也,吾不忍见两君环首藁街。谨奉杯酒,请仰之以殉,以全国体可耳。"启以母丧未葬,徐以父丧未葬为辞。柴曰:"此诚大事,然两君岂无亲戚族属可托者?请具名来,吾当为两君召以入,一一处分讫,然后正命,则国体、私恩两尽矣。"启、徐同声言曰:"感君意良厚,然自联军入城,吾两人知好皆逃亡不知去向,奈何?"柴曰:"然则吾当为两君效力,天日具在,不负托也。"两人默然不应,复乞五郎为缓颊,求贳死。五郎拂衣起曰:"以大员而无耻至此,宜其败也。"遂趋出。已而至日,两人均骈首菜市,苟延旦夕仅十日耳,辱国、辱亲,曷胜痛恨。

中 外 议 和

公约开议之先,各使首以回銮为请,全权大臣屡电请之,留京大小臣工联章请之。朝廷鉴于中外之议,降旨以七月十九日还京,其实早已选期八月二十六日,继又改期八月二十四日,特先发七月十九日返京之旨,以安众心也。继而河南巡抚以行宫所备,夏秋之间水涨不可渡,请缓期。陕西巡抚升允率西省绅民吁请皇上秋后启跸,以节劳勚,乃勉徇其请,降旨改期,然中外莫不知其故矣。

各使馆留兵六千，而铁路设卡，复留兵数千以通山海关之路，天津炮台不许重筑，端居京师则直坐困耳。审慎迟回，要自有故。然上年使馆之变直出于公法常理之外，西洋大小数十国无此等蛮做之事，实为各国万不及料者。防患未然，留兵自卫，在各使亦甚有辞，我固无辞以折之也。人谓：偿款至四百五十兆，膏以肥敌，他日民穷财尽，坐以待毙。予谓：若果筹画有方，此事尚可缓缓设法。惟内政不修，外侮继之，则设兵一条一旦启衅，正令人不堪设想。朝廷泄沓，不早为计，沉醉漏舟之中，酣歌倾厦之下，杞忧无已，徒令人唤奈何耳！

当合肥李相之衔命北上议和也，既行抵天津，即于闰八月十八日乘车就道，是日共雇单套轿车四十辆、二把手小车二十辆，然尚不敷分坐，仆从多有徒步相随者；沿途见井邑萧条，人皆闭户，残骸败骨，狼藉盈途，为之慨叹不已。既抵朝阳门，由俄统帅派骑兵数十名护卫，途中遇有德国兵队，两不相扰，得以安抵贤良寺行台。寺门外复有俄兵以鼓相迎，颇极恭敬。时庆王方安居邸第。至十九日，使相以礼往谒，并拜会各国使臣。二十日，续拜昨所未及者。二十一日，庆邸携赫德税司报谒，随照会各使定期二十七日开议和局，并移送章程，其稿由赫德拟成。使相更斟酌其间，不亢不卑。随得各使照复，以俄、德两使尚在津门却之。西班牙使臣资望较深，各国咸推为领袖，是日诣贤良寺答拜，寒暄既毕，即大言曰："此何时耶，既已一败涂地至此，尚欲议和，惟有凛遵各国所示而已。"其傲慢如此，使相无可与较，默然不言。旋闻各国使臣佥以中朝处置纵匪作乱之诸王大臣过于轻纵，且两宫蒙尘于外，和局必致难成。使相遂商庆王，拟定折稿请旨将诸王大臣分别从严治罪，万不可仍留行在，以致外人啧有烦言。且言：德皇复书，内以赐奠已故使臣克林德之事,未慊于心,诸王大臣纵匪殃民,祸延邻国,法应论死,中国大皇帝自行惩治,方能折服各国之心。美国外务部来电亦请严治刚、董诸罪魁。复言:今已令使臣康格查明中朝所定治罪之条是否已足,此外幸逃法纲者尚有几员云云。

甲午之役,俄人倡议,胁日本还我辽东,朝廷德之,与订密约,西伯利亚铁路许造至盛京,与我铁路相接。现在俄人并力经营,日役夫二万人。此路若通,岂惟东三省在其掌握,且左拂高丽、右绾海参崴,以临日本。卧榻之侧,他人鼾睡,我国懵然,日人不懵然也。然当铁路未成,俄人隐而不发,且为好语以愚我上下。拳匪肇衅,联军入京,朝命议和。俄人方以铁舰载我全权大臣到京,恐祸首惩创,为之缓颊,索兵费较诸国独少。此其志不小,实仍用示德于我之故智,待时而动耳。署黑龙江将军寿山不自量力,横挑强虏,始而不胜,继而大败。俄人遂以兵力据有东三省,继复与盛京将军增祺订密约,还我故地,而所交之约兵权、利权、政权皆归其掌握,是直驱我为之扫除马匪枭贼,不糜一兵一饷,坐受其成耳。日人慭之,乃告我驻使李盛铎,详陈利害,请中朝勿许其言。是其用心则自为计,非为中国计也。李使以告江、鄂两督,江、鄂主之力请废约,而英人复助日本,发电诘问。俄人知诡谋已露,乃语使臣杨儒请改约,虽事事受制于人,然较之初次则两害相形取其轻,可以回帆转舵矣。江、鄂屡电相争,朝廷允罢俄约之意,从张之洞请东省开门通商之议,以分俄势。祖宗之地尺寸不可与人,忠臣谋国固应如是。然揆情度势,力所未能,则不如就此定约,而饬东省将军修明政事,整顿矿产,亡羊补牢,或尚未晚。乃竟欲废而不议,俄虎狼也,岂肯默然息乎?现在公约已成,俄人重执前说,全权与谈前议。俄人方为漫语以饵我,恐他日求如杨儒原约而不可得耳。且东省在俄人掌握,收挽利权其势顺而易。欧洲诸大邦偏在西陲,形格势禁,逆知其不敌。且其地利源未开,势同开创,英、法、德各国其所注意者自别有在,其肯舍目力所注、身手所习之长江各省,而就榛狂未辟之东陲乎?朝廷方发电命各使臣问各国以开门通商愿受与否,各国置不复。日人则谓此为中国大局计,非因以获利。此其谋甚狡,其情显然。盖俄攫东省,日有大害,故争持甚力。江、鄂为疆臣重望,是议乃千虑一失。吾恐韩亡之后,满蒙即难高枕无忧,环顾东瀛,隐忧靡有艾耳。

江、鄂以此事与合肥龃龉,合肥因俄事垂成而止,心甚憾焉,遂并江、鄂他有所陈皆经驳议。朝廷调停其间,谕以和衷,责以办事,而其憾终不可解。朝旨中有云:"李鸿章老谋深算,然亦有自是而不受商量;江、鄂料事煞费苦心,然亦有言之甚易之处。"斯言最平允,国家多故,疆臣不和,殷忧方大耳。

行 在 纪 事

军机处仍是荣中堂问事,王中堂则可否因人,鹿尚书则附和荣中堂。三大臣上朝先由一太监手捧圆盘一,上盖黄绫,引三大臣前进。王中堂先行,荣中堂第二,鹿尚书第三。王中堂白发苍苍,面目清瘦,走路吃力;荣中堂须亦微白,面扁而黄,有足疾,身材亦不高;鹿尚书颈歪,面浮肿,尾随其后,似欠精神。人谓每召见,总是荣中堂一人说话,王中堂本重听,鹿尚书近来亦甚重听,全恃荣中堂在军机处宣示,而鹿尚书多请教于荣幕樊云门,否则莫知底蕴也。

西安行宫先驻南院,系总督行台,因署外广阔也;后移北院,系抚台衙门,因署内轩敞也。本来预备南北行宫,听两宫旨意。南院自驻跸后正门不开，奉旨作为抚署，而由便门出入。北院一切装饰及东西辕门均红漆涂盖，辕门不开，周围以十字叉拦之，正门上竖立直匾，写"行宫"二字，中门、左门皆不开，由右门出入；入门有侍卫及一切仪仗，旁有军机处、六部、九卿及抚、藩、各员朝房，侍卫处种种名目则贴红纸条而已。大堂空洞无物，左房为内朝房，右房为退息处，至銮阁中有六扇屏门，中开二门，设宝座；至二堂，亦设宝座，均盖黄布，左有一房为召见处，右有一房为亲王办事处；三堂中又有宝座，左、右房为太后宫室；二堂之东前后各三间，为皇上、皇后寝宫；三堂之西屋三间为大阿哥居住。行宫内皆用洋灯，嗣换大保险灯及洋烛，因贡物已到，是以顿增华丽云。

以上所述系随扈时按日笔记，借以备忘，非敢示世也。藜盦老人识于都门。

西巡大事记卷首终

图书在版编目(CIP)数据

"庚子西狩"中外资料六种 / 郑泽民整理. -- 上海：上海古籍出版社，2024.9. --（近代中外交涉史料丛刊）. -- ISBN 978-7-5732-1319-8

Ⅰ.K256.706

中国国家版本馆 CIP 数据核字第 2024TC2968 号

国家社科基金青年项目：《晚清"庚子西狩"研究》
（项目号 23CZS051）

近代中外交涉史料丛刊

"庚子西狩"中外资料六种

郑泽民　整理

上海古籍出版社出版发行

（上海市闵行区号景路 159 弄 1-5 号 A 座 5F　邮政编码 201101）

（1）网址：www.guji.com.cn
（2）E-mail：guji1@guji.com.cn
（3）易文网网址：www.ewen.co

浙江临安曙光印务有限公司印刷

开本 890×1240　1/32　印张 19　插页 6　字数 426,000
2024 年 9 月第 1 版　2024 年 9 月第 1 次印刷
ISBN 978-7-5732-1319-8

K·3687　定价：98.00 元

如有质量问题，请与承印公司联系